ACCESO GRATIS ***a la Lectura en la Nube***

Para visualizar el libro electrónico en la nube de lectura envíe junto a su nombre y apellidos una fotografía del código de barras situado en la contraportada del libro y otra del ticket de compra a la dirección:

ebooktirant@tirant.com

En un máximo de 72 horas laborales le enviaremos el código de acceso con sus instrucciones.

La visualización del libro en **NUBE DE LECTURA** excluye los usos bibliotecarios y públicos que puedan poner el archivo electrónico a disposición de una comunidad de lectores. Se permite tan solo un uso individual y privado

JÚPITER Y LOS JURISTAS

Introducción al Derecho Augural Romano

JÚPITER Y LOS JURISTAS
Introducción al Derecho Augural Romano

José María Ribas Alba
Catedrático de Derecho Romano
Facultad de Derecho
Universidad de Sevilla

tirant lo blanch
Valencia, 2025

En caso de erratas y actualizaciones, la Editorial Tirant lo Blanch publicará la pertinente corrección en la página web www.tirant.com.

EDITA: TIRANT LO BLANCH
C/ Artes Gráficas, 14 - 46010 - Valencia
TELFS.: 96/361 00 48 - 50
FAX: 96/369 41 51
Email:tlb@tirant.com
www.tirant.com
Librería virtual: www.tirant.es
DEPÓSITO LEGAL: V-4085-2025
ISBN: 979-13-7010-790-1
MAQUETA: Tink Factoría de Color

Si tiene alguna queja o sugerencia, envíenos un mail a: *atencioncliente@tirant.com*. En caso de no ser atendida su sugerencia, por favor, lea en *www.tirant.net/index.php/empresa/politicas-de-empresa* nuestro procedimiento de quejas.

Responsabilidad Social Corporativa: http://www.tirant.net/Docs/RSCTirant.pdf

Et sic fata Iovis poscunt[1].
Virgilio, *Eneida* 4, 614.

Nam mihi ita Iuppiter fatus est[2].
Livio, 28, 12, 6.

Necessarium itaque nobis videtur
ipsius iuris originem atque
processum demonstrare[3].
Digesto 1,2,2 pr.
Pomponio, libro singulari enchiridii.

Et sic natura factum ut una res principio
fuerit sapientia, sacerdotium et regnum[4].
G. Vico, *De constantia iurisprudentis.* Pars Posterior.
De constantia philologiae 15, 15.

---

1 *Y así lo exige la voluntad de Júpiter.* Servio, *In Vergilii Aeneida* 4, 614: "*Fata Iovis poscunt: fata dicta, id est Iovis voluntas: hic ergo participium est, non nomen.* También *Eneida* 11, 901: *et saeva Iovis sic numina poscunt; así la inexorable voluntad de Júpiter lo impone.*

2 *Pues así me lo ha revelado Júpiter.*

3 *Por tanto, nos parece necesario exponer el origen y el desarrollo del Derecho.*

4 *Ocurre así naturalmente que en el inicio la sabiduría, el sacerdocio y el reino fueran una cosa sola.*

Índice

Prólogo

La siguiente afirmación de D. Sabbatucci, casi un apotegma escrito como de pasada y a modo de introducción, puede servirnos también de obertura a la hora de iniciar estas páginas. Escribió el sabio italiano: «La jurisprudencia es quizás la "filosofía" real de Occidente»[1]. Una compresión jurídica del mundo que se desarrolló en Roma desde sus primeros tiempos y que extendió su influencia a lo largo de los siglos más allá de los límites de la Urbe y del Imperio. Lo explica poéticamente J. Linderski, incluso con algunas dosis de sentido del humor, comentando la historia de la fundación de la Urbe en la versión de Ennio recogida en Cicerón, *De divinatione* 1, 48, 107-108). Al igual que los seguidores de Rómulo y Remo, somos conscientes del gran número de cosas que podrían haber salido mal en aquel momento decisivo. Pero ninguna *avis pestifera* apareció. De modo que la civilización occidental siguió su curso y nosotros estamos aquí[2].

Pese a la extrañeza inicial que pudiera causar la afirmación de D. Sabbatucci, su reflexión no era en modo alguno original. Dos siglos y medio antes un coloso del pensamiento, un romanista que ahora y desde hace mucho tiempo triunfa más en el ámbito de la filosofía que en el del Derecho romano, su verdadero hogar si se nos permite la expresión, había argumentado por extenso en esta misma dirección.

Nos referimos, claro está, a Giambattista Vico. El genio napolitano defendió que los juristas romanos dispusieron de una filosofía propia, muy anterior a la recepción de la filosofía griega. Se trataba de una sabiduría heredada, en la terminología viquiana, de las familias fundadas sobre el matrimonio y de las *gentes maiores*, anteriores a la fundación de la Ciudad. Una *sapientia* ya en sí misma jurídica, con un lenguaje poético que era también una lengua del Derecho, forja-

---

1 D. Sabbatucci, *Lo stato como conquista culturale* (Roma, 1975) p. 9.

2 J. Linderski, *Founding the City. Ennius and Romulus on the Site of Rome*, en *Roman Questions* II (Stuttgart, 2007) p. 19.

da en los tiempos heroicos. Esta lengua poética fue en su momento la lengua común, conservada luego por la religión y la jurisprudencia; custodiada por los juristas romanos de la primera época y desde allí transmitida a las generaciones sucesivas. Fue en el principio de la civilización, cuando algunos hombres dejaron de vivir como fieras, *more ferarum*. Entonces se constituyó este *ius divinum*, dentro de regímenes políticos para los que Vico reserva (al principio con alguna cautela) la denominación de «teocracias». Este *ius divinum* se expresó de formas diferentes en Oriente y en Occidente. Entre los romanos, su fundamento primero, dado que se confundía al Cielo con Dios Óptimo Máximo, fueron los auspicios. Estamos ante una verdadera teología jurídica. Estuvo en la base de toda la jurisprudencia romana y occidental. El mismo Júpiter mostraba su voluntad a los hombres. El *fas* no era sino la expresión de sus mandatos[3].

De hecho, hay mucho Derecho romano en la *philosophia perennis* y en la tradición teológica de la Iglesia Católica. Un dato que no por poco conocido es menos real. No sólo en la parte moral, también en la dogmática y en la escatológica. La Teología se ha construido en una porción significativa con materiales jurídicos nacidos en la Ciudad del Tíber. Una Iglesia, por lo demás, tan universal como lo quiso ser Roma. Es el eón de Roma, el que lucha frente al de Babel, según gustaba de repetir Eugenio d'Ors[4]. Pero, de nuevo, esta tendencia a la construcción de lo universal, esta esfuerzo por alcanzar la unidad, no puede emprenderse sin un Derecho liberado de las ataduras de la tribu. Hay algo de esta dimensión jurídica escondida en la creciente admiración de Nietzsche por Roma, cuando escribe en el *El ocaso de los ídolos* (de 1888, meses antes de la crisis final): «No se aprende nada de los griegos; su género es demasiado extraño y también de-

---

3 Imposible —por razones que no necesitan explicación— entrar ahora en el estudio de estas cuestiones en la obra de G.Vico. A título exclusivamente orientativo, para el lector interesado, remitimos a algunos textos muy expresivos de su pensamiento histórico-jurídico: *De uno universo iuris principio et fine uno* 119; 156; 174 (capítulo en el que explica por qué sólo los romanos han conservado la sabiduría de los tiempos heroicos y así han podido crear la jurisprudencia). *De constantia iurisprudentis*. Pars Prior. *De constantia philosophiae* 6. Pars Posterior. *De constantia philologiae* 3, 9-10; 8, 6-7; 9, 18; 10, 4; 20, 10; 20, 44; 33, 2.

4 Vid. E. d'Ors, *La ciencia de la cultura*, obra póstuma, edición de A. Lastra y J. Nubiola (Santa Coloma de Queralt, 2011) pp. 223-266.

masiado fluido, para producir un efecto imperativo "clásico"; ellos no pueden ser para nosotros lo que son los romanos»[5].

El carácter oracular, que como veremos marca como un rasgo determinante al Derecho Augural, dejó su impronta y su influencia siglos después de que Roma desapareciera como entidad política. En el Derecho Electoral romano, rodeado de exigencias augurales (por ejemplo, el tribunal de las elecciones era un *templum*), es decir, de consideraciones provenientes del *ius divinum*, la elección de los magistrados puede entenderse como un procedimiento complejo en el que los auspicios desempeñan una función clave. La divinidad de esta manera interviene en las elecciones, como demuestra la lectura de las fuentes romanas. El respeto al procedimiento electoral se interpreta como la exigencia de contar con el beneplácito de Júpiter, Dios de los auspicios y de los augurios.

Una famosa reminiscencia de estas ideas se constata en un párrafo de Dante, *De Monarchia* 3, 15, que fue objeto de atención en una obra juvenil de H. Kelsen[6], *La Teoría del Estado de Dante Alighieri*, y que aquí nos limitamos a citar sin ulterior comentario: *Quod si ita est, solus eligit Deus, solus ipse confirmat, cum superiorem non habet. Ex quo haberi potest ulterius, quod nec isti, qui nunc, nec alii cuiuscumque modi dicti fuerint Electores sic aiendi sunt, quinpotius denunciatores divinae providentiae sunt habendi.*

Si esto es así, sólo Dios elige, sólo Él confirma, pues no tiene superior. De lo que puede concluirse que no pueden llamarse electores quienes ahora se llaman así ni quienes lo fueron en el pasado, sino que han de ser considerados como reveladores de la divina providencia.

Respecto a la proximidad entre Filosofía y Derecho concebidos ambos en la matriz romana, un párrafo muy citado del *De oratore* ciceroniano, detenido con delectación en el elogio de los libros pontificales y de la Ley de las XII Tablas[7], que son al fin y al cabo las

---

5 En P. Valadier, *Nietzsche y la crítica del cristianismo*, [1974], trad. de E. Rodríguez Navarro (Madrid, 1982) p. 345.

6 H. Kelsen, *La teoría del Estado de Dante Alighieri*, [1905], Edición y traducción de J.L, Requejo Pagés (Oviedo, 2007) p. 178.

7 Se ocupó de este pasaje M. Bretone, *Storia del diritto romano* (Roma-Bari, 1992) pp. 51-56.

herederas de una tradición mucho más antigua, deja muy claro que en la mentalidad romana el Derecho puede equipararse en dignidad, «competir» con la filosofía, porque —añadimos nosotros— la reflexión sobre el orden jurídico contenía una visión total de la realidad, según antes hemos argumentado.

Ello puede tener una explicación fundada en el intenso y perdurable tradicionalismo romano y su respeto ante la idea de fundación. Porque constituye una evidencia que todos los sistemas jurídicos primitivos y arcaicos proporcionan una visión *completa e integrada* del mundo natural y del mundo humano. Un orden único, al que los estudiosos, quizá con una expresión altisonante, califican de «cósmico». Orden jurídico que, además, produce el clima adecuado en el que puede desarrollarse el pensamiento filosófico propiamente dicho. La jurisprudencia romana no habría hecho otra cosa que llevar a un estadio superior, reflexivo, consciente, esas intuiciones propias de los primeros tiempos. *De oratore* 1, 43-44, 193-195:

(...) et in omni iure civili, et in pontificum libris, et in Duodecim Tabulis, antiquitatis effigies, quod et verborum prisca vetustas cognoscitur, et actionum genera quaedam maiorum consuetudinem vitamque declarant; sive quis civilem scientiam contempletur, quam Scaevola non putat oratoris esse propriam, sed cuiusdam ex alio genere prudentiae; totam hanc, descriptis omnibus civitatis utilitatibus ac partibus, Duodecim Tabulis contineri videbit; sive quem ista praepotens et gloriosa philosophia delectat, dicam audacius, hosce habebit fontes omnium disputationum suarum, qui iure civili et legibus continentur (...). Dicam quod sentio: bibliotecas mehercule omnium philosophorum unus mihi videtur Duodecim Tabularum libellus, si quis legum fontes et capita viderit, et auctoritatis pondere et utilitatis ubertate superare.

Hay en todo el derecho civil, en los libros de los pontífices y en las XII Tablas, la imagen intensa y fiel del tiempo antiguo; las fórmulas jurídicas revelan las costumbres y la vida de nuestros antepasados. Si se estudia la ciencia política, la cual Escévola piensa no es el objeto del orador, sino de los que se dedican a otro género de prudencia, se encontrará toda la materia de estudio en las XII Tablas, en las cuales se describe todo el ordenamiento de la ciudad, sus partes y los intereses que lo componen. Si alguien es amante de esta prepotente y gloriosa filosofía, diré atrevidamente que encontrará aquí las fuentes de todas las discusiones, las cuales se contienen en el derecho civil y en las leyes (...). Diré lo que pienso: este libro pequeño de las XII Tablas, si estudiamos las fuentes de las leyes y las materias esenciales, supera por el peso de su autoridad y por la riqueza de su utilidad las bibliotecas de todos los filósofos.

Visto de esta forma, plantear una aproximación a los inicios del Derecho en Roma (por limitada que ésta sea en sus resultados) abre una perspectiva de largo alcance y afecta a las entrañas mismas del pensamiento reflexivo de Occidente. Pensamiento en el que, de acuerdo con esta posición, el Derecho desempeña una función que debe calificarse de fundacional. Una reflexión parecida, llevada a cabo en un contexto que guarda cierta similitud, al menos metodológica, con lo que el lector encontrará en estas páginas, llevó a R. Santoro a escribir en la primera nota de una obra mayor: es apenas el caso de señalar que la investigación debe referirse a una época anterior a la fundación de la Ciudad[8], si quiere arrojar luz sobre el sentido de toda la evolución posterior de las categorías jurídicas estudiadas. Y tal como promete, su estudio de las categorías jurídicas primordiales se adentra, cuando la información disponible lo permite, en tiempos muy anteriores al nacimiento de Roma como Ciudad[9].

El primer Derecho que conoció Roma fue el Derecho Augural. Lo divino y lo humano se entrelazan en el concepto de *fas*, como ocurría en Grecia con *Themis*. Este ordenamiento fue el propio de la época protourbana, aunque pervivió después durante siglos. Sin embargo, el Derecho Augural sufrió dos grandes crisis dentro de la propia trayectoria histórica romana. La primera, a finales de la República, cuando el conjunto de creencias religiosas en que se apoyaba empezó a derrumbarse con la llegada y difusión del racionalismo griego y su difuso escepticismo. La segunda, reflejada en el *Corpus Iuris Civilis*, porque la aceptación del cristianismo desterró por completo tales fundamentos.

A los problemas anteriores, que dificultan extraordinariamente el estudio del *ius augurum*, dada la penuria de fuentes disponibles, se añade que hasta hace pocos decenios la prehistoria y protohistoria

---

8 R. Santoro, *Potere ed azione nell'antico Diritto Romano*, [Estratto dal vol. XXX degli Annali del Sem. Giuridico di Palermo] (Palermo, 1967) p. 103 nt. 1 (citamos por la numeración de páginas de los *Annali*).

9 Así en su indagación sobre los orígenes del *sacramentum*: R. Santoro, *op. cit.*, pp. 505-526.

del Lacio apenas ofrecían datos que arrojaran luz sobre los rasgos jurídico-políticos de estas lejanas comunidades. Sin embargo, los avances de la arqueología han modificado drásticamente la situación —otra cosa es que tales resultados hayan llegado como debieran a los estudios de historia de Derecho romano—. Las investigaciones de autores como Renato Peroni (1930-2010), por citar un caso eximio, permiten ahora una reconstrucción del periodo protourbano, antecedente próximo de Roma como *civitas*. Proponemos una hipótesis en la que se enlazan los rasgos propios de las sociedades protourbanas de la Italia central con el contenido del Derecho Augural, que representa con toda probabilidad el ordenamiento propio de este período en el Lacio.

Queda todavía mucho por hacer. Es cosa evidente que los estudios de historia de Derecho romano de los inicios han quedado anticuados y deben ser sometidos a una profunda revisión, que todavía no se ha producido. Por otra parte, ahora desde presupuestos teóricos, no se acepta en muchos casos que el Derecho —el Derecho como realidad *per se*— acompaña siempre a las sociedades humanas, independientemente de su estructura más o menos compleja. El hecho de que en casos como el Derecho Augural el elemento religioso sea decisivo no invalida la anterior afirmación. El ordenamiento augural se legitima como *ius divinum*. Sus normas, de un modo u otro, contienen materia «religiosa». Pero ello es pefectamente compatible con que estemos ante normas jurídicas en sentido pleno, porque se hallan dotadas de coactividad y de distintos mecanismos procedimentales. No parece idóneo acudir, en la línea de P. Catalano (profundísimo conocedor del Derecho Augural), al concepto de «sistema jurídico-religioso», pues devalúa la naturaleza jurídica del ordenamiento en cuestión.

Todavía menos adecuada es la categoría del «pre-Derecho», desarrollada por L. Gernet[10], que tanta fortuna ha hecho entre un sector

---

10 L. Gernet, *Droit et Institutions en Grèce Antique*, [1968, en parte] (Paris, 1982). Vid., en este sentido, A. Calore, "Per *Iovem lapidem*". *Alle origine del giuramento. Sulla presenza del sacro nell'esperienza giuridica romana* (Milano, 2000) pp. 139-140 y nt. 38. Mi crítica en: J.M. Ribas Alba, *De la donación al contrato* (Madrid, 2016) pp. 84-100.

de los estudios romanísticos sobre la Roma de los primeros tiempos. La equiparación biunívoca entre Derecho (en sentido estricto) y forma estatal debe ser considerada errónea.

En todo caso, utilizar como sinónimos las expresiones «época primitiva» y «época arcaica». Hablar para el caso romano del «hombre primitivo». Invocar la imposibilidad de la capacidad de abstracción[11], para defender la estructua «defectuosa» del primer Derecho romano. Confundir lo racional con el racionalismo. Todos estos errores son fruto de un desconocimiento casi absoluto no sólo de las conclusiones de los estudios de prehistoria y protohistoria; también de los datos que ofrece la antropología cultural en su vertiente jurídica[12]. En el fondo de estas concepciones encontramos una mentalidad groseramente evolucionista, ajena a la compleja realidad de la historia y al hecho de que con Roma no comienza el mundo. Ya advirtió en su momento Unamuno que el uso poco riguroso del modelo evolucionista no pasa muchas veces del empleo de metáforas tomadas despreocupadamente de la fisiología[13].

---

11 Ideas muy extendidas especialmente entre los romanistas de lengua alemana; muy representativo de esta orientación, con unos presupuestos que siguen en uso hoy en día es: M. Kaser, *Religione e diritto in Roma arcaica*, en *Annali Seminario Giuridico U. Catania*, Vol. III (1948-49) pp. 77-100, donde el lector encontrará un compedio de todos estos prejuicios.

12 No ayuda mucho el hecho de que la antropología cultural, a pesar de tener como padres fundadores a algunos insignes romanistas del XIX, sea cultivada en el mundo anglosajón por autores con muy escasa formación histórico-jurídica.

13 M. de Unamuno, *La enseñanza del latín en España*, en *El Caballero de la Triste Figura*, quinta edición (Madrid, 1970) pp. 16-17.

Capítulo primero

Planteamiento introductorio. Orígenes de Roma en las fuentes escritas

Tito Livio, en la *Praefatio* de su magna obra[14], comienza afirmando que se propone escribir, en la medida de sus posibilidades, la historia de Roma desde los orígenes: *a primordio Urbis res populi Romani perscribere*. Y al iniciar la narración de estos inicios, en el libro primero, lo hace situando el principio no en la fundación de la Urbe, sino que se remonta a la caída de Troya. De allí partieron, tras obtener el perdón de los griegos, Eneas y Anténor (este último, según se cuenta, en la variante recogida por Livio, fundador de Padua, la ciudad de nuestro autor). El empeño por enlazar la primera historia de Roma con el mundo griego se hace aún más intenso, es cosa sabida, en la obra de Dionisio de Halicarnaso (1, 5, 1). Estos planteamientos, en ningún modo exclusivos de ambos autores, fueron heredados de las fuentes utilizadas por ellos[15]. Clave fue la intermediación del grupo de historiadores denominados analistas: los primeros[16], Q. Fabio Pictor[17] y L.

---

14 Una interpretación de la *Praefatio* de Livio como orientada a la reconstrucción de la cultura romana arcaica en: C. Viglietti, *Il limite del bisogno. Antropologia economica di Roma arcaica* (Bologna, 2011) pp. 66-71.

15 Una síntesis excelente sobre toda esta materia en: T.J. Cornell, *Los orígenes de Roma, c. 1000-264 a.C.*, trad. de T. de Lozoya (Barcelona, 1999) pp. 21-45. También: R.M. Ogilvie-A. Drummond, *The sources of early Roman history*, en *The Cambridge Ancient History*, VII Part 2, *The Rise of Rome to 220 B.C.*, [1989] (Cambridge, 2006) pp. 1-51. De obligada lectura: S. Mazzarino, *Il pensiero storico classico* II, 1, 5ª ed. (Roma-Bari, 1974). Por nuestra parte, en el texto nos limitamos a ofrecer una visión genérica y sucinta que sirva para contextualizar los planteamientos iniciales de esta obra.

16 Los fragmentos conservados de ambos autores en: M. Chassignet, *L'Annalistique Romaine*. Tome I. *Les Annales des Pontifes. L'Annalistique Ancienne (Fragments)*. Texte Établi et Traduit (Paris, 2003) pp. 15-59.

17 A. Momigliano, *Linee per una valutazione di Fabio Pittore*, en *Roma Arcaica* (Firenze, 1989) pp. 397-407.

Cincio Alimento (siglo III a.C.)[18], en los que se mezclan elementos históricos con narraciones legendarias respecto a los orígenes. Este mismo planteamiento se observa en M. Porcio Catón el Censor (234 -148 a.C.), autor de la primera historia de Roma escrita en latín, muy mal conocida: *Origenes*, en siete libros, del año 149 a.C. Una grave desventaja supuso la pérdida de la llamada *Archaeologia*, del libro VI de las *Historiae* de Polibio, en la que, en palabras de T.J. Cornell, «hacía un repaso de la historia de la Roma arcaica hasta el año 450 a.C. aproximadamente»[19].

No puede faltar en este brevísimo repaso la mención de la figura polifacética de Cicerón, el cual, aunque no fuera jurista en sentido estricto, constituye una fuente de información sobre el Derecho romano público difícilmente superable. Si lo traemos aquí es porque en el segundo libro de *De republica* ofrece un tratamiento de la historia de la Monarquía desde Rómulo, inspirada en la obra de Catón (2, 1, 3) y de L. Calpurnio Pisón Frugi[20] (cónsul en el 133 a.C.). Respecto a Rómulo nuestro autor plantea una distinción entre lo ficticio y lo histórico. La primera parte de la saga la reputa legendaria, pero a partir de un cierto momento —según esta versión, identificado con la conquista de Alba Longa— Cicerón concede credibilidad a la tradición: *ut iam a fabulis ad facta veniamos*; *para pasar de la fábula a los hechos reales* (2, 2, 5). El inciso es de interés, porque demuestra que los romanos cultos de finales de la República sabían distinguir con nitidez entre la fabula y lo fáctico, pero incluían los tiempos de la Monarquía desde sus orígenes dentro de la historia en sentido estricto.

De menor interés es la información que ofrecen sobre la Roma de los primeros tiempos otros autores. Es el caso de Diodoro Sículo en su *Biblioteca histórica*, sólo parcialmente conservada. Se trataba de una

---

18 B.W. Frier, *Libri Annales Pontificum Maximorum: The Origins of the Annalistic Tradition* (Ann Arbor, 1999) pp. 206-207; esta obra supone una contribución de primer nivel no sólo sobre la materia nombrada en su título, sino sobre toda la tradición analística hasta Tito Livio. No obstante, su hipótesis de fondo, la propuesta de situar la redacción de los *Annales Maximi* en época de Augusto, no puede ser aceptada.

19 T.J. Cornell, *op. cit.*, p. 20.

20 Vid. G. Forsythe, *The Historian L. Calpunius Piso Frugi and the Roman Annalistic Tradition* (Lanham-New York-London, 1994).

obra enciclopédica, dividida en cuarenta libros, en los que se trataba la historia griega y la romana, incluyendo en esta segunda parte la narración de la Roma arcaica anterior a la Monarquía. Con la mención de este último autor cerramos este breve (e incompleto) repaso de las fuentes historiográficas disponibles, que sólo pretende situar al lector ante los problemas que suscitaba y suscita el estudio de los primeros pasos de la sociedad romana.

Esta misma mezcla de elementos, entre lo histórico y lo ficticio, con un comprensible mayor peso de la imaginación, se observa en los poetas que trataron la historia de Roma. Es el caso de Nevio, creador de la poesía épica romana con su *Bellum Punicum*. Y de Ennio, cuyos *Annales* en dieciocho libros, se ocupan de la historia de Roma hasta su época[21]. Para llegar a la *Eneida* de Virgilio, en la que las figuras de Eneas y Rómulo se presentan como dignísimos antecesores del nuevo Rómulo, Augusto. Junto a Virgilio, y sin ánimo de agotar en ningún caso el catálogo de los autores conocidos, conviene mencionar a Propercio[22] (por ejemplo, *Carmina* 4, 1-4) y a Ovidio sobre todo en sus *Fasti*.

Cuanto acabamos de señalar merece una primera reflexión. En la mentalidad histórico-jurídica de los autores romanos se observa una interesante y difícil bipolaridad. Por una parte, y ello ocurre sobre todo en las fuentes de los analistas, Roma parece surgir *ex nihilo*.

---

21 Cabe añadir el dato curioso que tanto Nevio como Ennio presentaban a Rómulo directamente como nieto de Eneas: T.J. Cornell, *op. cit.*, p. 470, nt. 79, con indicación de las fuentes. Por lo demás, en otros autores no es Eneas la referencia genealógica obligada sino el mismísimo Ulises (Odiseo). Escribe J. Martínez-Pinna, *Las leyendas de fundación de Roma. De Eneas a Rómulo* (Barcelona, 2011) pp. 47-48: «Roma no se vio al margen de la influencia de Odiseo. Versiones anónimas recogidas por el interpolador a Servio y por Plutarco atribuyen la fundación de la ciudad respectivamente a Latino y a Romano, hijos de Odiseo y de Circe. Esta misma genealogía es invocada por Jenágoras a propósito de tres hermanos, Rhomo, Anteias y Ardeias, fundadores de las ciudades latinas de Roma, Antium y Ardea. Otras versiones ya no se vinculan directamente a Odiseo sino a su hijo Telémaco (...)». Sobre el papel de Helánico de Mitilene (finales del siglo V a.C.) y Timeo (comienzos del siglo III a.C.) en la difusión en Italia de la leyenda troyana: D. Musti, *I Greci e l'Italia*, en A. Momigliano-A. Schiavone (ed.), *Storia di Roma. I. Roma in Italia* (Torino, 1988) pp. 43-47.

22 Vid. M. Bettini, *Weighty Words, suspect Speech: Fari in Roman Culture*, en *Arethusa* 41 (2008) 313-375.

No se entra para nada en la descripción, siquiera aproximada, del concreto ambiente social e institucional inmediato a la iniciativa de Rómulo y su grupo. Aparte de otras consideraciones, la opción se explica básicamente porque la fundación de la Ciudad supuso, desde el punto de vista constitucional, un verdadero inicio. Un nacimiento, en palabras de Cicerón (*De republica* 2, 1, 3). Hubo una ruptura. Una discontinuidad respecto al entramado organizativo anterior. El propio concepto de fundación —*ab urbe condita*— y su vínculo estructural con la *auctoritas*, aparecen como dos elementos diferenciales de la mentalidad romana, que afectan particularmente, pero no de forma exclusiva, al ámbito jurídico y político[23].

La fundación marca un comienzo absoluto, crea por así decirlo un mundo nuevo. Pero esta explicación sólo es convincente desde un cierto punto de vista, dado que efectivamente, como vamos a recordar en estas páginas, hubo una Roma antes de Roma[24], sin la que la *Urbs* no hubiera podido nacer en la forma en que lo hizo. Ello es así porque gran parte del ordenamiento jurídico anterior fue asumido y reajustado tras la fundación. En la realidad del desarrollo temporal, la creación *ex nihilo* no deja de ser una opción más ideológica y política que efectiva.

Por otra parte, un sector relevante de los autores —historiadores, anticuarios y poetas— realizando un cierto ejercicio de nostalgia, en la búsqueda de gloriosos antecedentes del pasado, sitúan el comienzo de su narración en una época muy lejana, trasladada a un tiempo difuminado por la leyenda, buscando conscientemente un parentesco entre Troya y la nueva Troya, es decir, Roma. Con algunos pasos intermedios cuyo momento sucesivo sería la inmediata matriz de la Urbe, Alba Longa, de la que proceden Rómulo y Remo.

No sólo ha de tenerse en cuenta el carácter legendario de todas estas narraciones sobre los lejanos orígenes de Roma. La propia his-

---

23 Corresponde a H. Arendt, especialmente en *What is Auctority?* En *Between Past and Future. Eight Exercices in Political Thought.* Introduction by J. Kohn, [1954] (New York, 2006) pp. 120-128, el mérito de haber detectado la trascendencia de ambas categorías para la comprensión de la política y del Derecho romanos.

24 G. De Sanctis, *Roma prima di Roma. Miti e fondazioni della città eterna* (Roma, 2021).

toria de la Urbe, sobre todo la de los primeros siglos, se halla repleta de dioses y otros seres no humanos que intervienen protagonizando sucesos sobrenaturales e interfiriendo muy a menudo en el curso de los acontecimientos. Ante este panorama no es de extrañar que desde el siglo XVI la investigación historiográfica se planteara como tarea previa una crítica de las fuentes, en el intento de separar lo histórico de lo ficticio. Todavía en Maquiavelo[25], *Discorsi sopra la prima deca di Tito Livio,* si bien es cierto que el autor prudentemente no se ocupa con detenimiento de los personajes míticos, aparece Eneas (1, 1, 4-5; 2, 8, 2), mientras que Rómulo mantiene un indubitado protagonismo (1, 1, 5; 1 9, 1; 1, 10, 6; 3,1,2, entre otros pasajes). También Vico nos habla de Eneas y de Rómulo[26]; la genialidad del sabio napolitano, por otra parte profundo conocedor del Derecho romano, aconseja —por respeto— que dejemos a un lado, al menos en este momento, su aportación, situada más bien en el campo de la Filosofía y la Teología de la Historia.

Frente a un cierto tradicionalismo acrítico, que A. Momigliano califica de ingenuo, añadiendo que siempre estará presente —se entiende que en un sector de la investigación—, fue abriéndose camino una tendencia según la cual nada o casi nada es lo que se podía conocer tanto de la prehistoria romana como de los momentos iniciales, monarquía y primeros siglos de la república. Ni que decir tiene que los tiempos prehistóricos se juzgaban fuera de cualquier tipo de aproximación seria. Esta postura escéptica se fraguó antes de que la arqueología empezara a dar sus frutos, de forma que durante largo tiempo apenas encontró resistencia en el campo de la investigación. En el desarrollo de esta opción metodológica se suelen citar dos autores: el holandés J. Perizonius (*Animadversiones historicae,* 1685)[27] y

---

25 N. Machiavelli, *Discorsi sopra la prima deca de Tito Livio,* [1531], a cura di C. Vivanti (Torino, 2010).

26 G. Vico, *Ciencia Nueva,* tercera edición, [1744], trad. de R. de la Villa (Madrid, 1995) en especial pp. 390-398. Dentro de una ingente bibliografía, debe consultarse: C. López Bravo, *Filosofía de la historia y Filosofía del Derecho en Giambattista Vico* (Sevilla, 2003).

27 La conocida tesis de B.G. Niebuhr, sobre la función de la poesía oral (*carmina convivalia*: las baladas cantadas durante los banquetes familiares) como transmisoras de las tradiciones cívicas, reposa en su origen sobre Perizonius (seguido por otros au-

el francés L. de Beaufort[28], quien en 1738 publicó su *Disertación sobre la incertidumbre de los cinco primeros siglos de la historia romana,* aunque como escribe A. Momigliano, el elenco de los primeros autores de este signo podría ser muy fácilmente ampliado[29]. No se puede negar el escepticismo radical de L. de Beaufort, el cual alcanzó una formulación hipercrítica en la obra de E. Pais, publicada inicialmnete en 1898 y 1899[30].

Sin embargo, como en otros autores, el rechazo de la historicidad de los personajes fue compatible con la aceptación de un período monárquico, pese a que las instituciones que le asignan las fuentes no serían sino una proyección de realidades posteriores. Antes de la Monarquía la organización se fundaba en una estructura gentilicia. La comunidad se regía por un consejo de ancianos, el cual, en caso de necesidad elegía jefes militares. El *rex* monárquico, con poderes ilimitados, proviene de estos antecedentes. Las tesis de K.J. Beloch son similares[31]. En ambos casos se sostiene que el Capitolio no formaba parte del núcleo originario: se añadió a la ciudad en los siglos VI o V a.C.

Antes se proseguir estas consideraciones, conviene volver un momento para atrás, para señalar que el juicio sobre la posición de Perizonius requiere de alguna matización. Frente a las posturas radicales de autores como Cluverius (*Italia antiqua,* 1624), Perizonio sigue en realidad una «vía media», en expresión de A. Momigliano[32]: admitía un fondo de verdad en las antiguas historias de Eneas y de Rómulo. En su discurso de 1702, *De fide historiarum contra Pyrrhonismus* [escepticismo] *historicum,* dirigió un reproche a lo que más tarde se llamaría la postura «hipercrítica». Resulta significativo que la propia tradición

---

tores); es insustituible la aportación de: A. Momigliano, *Perizonio, Niebuhr e il carattere della tradizione romana primitiva,* en *Roma Arcaica* (Firenze, 1989) pp. 449-465.

28 Se ocupa de este autor con detenimiento: A. Grandazzi, *La Fondation de Rome. Réfexion sur l'histoire* (Paris, 1991) en especial, pp. 29 ss.

29 A. Momigliano, *Le origine di Roma,* en *Roma arcaica* (Firenze, 1989) p. 8.

30 A. Grandazzi, *La Fondation de Rome* cit., p. 38.

31 P. Carafa, en A. Carandini (a cura di), *La Leggenda di Roma* III (Roma, 2011) pp. 224 ss.

32 A. Momigliano, *Perizonio, Niebuhr e il carattere della tradizine romana primitiva* cit., pp. 451-452.

hipercrítica reajuste a su conveniencia la posición de algunos de sus más insignes «padres fundadores».

Por otra parte, en la investigación de sabios de la talla de B.G. Niebuhr, J. Rubino, A. Schwegler, J. Marquardt y Th. Mommsen, con quienes alcanzan su madurez los estudios histórico-jurídicos de la Roma arcaica, se fue produciendo un giro muy significativo. Así, a modo de ejemplo, para no entrar en la mención de las extensas referencias bibliográficas de estos autores, podemos recordar que A. Schwegler[33] dedicó 808 páginas al período de la primera Monarquía (incluyendo el reconocimiento de la existencia de dos comunidades políticas en el sitio de Roma antes de la edad regia); y 755 páginas a la historia de la primera República hasta las XII Tablas[34]. Como Niebuhr o Mommsen, Schwegler consideraba que Roma fue una verdadera ciudad sólo en la segunda etapa monárquica; sin embargo, en la primera etapa de los reyes reconocían un «sistema político complejo, si no un Estado»; este último autor aceptaba además la existencia del *Septimontium*, como realidad previa[35]. En opinión de P. Carafa, estos grandes maestros se movieron en un terreno de cierta ambigüedad, al reconocer un Estado antes de la Ciudad[36]. Precio que hubo que pagar en ausencia de los datos arqueológicos que vendrían más tarde.

Se asiste, por tanto, a una rectificación de las posiciones hipercríticas, las cuales, en sus inicios, según nuestra opinión, casi nunca fueron tan radicales como a veces se afirma. Los autores citados en el párrafo anterior, por su parte, realizan una valoración positiva de las fuentes desde el punto de vista constitucional y abren así un camino

---

33 A. Schwegler, *Römische Geschichte*, vol. I (1853), vol. II (1856).

34 Zvi Yavetz, *Why Rome?*, en *The American Journal of Philology* 97 (1976) p. 285; en esta aportación el autor procura explicar la paradójica posición de gran parte de la historiografía germana: su predilección por Grecia, no le impidió centrar gran parte de sus esfuerzos en desentrañar la historia arcaica de Roma en sus aspectos institucionales.

35 Tomo todos estos datos de: P. Carafa, *Le origini di Roma sessant' anni dopo*, en *Archeologia classica* 72 (2021) pp. 77-102.

36 En un sentido semejante F. De Martino, *Storia de la costituzione romana* I, 2ª ed. (Napoli, 1972) pp. 42-116. Cfr. P. De Francisci, *Primordia civitatis* (Roma, 1959) pp. 498 ss., rectificando su posición anterior, sostiene la inicial presencia de un *rex ductor*, dotado de un carisma personal; sustituido posteriormente por el carisma institucional del *rex inauguratus*.

en la investigación posterior que, con las oportunas modificaciones, llega hasta la actualidad. Asignan a la primera edad regia una organización política compleja, lo cual supone necesariamente (aunque no se haga explícito por regla general) la admisión de una cierta estructura política anterior al nacimiento de la Urbe. Y la admisión de que las fuentes (en esos momentos predominantemente literarias) no estaban basadas, al menos de modo exclusivo, en la falsificación y en el afán propagandístico. Esta opción es muy significativa pues no se trata sólo del protagonismo que los autores mencionados (y otros varios) conceden a las normas jurídicas, sino al hecho de que en muchas ocasiones basan su reconstrucción de la Roma arcaica en el análisis e interpretación de la tradición literaria que recoge los contenidos del Derecho romano de la época monárquica[37].

Sin embargo, un cierto prejuicio hipercrítico, si se le puede denominar así, persistió; y en el ámbito de nuestros estudios, es decir, en el de la reconstrucción de la estructura jurídico-política de la época de la fundación de Roma, cuenta aún con sus partidarios. Escepticos sobre la posibilidad de armonizar los datos arqueológicos con el contenido de las fuentes literarias y epigráficas (fundamentalmente)[38]. Con su lucidez habitual P. Bonfante, muy receptivo a los resultados de la arqueología de esos años, advirtió que la crítica histórica a veces termina por desgastar («logorare») de tal modo la tradición que al final construye «leyendas nuevas más peligrosas que las elaboradas por los romanos», pues carecen del valor psicológico y social de las leyendas auténticas. Estas últimas merecen ser conocidas, en cuanto ideológicamente nos presentan verdades superiores a la de los hechos históricos concretos[39].

---

37 A. Momigliano, *G.C. Lewis, Niebuhr e la critica delle fonti*, en *Roma Arcaica* (Firenze, 1989) pp. 467-477; P. Carafa, M. Fiorentini e U. Fusco, en A. Carandini (a cura di), *La Leggenda di Roma* III (Roma, 2011), pp. 209-231.

38 Imposible y quizá supefluo afrontar en estas páginas las vicisitudes de esta controversia con el detalle que merece. A modo de síntesis puede consultarse: R. Mar, *El origen de Roma. Una controversia (casi) tan vieja como la urbe*, en *Desperta Ferro. Arqueología & Historia* 47 (2023) pp. 14-21.

39 P. Bonfante, *Storia del Diritto Romano*, volumen primo, reimp. de la 4ª ed., [1934]. a cura di G. Bonfante e di G. Crifò (Milano, 1958) p. 82.

Esta desconfianza de fondo se manifiesta de manera más o menos explícita en muchos tratamientos que se siguen publicando sobre los primeros pasos de la historia constitucional romana. Haciendo caso omiso de las evidencias arqueológicas relativas no sólo al sitio de Roma sino más en general a los progresos sobre la información de las Edades del Bronce y del Hierro en la Italia central (y en general en las sociedades mediterráneas), no termina de desaparecer una visión en la que se aúnan dos elementos en estrecha relación: evolucionismo y primitivismo. En otras ocasiones se opta directamente por soslayar cualquier análisis sobre la materia «de los orígenes», alegando la ausencia de fuentes; esto ocurre sobre todo cuando el método opta casi en exclusiva por el análisis filológico[40].

En general, la mejora de nuestro conocimiento de las sociedades antiguas y entre ellas la del *Latium vetus* a partir del segundo milenio a.C. ha dejado anticuados los planteamientos de muchos historiadores del Derecho romano. En las primeras páginas de algunos manuales sigue apareciendo una Roma *primitiva* —a veces identificada con la Monarquía casi al completo— a la que se aplica un modelo evolutivo absolutamente desfasado. La época de Rómulo se caracteriza por su carácter primitivo: «in epoca tanto primitiva»[41], de forma que en la fase latino-sabina la Monarquía queda descrita como una época de formación del Estado. V. Arangio Ruiz, aunque admitía la fundación de Roma en los años 754 o 753 a.C., la consideraba realizada por el pueblo invasor de los etruscos, grupo que se impuso a los habitantes latinos[42]. En otras ocasiones, jugando de manera no demasiado precisa con las palabras y con la cronología, se defiende que en la segunda mitad del siglo VIII a.C. existía sobre el Palatino un centro proto-urbano, resultado de la fusión de pequeñas aldeas, el cual puede considerarse el núcleo originario de la ciudad[43].

---

40 Ocurre, por ejemplo, en el estudio, muy útil por otros varios motivos, de J.H. Vanggaard, *The Flamen. A Study in the History and Sociology of Roman Religion* (Copenhagen, 1988): el rechazo al tratamiento de los orígenes en pp. 9-13.

41 A. Guarino, *Storia del Diritto Romano*, dodicesima edizione (Napoli, 1998) p. 63.

42 V. Arangio-Ruiz, *Storia del diritto romano*, 7ª ed. (Napoli, 1957); existe una traducción al español de la segunda edición italiana a cargo de F. de Pelsmaeker e Iváñez (Barcelona, 1980; 4ª ed.).

43 L. Capogrossi, en M. Talamanca (ed.), *Lineamenti di storia del diritto romano*, 2ª ed. (Milano, 1989) p. 16.

La investigación en lengua alemana, ya de por sí muy proclive a un cierto primitivismo, fundado en esquemas muchas veces tomados del Derecho de los pueblos germánicos, se ha visto particularmente afectada por el cambio de escenario de los últimos decenios (otra cosa es que se tome adecuada nota de ello). Es el caso de la obra de M. Kaser[44], la cual, aunque se presenta prioritariamente como una historia conceptual («begriffsgeschichtliche Untersuchung», p. 7), en el inevitable plano histórico desplaza hacia épocas plenamente urbanas fenómenos propios del mundo precívico, sobre todo en el ámbito procesal. O retrasa la aparición de instituciones, como por ejemplo, los comicios por centurias, cuyo nacimiento sitúa en el siglo IV a.C. (p. 67). La misma tendencia, aunque atenuada, dado que hace comenzar la época precívica en el siglo IX a.C., se observa en F. Wieacker, autor que también traslada a la época de la dinastía etrusca el nacimiento —o configuración plena— de la ciudad-Estado[45]. Una postura similar, en la que las noticias sobre las primeras fases de la Monarquía son tachadas de anacrónicas y sustituidas por esquemas de de tipo «gentilicio» aparece en G. Alföldy[46].

En otras ocasiones, y este problema afecta más bien a las obras de divulgación, se opta por un enfoque literario, que aprovecha los atractivos «novelescos» de los enredos de personajes situados entre la realidad y la mitología, sin entrar en cuestiones que tengan que ver con la arqueología y la prehistoria[47]. Sin embargo, también en este campo «literario» surgen obras de gran importancia, cuando se concentran en la seria descripción y ordenación de las noticias legendarias, en las cuales siempre es posible detectar elementos esenciales de la mentalidad romana. De lo que puede llamarse antropología histórica[48].

---

44 M. Kaser, *Das altrömische Ius. Studien zur Rechtsvorstellung und Rechtsgeschichte Römer* (Götingen, 1949).

45 F. Wieacker, *Römische Rechtsgeschichte* I (München, 1988) pp. 193-215.

46 G. Alföldy, *Nueva historia social de Roma*, versión española de la 4ª ed. alemana, completamente revisada y actualizada, trad. de J.M. Abascal (Sevilla, 2012) pp. 26-45.

47 Es el caso de: P.A. Férnandez Vega, *Historia de Roma. Orígenes. La monarquía y nacimiento de la República (753-450 a.C.)* (Barcelona, 2025), cuyo título hace concebir falsas esperanzas.

48 Aludimos a: L. Ferro-M. Monteleone, *Miti romano. Il racconto*, con un saggio di M. Bettini (Torino, 2010).

Como muestra de la pervivencia de este espíritu de desconfianza hacia la historicidad de los datos relacionados con la Roma arcaica, nos ha parecido de interés traer a colación estos dos episodios de la historia de la investigación que pasamos a relatar. El llamado Espejo de Bolsena, una imagen muy conocida que aparece como ilustración en múltiples obras que tratan sobre Roma, en el que entre otros personajes se representan Rómulo, Remo, la loba y pico. Fue vendido en Florencia en 1877[49]. Enseguida se consideró como una falsificación. Sólo en 1982, tras un siglo, R. Adam y D. Briquel demostraron su autenticidad. Lo dataron entre el 350 y el 325 a.C. Actualmente se considera un documento muy importante para fundamentar el trasfondo de la leyenda de la fundación.

De igual o mayor interés es el segundo documento[50]. Contiene el texto latino más antiguo que conocemos hasta ahora. En la Fíbula de Preneste, en oro, se recoge una inscripción legible de derecha a izquierda: *manios: med: fhefhaked: numasioi*: *Manio me hizo para Numerio.* W. Helbig la publicó en 1887. De inmediato se suscitó una controversia sobre su autenticidad. Los críticos entendían que el latín del texto revelaba la sospechosa voluntad de presentar un latín cercano al que la filología decimonónica entendía como el latín prehistórico. Se llegó incluso a atribuir la falsificación a Helbig. Ésta era la opinión de M. Guarucci, de gran prestigio en su época. Sin embargo, pasado un largo tiempo, su autenticidad ya no es puesta en duda[51]. En el 2009 se publicó una inscripción etrusca en la que aparece *numasianas*, con lo cual queda explicada la posibilidad del *numasius* de la fíbula. Pero, sobre todo, en el 2011, los análisis llevados a cabo sobre el objeto confirmaron la antigüedad del grabado de las letras. Actualmente se admite que su datación ha de situarse a medidados del siglo VII a.C.

---

49 Sobre el Espejo de Bolsena tomo todos los datos de: S. Montero Herrero, *Augusto y las aves. Las aves en la Roma del Principado: prodigio, exhibición y consumo* (Barcelona, 2006) p. 184.

50 En este caso los datos se toman de: I.-X. Adiego-Lajara, *Los primeros balbuceos de una lengua universal*, en *Desperta Ferro. Arqueología & Historia* 47 (2023) pp. 30-31.

51 Dudas que han persistido hasta hace relativamente poco tiempo, como demuestran las cautelas de A. Momigliano, *The Origins of Rome*, en *The Cambridge Ancient History* VII Part 2. *The Rise of Rome to 220 B.C.*, [1989] (Cambridge, 2006) p. 74; aportación traducida por S. Bemporad Servi, y revisada por C. Ampolo, en *Roma Arcaica* (Firenze, 1989) pp. 5-64, con una rica información bibliográfica.

El tipo de alfabeto utilizado consiste en una adaptación del griego, que llega a Roma, según se cree, por mediación[52] de los etruscos.

Sigamos ahora el hilo de nuestra argumentación. Vamos a ocuparnos seguidamente de la importancia que tiene para nuestro estudio la presencia de la escritura en Roma (y en el Lacio) desde la época monárquica. A partir de esa época no puede hablarse de una cultura exclusivamente oral. Ello no supone minusvalorar el peso de las tradiciones orales, especialmente en el ámbito del Derecho y de la religión. Pero este principio de oralidad no fue exclusivo, como antiguamente se sostenía por parte de los especialistas, sino que se combinaba con el uso del alfabeto y la posibilidad de plasmar por escrito iniciativas e informaciones privadas o públicas. Para este último campo, el cipo del Foro, descubierto por G. Boni en 1899, suficientemente conocido en la literatura especializada, datable entre el 570 y el 550 a.C. supone un testimonio inapelable[53].

Interesa especialmente que reparemos en el yacimiento de Osteria dell'Osa y de Castiglione, en las necrópolis, asentamiento previo al nacimiento de la ciudad de Gabii, situada a 20 km al este de Roma. La investigación arqueológica ha obtenido una información muy rica sobre el desarrollo de la comunidad local y su evolución desde el Bronce Medio hasta el nacimiento de la ciudad de Gabii en la Edad del Hierro[54]. En Osteria dell'Osa apareció una inscripción en lengua griega —son apenas cinco letras— en una vasija. Se encontraba en la tumba 482 y ha sido datada en torno al 775 a.C. Según afirma G. De Sanctis, a quien seguimos, la importancia de la inscripción, cuya datación es anterior a la fundación de *Pithekoussai*, radica en que hace verosímil el fondo de verdad de la narración según la cual Rómulo y Remo, de niños, habrían estudiado en Gabii (Dionisio de Halicarnaso 1, 84, 4-5; Plutarco, *Rómulo* 6, 2). No hay ni que decir que un sector de autores rechaza el valor histórico de esta noticia en todos

---

52 Según otra hipótesis, en la que juega su papel Gabii, el alfabeto pudo fundarse, al menos en lo esencial, directamente en el alfabeto griego euboico. Este último empezó a ser utilizado en el siglo IX a.C. y fue el que se introdujo en Italia.

53 Sobre la inscripción del cipo del *Lapis Niger*, la del *lapis Satricanus* y otras, la información esencial puede consultarse en: I.-X. Adiego Lajara, *op. cit.*, pp. 31-33.

54 A.M. Bietti Sestieri, *L'Italia nell'età del bronzo e del ferro. Dalle palafitte a Romolo (2000-700 a.C.)* (Roma, 2019) pp. 134; 276-284.

sus términos y lo juzga una anticipación de las costumbres romanas del siglo II a.C., época en la que los hijos de las familias aristocráticas empezaron a ser enviados a ciudades griegas para completar su formación. Por lo demás, conviene recordar que la presencia griega en el Lacio, incluyendo el sitio de Roma, el Capitolio, se remonta a la época micénica[55]. Y, por supuesto, demuestra que el uso de la escritura estaba presente allí desde el siglo VIII a.C.

De la relevancia de la inscripión arriba citada antes de G. De Sanctis, se habían ocupado autores como A. Grandazzi[56] o J. Martínez-Pinna Nieto[57], pero sobre todo, en sintonía con nuestras propias conclusiones, han de citarse los estudios de E. Peruzzi[58] reivindicando la seriedad de la tradición, apoyada con creciente fuerza en pruebas arqueológicas. Gabii fue una ciudad muy importante en época arcaica, aunque su decadencia fuese palpable en época republicana (con una revitalización en el siglo II a.C.), como señala Propercio, *Elegiae* 4, 1, 34: *et, qui nunc nulli, maxima turba Gabi*; *y Gabii, ahora vacía, se hallaba muy poblada*. Tuvo un papel relevante en la historia de la Monarquía romana, como se comprueba con la lectura de Tito Livio (por ejemplo, 1, 53, 4-5)[59]. De Gabii pudo proceder —al menos en parte— la primera ciencia augural de los romanos. A. Schwegler (citado por J. Martínez Pina y antes por P. Catalano[60] y E. Peruzzi[61]) subrayó este

---

55 G. De Sanctis, *Roma prima di Roma. Miti e fondazioni della città eterna* (Roma, 2021) pp. 63-66.

56 A. Grandazzi, *La Fondation de Rome* cit., pp. 219-220; 319 ss.

57 J. Martínez-Pinna Nieto, *Las leyendas de la fundación de Roma. De Eneas a Rómulo* cit., pp. 119-120.

58 Del autor: *Origini di Roma* I. *La familia* (Firenze, 1970) pp. 49; 91; *Origini di Roma* II (Firenze, 1973) pp. 10-13; 81-91 (noticias sobre la escritura en la Roma de los orígenes); según confiesa el propio autor la obra tiene como fundamento la noticia transmitida por Dionisio de Halicarnaso 1, 84, 5, sobre la instrucción de Rómulo y Remo en Gabii; *Aspetti culturali del Lazio primitivo* (Firenze, 1978) pp. 152-153; *Civiltà greca nel Lazio preromano* (Firenze, 1998), obra en la que las referencias a Gabii se multiplican: vid. especialmente pp. 5-17; 165 ss.

59 Sobre el *foedus Gabinum*: S. Montero Herrero, *Gabii a través del foedus Gabinum*, en *Cuadernos de Trabajo de la Escuela Española de Arqueología e Historia de Roma* 15 (1981) pp. 9-16.

60 P. Catalano, *Linee del sistema sovrannazionale romano* I (Torino, 1965) p. 275 nt. 18.

61 E. Peruzzi, *Origini di Roma* II cit., pp. 11-12.

vínculo augural[62]. No es casual, por tanto, que en la clasificación del Derecho Augural de los tipos de territorio (*genera agrorum*) el *ager Gabinus* ocupe una posición de privilegio, justo después del *ager Romanus*, puesto que dispone de un régimen augural específico: *auspicia habet singularia*: Varrón, *De lingua Latina* 5, 5, 33[63].

Se comprende que en la reconstrucción de este contexto histórico, alejado de los parámetros erróneamente primitivos (y apriorísticos) con los que en ocasiones de dibuja la historia arcaica de Roma, la noticia de Cicerón sobre los *Annales Maximi* adquiera un significado muy relevante[64]. Añádase que esta primera historiografía romana, en manos del Colegio de los Pontífices, antecedente inmediato de los analistas, se halla teñida de juridicidad, una nota que será característica de toda la tradición literaria romana, incluyendo la oratoria (vid., por ejemplo, Cicerón, *De oratore* 2, 16, 68) y también en cierta medida las obras poéticas (así en Ennio o en Virgilio). Sería igualmente cierto afirmar —en sentido recíproco— que el pensamiento jurídico romano, respaldado por la *auctoritas* de la fundación y de los mayores, modelado por medio de la *interpretatio*, no es sino el resultado de una mentalidad volcada sobre el pasado y, en esa medida, esencialmente histórica[65]. Esta conjunción entre lo jurídico y lo histórico es propia de todos los juristas romanos; ocurre lo mismo entre los historiadores.

Escribe Cicerón en *De oratore* 2, 12, 52: *Erat enim historia nihil aliud nisi annalium confectio, cuius rei, memoriaeque publicae retinendae causa, ab initio rerum Romanorum usque ad P. Mucium pontificem maximum, res omnes singulorum annorum mandabat litteris pontifex maximus, referebatque in album, et proponebat tabulam domi, potestas ut esset populo cognoscendi, hique etiam nunc Annales Maximi nominantur.*

---

62 A. Schwegler, *Römische Geschichte* I, p. 399.

63 G. De Sanctis, *op. cit.*, p. 150, que recoge la hipótesis de F. Fiori sobre la continuidad en lo concerniente a los auspicios entre el *ager Romanus* y el *ager Gabinus*.

64 Los fragmentos conservados de los *Annales Maximi* se pueden consultar en: M. Chassignet, *op. cit.*, pp. 1-15 (en esta edición cada número se refiere a dos páginas, traducción y texto original).

65 Sostiene esa idea, en un sentido no exactamente idéntico al del texto: S. Mazzarino, *op. cit.*, pp. 278-281.

La historia no era sino la confección de los anales, para preservar la memoria pública. Desde el inicio de la comunidad romana hasta el pontificado de Publio Mucio cada pontífice máximo ponía por escrito las cosas que sucedían cada año, recogiéndolas en el álbum, que se ponía en su casa, para que el pueblo pudiera conocerlas. Y hasta ahora son conocidos como los Anales Máximos.

La noticia se completa con la información que ofrece Servius Auctus (o Servius Danielis), en su comentario al verso 373 del libro primero de la *Eneida*[66]. Supondría un empeño desmesurado pretender entrar ahora en el análisis detallado de esta cuestión, en la que se cruzan variados problemas de orden filológico e histórico, así como prejuicios varios. Nos parece que el análisis llevado a cabo por E. Peruzzi —a pesar de las críticas que su postura ha suscitado por parte de los escépticos— se mantiene como la mejor y más fundada solución[67]. Ésta es la que aquí brevemente sintetizamos.

Así pues, hay que empezar por señalar la diferencia entre dos elementos conectados entre sí pero distintos. Ambos, contra la opinión común, se inician en la época monárquica. La escritura estaba ya extendida por el Lacio, como el propio E. Peruzzi, entre otros autores[68] (confirmado por los nuevos hallazgos) ha explicado con argumentos contundentes. La *tabula dealbata* era confeccionada año por año. Su redacción correspondía al Pontífice Máximo. El incendio gálico del 390 a.C., destruyó casi todos los materiales custodiados en la *Regia*; a este incendio se añadió el que tuvo lugar en el 148 a.C. Casi ninguna de estas *tabulae* sobrevivió. De todas formas, a la altura del siglo II a.C., este medio de comunicación era ya considerado anacrónico. Es muy posible que la abolición de tal práctica coincidiera con el inicio

---

66 Servio auct., *Ad Aen.* 1, 373: *Ita autem annales conficiebantur: tabulam dealbatam quotannis pontifex maximus habuit, in qua praescriptis consulum nominibus et aliorum magistratuum digna memoratu notare consueverat domi militiaque, terra marique gesta per singulos dies, cuius diligentia annuos commetarios in octoginta libros veteres retulerunt, eosque a ponticibus maximis, a quibus fiebat, Annales Maximos appellarunt.*

67 E. Peruzzi, *Origini di Roma* II cit., en el capítulo VIII: *Gli Annali dei Pontefici*, pp. 175-207. Es necesaria la consulta de: M. Chassignet, *L'Annalistique Romaine.* Tome I. *Les Annales des Pontifes. L'Annalistique Ancienne (fragments)* (Paris, 2002).

68 F. Sini, *Documenti sacerdotali di Roma antica* I. *Libri e commentarii* (Sassari, 1983) pp. 18; 154-156, y las notas correspondientes.

del pontificado de P. Mucio Escévola en el 130 a.C., o en los años inmediatamente sucesivos.

Distinta de la *tabula* anual, expuesta para la consulta del pueblo, resulta ser la redacción de los *Annales*. Aquí estamos ante una obra literaria. Si se quiere decir así, en los primeros tiempos, «preliteraria», por la hipotética tosquedad de su redacción. Esta obra debió de experimentar no sólo una progresiva amplificación, dado que en ella se vertían los datos de las *tabulae* anuales, sino por el hecho de que su conservación exigía (como en toda obra antigua) un proceso de continua reescritura y con él, una modernización formal del texto y con toda probabilidad, modificaciones de su contenido anterior. Esta *historia de Roma*, como explica con detenimiento E. Peruzzi, no desapareció con los incendios antes mecionados.

Los *Annales* tampoco consistían en una simple traslación de los datos recogidos en las tablas año por año, disponiéndolos en una serie continua. Esto último se prueba porque recogían noticias de la época pre-romulea, anterior a la aparición del pontificado y ajenas a la finalidad de las *tabulae*. Un rasgo que no por mera coincidencia, hemos visto que se hallaba presente en la posterior obra de los analistas hasta Tito Livio. E. Peruzzi demuestra con varias citas que estos anales que mencionan las fuentes son específicamente los pontificios. Así, por ejemplo: Pseudo Aurelio Víctor (*Origo gentis Romanae*)[69] 17, 5: sobre Silvio: *eiusdem posteri omnes cognomento Silvii usque ad conditam Romam Albae regnaverunt, ut est scriptum annalium pontificalium libro quarto. El nombre de Silvio pasó a todos sus descendientes que, hasta la fundación de Roma, reinaron en Alba, como está escrito en el libro cuarto de los Anales de los Pontífices*. Éste es, por tanto, el sentido justo de las palabras de Cicerón, *De oratore* 2, 12, 52-53, según el cual los *Annales Maximi* comenzaban *ab initio rerum Romanorum*.

Es de suma importancia para nuestro conocimiento de la historia del Derecho romano insistir en el protagonismo de Publio Mucio Escévola. Ya sabemos de la íntima conexión que se daba en Roma entre pensamiento jurídico y pensamiento histórico. A veces se señala

---

[69] Sobre esta obra del siglo IV d.C., una presentación breve pero suficiente en B.W. Frier, *op. cit.*, p. 41. Debe consultarse la edición de J.-C. Richard, *Pseudo-Aurélius Victor. Les Origines du Peuple Romain. Texte Établi, Traduit et Commenté* (Paris, 1983).

la información «anticuaria» que cabe descubir en muchos juristas. Es una forma de aludir al interés de los prudentes por el pasado, no sólo en la vertiente estrictamente jurídica, sino de una manera global, que incluye datos políticos y sociales. La idea de fundación y su actualidad perenne custodiada por la *auctoritas* que se concedía a los mayores, necesariamente otorgaba una relevancia casi absoluta a la tradición, al menos formalmente. La legitimidad de la acción política y jurídica de los vivos dependía del prestigio de los difuntos. *Auctores imperii Romani conditores*, en palabras de Plinio el Viejo, *Naturalis historia* 22, 5.

Esta idea, unida a la aceptación del hecho, como debe hacerse, de que Roma hizo uso de la escritura desde los primeros momentos de su historia constitucional, explica la necesidad de tomar en serio la información que ofrecen nuestros autores sobre la existencia de escritos muy antiguos y conservados en los archivos públicos. Es el caso de los *libri Sibyllini*: los claros elementos legendarios[70] de la tradición preservada en las fuentes son compatibles con la efectiva existencia de estos libros en época de los Tarquinios.

A pesar de que no contemos con noticias semejantes para los libros y comentarios del Colegio de los Augures, parece lógico admitir que tales documentos existieron también desde la época monárquica. Quizá las estrictas limitaciones a la publicidad de tales escritos, limitaciones más exigentes que en el caso de los ritos públicos custodiados por los pontífices, explique en parte la falta de información. Paulo Diácono recoge una preciosa información acerca de este asunto, cuando tratando el lema *Arcani*, indica que las ceremonias de los Augures realizadas en el *Arx* capitolino se confiaban intencionadamente a la memoria, para evitar su difusión[71].

La misma explicación, aunque mitigada, puede aplicarse a los *libri rituales* (y otros) de la *Etrusca disciplina*, los cuales debieron de ser escritos también en época monárquica. Una prueba indirecta de la posibilidad de tales publicaciones de *ius augurum* nos la ofrecen Plinio el Viejo, *Naturalis historia* 10, 6-42 y Macrobio, *Saturnalia* 3, 20,

---

70 C. Santi, *Sacra facere. Aspetti della prassi ritualistica divinatoria nel mondo romano* (Roma, 2008) pp. 103-112.

71 Paulo Diácono, *Epitoma Festi* (Lindsay, pp. 14-15) s.v. *Arcani*.

3 cuando afirman que Tarquinio el Soberbio escribió dos obras: un *ostentarium arborarium* y un *ostentarium aviarium*, este último sobre la interpretación del vuelo de las aves. En este último caso, el contenido de las obras de aruspicina etrusca coincide con el que tendrían las obras augurales romanas. La categoría augural del *ager Gabinus* podría ser igualmente significativa[72], en atención a lo que antes hemos comentado sobre los nexos entre la ilustrada Gabii y la Roma de los primeros tiempos.

Por lo tanto, la iniciativa de Publio Mucio Escévola debe entenderse como una manifestación más, aunque muy relevante, de una larga práctica cuyas raíces se hundían en las profundidades del tiempo. Es el caso de la tradición manuscrita de las denominadas *leges regiae*. De acuerdo con el análisis de D. Mantovani[73] hay que reconocer la existencia de dos series distintas, solución con la que se explica la aparente divergencia de las fuentes. Para no alargar la exposición nos centramos en la primera de ellas, que es además la que más interesa al objeto de nuestra investigación, dejando a un lado el denominado *ius civile Papirianum* del que da noticia Pomponio en D. 1,2,2,2.

Según Dionisio de Halicarnaso[74] 3, 33, 4, Numa había compuesto una obra con la descripción de los cultos públicos. Pasado el tiempo el rey Anco Marcio convocó a los pontífices, en cuyo archivo había quedado depositada la obra de Numa. Anco manda transcribirlas en tablillas de madera de encina y exponerlas en el Foro. Debido al deterioro de estas tablillas, tras la caída del último rey, el pontífice Gayo Papirio llevó a cabo una nueva copia. La versión de Livio 1, 32, 2, concuerda sustancialmente con la de Dionisio.

En evidente relación con lo anterior, las fuentes recogen la noticia del descubrimiento en el 181 a.C. de unos *libri* de Numa. El hallazgo ocurre, como subraya E. Peruzzi, en plena edad analística. Los tex-

---

72 F. Sini, *Documenti* cit., p. 175.

73 D. Mantovani, *Le due serie di leges regiae*, en *Seminarios Complutenses de Derecho Romano* 15 (2003) pp. 185-195.

74 Vid. L. Fascione, *Il mondo nuovo. La costituzione romana nella 'Storia di Roma arcaica' di Dionigi d'Alicarnaso* (Napoli, 1988), obra en la que se sitúa la historia de Dionisio dentro de las exigencias de la historiografía augustea. Y en la que se valora de manera moderadamente positiva la validez de muchas de las informaciones que ofrece Dionisio sobre los orígenes de Roma.

tos fueron consultados por profesionales de la historia tales como L. Casio Emina, L. Calpurnio Pisón o C. Sempronio Tuditano. Y, en efecto, las fuentes ofrecen todo tipo de detalles sobre las condiciones materiales de los documentos descubiertos[75]. El Senado, sin embargo, en el que ejerce su influencia M. Porcio Catón (que escribiría sus *Origenes* en el 149 a.C.), decidió la destrucción de los textos, alegando que la difusión de su contenido sería peligrosa para la vida política de la Ciudad. El curso de los acontecimientos responde a un patrón «defensivo» que se manifiesta también en el *senatusconsultum de Bacchanalibus* del 186 a.C., bien conocido por los especialistas, entre los que debemos citar a J.L. Murga[76].

Conforme a lo que venimos comentando, en este contexto político, en el que se mezclan intereses jurisprudenciales e historiográficos es donde ha de ponderarse la relevancia de los 80 libros que contenían la forma definitiva de los *Annales Maximi*. Por su tamaño la obra debe reputarse una verdadera *summa* de la historia oficial de Roma, en cuya redacción, quizá modernizada desde el punto de vista filológico, tenían cabida no sólo las noticias recogidas escrupulosamente desde la Monarquía, sino también las leyendas «fundacionales» que hemos mencionado. Sorprende, pero no demasiado, el escaso eco de la obra en épocas posteriores. Pomponio, en su recopilatorio jurisprudencial, no cita los anales mucianos (D. 1,2,2,39) los cuales, sin embargo, fueron consultados por Verrio Flaco en época de Augusto. Pudiera haber ocurrido que las obras de los analistas terminaran por apartarla de la corriente principal de la tradición historiográfica. Pero tampoco corrieron mejor suerte las obras de aquéllos. Por ejemplo, apenas conservamos algunos fragmentos de los *Annales* de Cn. Gelio, en 97 libros, escritos en la misma época, y este vacío se reproduce para el conjunto de los analistas.

Publio Mucio Escévola, hijo del cónsul del mismo nombre, fue pontífice máximo entre el 130 y el 115 a.C., aproximadamente. Pomponio sitúa junto a él a Manio Manilio (cónsul en el 149 a.C.) y a Mar-

---

75 El conjunto de estas fuentes puede consultarse en: E. Peruzzi, *Origini di Roma* II cit., pp. 108-121.

76 J.L. Murga, *Rebeldes a la República* (Barcelona, 1979).

co Junio Bruto (pretor en el 142 a.C.)[77]. De ellos afirma Pomponio, en una frase famosa por su sugerente hermetismo, que fundaron el *ius civile* (D. 1,2,2,39). Empecemos por señalar con M. Bretone que aquí, como en otros lugares, por *ius civile* debe entenderse la doctrina jurisprudencial como *interpretatio*[78]. ¿Qué quiso decir Pomponio con su *fundaverunt ius civile*? Porque como nos recuerda el mismo Bretone, un Derecho jurisprudencial ya existía mucho antes de Manilio. Es probable que nunca sepamos el sentido último de este inciso. J. Paricio afirma acertadamente que con esta frase Pomponio separa en cierto modo a estos tres juristas de los anteriores. Serían los juristas a los que los posteriores considerarían como «modernos», quizá por reunir en su doctrina el pensamiento jurídico romano con la cultura helenística. De hecho sabemos que Manilio frecuentó el Círculo de los Escipiones y que en su definición del *nexum* se transparenta una metodología basada en la distinción entre género y especie[79]. A estas consideraciones añadiríamos que, además de la posible novedosa intermediación de Manilio respecto a las ciencias griegas, cabe la posibilidad de que existiera una colaboración de Marco Junio Bruto con Escévola en la elaboración de la edición definitiva de los *Annales*. De hecho alude a esta colaboración Varrón, *De lingua Latina* 5, 1, 5, cuando menciona la *sedulitas Muci et Bruti*, la diligencia o celo de Mucio y Bruto a la hora de recoger los hechos del pasado[80], palabras que sugieren que tal colaboración se centraba precisamente en la redacción final de los *Annales*.

Añádase que los términos que expresan el acto de fundación, *condere*, y la condición de fundador, *conditor*, se utilizan no sólo para la fundación /fundador en sentido estricto, sino que expresa también —en sentido derivado— la idea de lo que nosotros llamaríamos «refundación», cuando se trata de una iniciativa determinante para la permanencia y mejoramiento del orden cívico, iniciativa que lleva

---

77 M. Bretone, *Tecniche e ideologie dei giuristi romani*, 2ª ed. (Napoli, 1984) pp. 257-273; C.A. Cannata, *Per una storia della scienza giuridica europea* I. *Dalle origini all'opera di Labeone* (Torino, 1997) pp. 223-234.

78 M. Bretone, *Tecniche e ideologie* cit., p. 262.

79 J. Paricio, *La formación del derecho privado romano*, Segunda edición (Madrid, Barcelona, Buenos Aires, Sao Paulo, 2022) pp. 65-66 nt. 146.

80 E. Peruzzi, *Origini di Roma* II cit., p. 207 nt. 74.

consigo algunas modificaciones. En este sentido Marco Furio Camilo (c. 446-365 a.C.) fue llamado segundo fundador de Roma, después de Rómulo (Livio 7, 1, 10). También Augusto (Suetonio, *Aug.* 7, 2) y otros personajes relevantes[81]. Trasladado este uso al campo jurisprudencial, pudo muy bien aplicarse a unos juristas que, como quedó apuntado más arriba, fueron considerados decisivos para el progreso de la jurisprudencia posterior, marcando por así decir un nuevo comienzo.

Así pues, en esta «fundación» del *ius civile*, entendido éste como Derecho jurisprudencial, parece que confluyeron dos elementos constitutivos de toda la jurisprudencia posterior, empezando por la obra decisiva de Quinto Mucio Escévola[82], hijo de Publio. Por un lado, la influencia de las ciencias helenísticas —gramática, dialéctica, retórica y filosofía—. Pero por otro, la consistencia de toda la tradición jurisprudencial romana anterior, depositada en el Colegio de los Pontífices, la cual formaría parte del contenido de los *Annales Maximi*, en los cuales se halla contenida una historia de Roma que era, como ocurría en los analistas y en Livio respecto al Derecho público, una historia conformada por categorías jurídicas, pero en este caso de un modo eminente. Al fin y al cabo, los *annales* pontificios habían sido escritos por juristas, y Publio Mucio Escévola no hizo sino concluir esta labor multisecular.

---

81 S. Weinstock, *Divus Iulius* (Oxford, 1971) pp. 175-199.

82 C.A. Cannata, *Per una storia della scienza giuridica europea* I cit., pp. 234.266.

Capítulo segundo
El Derecho en el marco histórico de la fundación de Roma. El centro protourbano y el Capitolio. Las cuatro edades: Jano, Saturno, Júpiter y Marte

Hemos repetido más arriba que la fundación de la Ciudad se presenta en la tradición analística como una creación *ex nihilo,* lo cual es cierto sólo desde el punto de vista de la mentalidad romana y por la indudable discontinuidad constitucional que supuso la aparición de la *civitas.* Hemos hablado también de una cierta nostagia por el pasado más remoto de los autores latinos (también griegos) cuando antepusieron a esta fundación unos extensos antecedentes míticos, en los que por regla general la figura de Eneas cobra una especial significación. Las noticias sobre estos antecedentes legendarios no sólo se contienen en los primeros libros de los analistas y anticuarios, sino que conforman lo que podríamos llamar un género por sí mismo. A modo de ejemplo, además del ya citado *Origo gentis romanae,* obra redactada en el siglo IV d.C., heredera de una tradición muy extensa, podríamos citar una obra de Verrio Flaco, *Res Memoriae Dignae*; o los *Initia Romanae Urbis,* de Varrón[83].

Este escenario «literario» empezó a recibir una nueva valoración a medida que la arqueología realizaba sus progresos e iba reajustando nuestro conocimiento de las comunidades políticas del Lacio y particularmente del sitio de Roma desde los comienzos de la Edad del Bronce. Para los intereses de nuestra investigación resulta vital un descubrimiento —así debe ser calificado— realizado a mediados del siglo XX y confirmado posteriormente por un conjunto muy amplio de excavaciones —aunque cuente también con una contestación es-

[83] B.W. Frier, *op. cit.*, pp. 39-48.

céptica, en este caso sobre los resultados de la arqueología y no sólo sobre la tradición literaria y también con una línea arqueológica propia, en la que destaca la posición que ocupa E. Gjerstad, con su *Early Rome* (1953-1966)—. El escepticismo actual respecto a los orígenes de Roma y su cronología parece vivir en un universo autárquico e inmune a las evidencias arqueológicas[84].

Nos referimos a la identificación de un período y de una organización jurídico-política intermedia entre lo preurbano (precívico, preestatal) y la realidad urbana (cívica o estatal), que a falta de una denominación más precisa —para G. Colonna «la non-città»—, se da en llamar organización o período protorbano[85].

Las aportaciones de H. Müller-Karpe (que no utilizó el término «protourbano»)[86], de R. Peroni y de A. Guidi fueron decisivas[87] a la hora de identificar la realidad que llamamamos protourbana; y que es objeto de nuestro análisis, centrado en su aspecto institucional (en la medida de lo posible) de la Italia central (específicamente Etruria meridional y el *Latium vetus*) durante los siglos X y IX a.C. Entre el Bronce Final y la primera Edad del Hierro se pasa de una estructura política basada en las comunidades de aldea (continuadoras de

---

84 Un ejemplo influyente de esta postura (claramente errónea) en: M. Beard, *SPQR. A History of Ancient Rome* (London, 2015).

85 P. Carafa, *Le origini di Roma sessant'anni dopo* cit., *passim*. Una crítica moderada a la expresión «protourbano» y a la realidad expresada por ella (no exenta de humor) en: A. Grandazzi, *Urbs. Histoire de la ville de Rome des origines à la mort d'Auguste* (Paris, 2017) pp. 68-71.

86 P. Carafa, M. Fiorentini e J. Fusco, en A. Carandini (a cura di), *La Leggenda di Roma* III cit., pp. 240-261.

87 H. Müller-Karpe, *Vom Anfang Roms* (Heidelbeg, 1959); *Zur Stadtwerdung Roms* (Heidelberg, 1962); de R. Peroni podemos citar: *Comunità e insediamento in Italia fra Età del bronzo e prima Età del ferro*, en A. Momigliano e A. Schiavone, *Storia di roma.* Volume primo. *Roma in Italia* (Torino, 1988) pp. 7-37; *L'Italia alle soglie della storia* (Roma-Bari, 1996). Un amplio repertorio bibliográfico puede consultarse en el artículo de P. Carafa citado en la nota anterior. Entre los investigadores de la Roma protourbana ocupa un lugar relevante A. Guidi, *Sulle prime fasi dell'urbanizzazione nel Lazio protostorico*, en *Opus* 1.2 (1982) pp. 279-289. A. Guidi ofrece una muy útil visión sintética de su posición y de las discusiones sobre este problema en: *Rome: Old and New Data on the Birth and Development of the Protourban Centre and Its Territory –The State of the Art*, en *Origini. Prehistory and Protohistory of Ancient Civilizations* 43 (2019, pero publicada en 2020) pp. 161-172.

las épocas anteriores), con una organización de tipo tribal (en el sentido que tal expresión tiene en la literatura antropológica) a la súbita aparición de centros protourbanos, en los que se detecta una clara y permanente diferenciación social y una organización política unitaria[88].

P. Carafa describe el fenómeno protourbano (en el caso de Roma) con las siguientes palabras: «Desde finales del siglo X a.C. hasta el 775: Hacia el 875 a.C. se produjo simultáneamente el abandono de las necrópolis más antiguas distribuidas en pequeños núcleos en los fondos de valle (cerca del Templo de Antonino y Faustina, en el foro de César y en el foro de Augusto) y el desarrollo de nuevas necrópolis en el Esquilino (vía Lanza) y en el borde del Quirinal (entre largo Santa Susanna y vía Antonio Salandra). Al mismo tiempo, las zonas habitadas se extienden desde las cimas de las colinas hasta el fondo de los valles. Estos acontecimientos permiten reconocer un fenómeno unitario: la ampliación de la zona habitada y el subsiguiente desplazamiento de las necrópolis a su periferia, lo que indica la aparición de un centro unificado de tipo protourbano».

Y continúa afirmando: «Entre el 775 y 750 a.C. se destruyen algunos sectores del asentamiento más antiguo y aparecieron los primeros edificios y lugares "centrales" y públicos: las murallas del Palatino, el *vicus Vestae* con su residencia; el *Comitium*; los cultos públicos en el Capitolio; y, por último, el Foro. (...). El paisaje que aparece por primera vez con la creación de nuevos edificios y lugares, sobre todo en las laderas del Palatino, se crea en un espacio de tiempo tan breve que puede considerarse como un proyecto unitario. El nacimiento del sistema coincide con una ruptura en la historia del asentamiento: la destrucción de los grupos de cabañas protourbanas está fechada hacia mediados del siglo VIII a.C.»[89]. La secuencia estratigráfica de las excavaciones en el Palatino y zonas limítrofes (lugar de la fundación de la *Urbs*) ha sido publicada detalladamente y se halla a disposición

---

88 Una visión de conjunto en: A.M. Bietti Sestieri, *L'Italia nell'età del bronzo e del ferro. Dalle palafitte a Romolo (2200-700 a.C.)* (Roma, 2019) pp. 233-284.

89 P. Carafa, *El problema de la fundación de Roma*, en *Desperta Ferro. Arqueología & Historia* 47 (2023) pp. 37-38.

del lector interesado[90]. En lo que aquí interesa, abarca una primera fase: la comunidad de aldea —fase preurbana—, desde aproximadamente el 1300 a.C.; una fase protourbana, hasta el 775 a.C. Y una fase urbana, en algunos sectores hasta el siglo VI d.C.

Para contextualizar con algo más de precisión el nacimiento de la Roma protourbana conviene diferenciar la zona de la Etruria meridional del *Latium vetus*. Lo haremos siguiendo en este punto a F. Fulminante[91]. En Etruria meridional el proceso de abandono de los pequeños asentamientos y el reagrupaiento en lugares de tipo «meseta» (plateaux) donde nacen las ciudades de la Edad Arcaica (Veii, Caere, Tarquinia, Vulci) se llevó a cabo en el breve espacio de pocas generaciones. La transición se produjo entre el Bronce Final y los comienzos de la primera Edad del Hierro: final del siglo XI y comienzos del siglo X a.C. Interesa destacar, por su sintonía con la idea de fundación, que los rasgos de esta transformación revelan una planificación consciente[92] y no un proceso evolutivo de tipo impersonal.

En el *Latium vetus* el fenómeno tiene lugar con un cierto retraso respecto a Etruria, durante la Fase Lacial IIA y IIB (950-825 a.C.) y en lugares que por lo común fueron habitados (parcialmente) con anterioridad, durante el Bronce Medio y el Bronce Reciente. Es el caso de Roma, Ardea, Lavinium y Sátrico. Con la excepción de Roma (más de 200 ha) los centros protourbanos latinos son de menor extensión que los etruscos, pues no sobrepasan las 80 ha.

En todos los casos, los centros protourbanos presentan un urbanismo continuo pero no compacto. Algunos autores han acudido a la imagen de la «ciudad jardín» o al término inglés «patchwork», para describir este tipo de asentamiento unitario, pero de baja den-

---

90 A. Carandini, P. Carafa, M.T. D'Alessio, D. Filippi, *Santuario di Vesta, pendice del Palatino e via Sacra* 1. *Testi*. 2. *Tavole* (Roma, 2017). Una visión general de la Roma arcaica y antigua en su conjunto, integrando los datos arqeológicos disponibles con las noticias que ofrecen las fuentes escritas: A. Carandini-Paolo Carafa (a cura di), *Atlante di Roma antica. Biografia e ritratti della città*. 1. *Testi e immagini*. 2. *Tavole e indici*, 3ª ed. (Roma, 2013).

91 F. Fulminante, *The Urbanisation of Rome and Latium Vetus* (Cambridge, 2014) pp. 44-47.

92 F. Fulminante remite a: M. Pacciarelli, *Dal villaggio alla città. La svolta proto-urbana del 1000 a.C. nell'Italia tirrenica* (Firenze, 2001).

sidad demográfica. La realidad de la Roma protourbana (y de otros centros medio-itálicos) supuso una «revolución» política y jurídica, pero, tras su descubimiento por la arqueología, también, una suerte de «revolución» en los estudios de la primera Roma. A las repercusiones jurídico-políticas de ese fenómeno dedicamos gran parte de este trabajo.

Desde un punto de vista general podemos identificar la Roma protourbana con el *Septimontium,* desconocido por los analistas, pero presente en la tradición anticuaria[93] y en el ámbito jurídico[94]. De Marco Antistio Labeón (antes de 50 a.C.-hacia 15/20 d.C.)[95] preservamos una noticia sobre la que podemos considerar la primera conformación del *Septimontium* (en Festo, s.v. *Septimontio* (Lindsay, pp. 474 y 476). Varrón, *De lingua Latina* 5, 7, 41, siguiendo a A. Carandini[96], daría cuenta de un «segundo» *Septimontium* (*ubi nunc Roma est*) extendido a los *colles* y que Varrón pone en relación con el Capitolio.

En los inicios de esta época protourbana o, si se quiere, en los momentos de paso desde la organización precívica latina a la protourbana, debemos situar la existencia, como entidad política, de la liga de los treinta *populi Albenses.* En realidad, las fuentes testimonian varias

---

93 A. Carandini, *Introduzione,* en A. Carandini (a cura di), *La Leggenda di Roma* I. *Dalla nascita dei gemelli alla fondazione della città,* 3ª ed. (Roma, 2010) pp. XIII-LXXXIII.

94 También Masurio Sabino se ocupó en alguna de sus obras de cuestiones relacionadas con los orígenes míticos de Roma: en Aulo Gelio, *Noctes Atticae* 7, 7, 8 (sobre Acca Larentia y los *fratres arvales,* en este texto; vid. también Aulo Gelio, *Noctes Atticae* 4, 9, 4, sobre el concepto de *religiosum.* Masurio Sabino trató también el régimen del *Flamen Dialis*: vid., por ejemplo, Aulo Gelio, *Noctes Atticae* 10, 15, 17-18.

95 Sobre este jurista: la valoración de conjunto («figura de referencia inexcusable») de J. Paricio, *La formación del derecho privado romano* cit., pp. 104-108. Aunque hayamos hecho alguna mención de este asunto, y sin que podamos detenernos en él, conviene recordar de nuevo la tendencia de los juristas romanos, sobre todo en el ámbito del Derecho público, por lo que solemos llamar un interés anticuario.

96 En muchas de sus publicaciones; vid, por ejemplo, A. Carandini, en *Santuario de Vesta, pendice del Palatino y Via Sacra* cit., p. 17; A. Carandini, P. Carafa, *Dal mostro al principe. Alle origine di Roma* (Bari-Roma, 2023) pp. 108-110.

federaciones a lo largo del tiempo y con diversa composición[97]. En el sitio de la futura Roma se reconocen al menos tres de estos *populi*: *Veliensis, Latiniensis* y *Querquetulani*[98]. El santuario «federal» se situaba en Alba Longa, en el Monte Albano. El lugar estuvo habitado desde el Bronce Final, desde el siglo XI a.C. Alba no llegó a configurarse como ciudad. Parece que perdió su influencia a partir del siglo IX a.C. Según la tradición fue destruida por el rey Tulo Hostilio a mediados del siglo VII a.C. Poseía un estatuto religioso que cumplía una función integradora de las diversas comunidades latinas del momento. Allí se celebraban los cultos a Júpiter Laciar. El dato es relevante, porque Júpiter era igualmente el Dios supremo de la Roma inmediatamente anterior a la fundación. Júpiter y sus cultos forman parte esencial de la comunidad jurídica y cultural de los latinos.

***

Ocupémonos ahora del Capitolio, formado por dos cimas: la del *Capitolium* (en sentido estricto) y la del *Arx*, más al norte. Era un punto protegido de forma natural cuyo valor reside sobre todo en el hecho de que controla un espacio apto para atravesar el Tíber (antiguo *Albula*)[99], ligado además al comercio de la sal. Los datos arqueológicos confirman que el primer asentamiento estable del sitio de Roma se halla precisamente en el Capitolio, a partir del Bronce Medio, hacia el 1600 a.C. La información que ofrecen los restos encontrados en el Giardino Romano, en el área de *Tabularium*; y en Sant'Omobono y *Comitium* (depósitos secundarios) no permiten albergar dudas al respecto[100]. En las narraciones legendarias romanas Jano, el primer dios-rey indígena, establecido en el Janículo, ofreció

---

97 No es el momento de entrar en este arduo problema. Vid. P. Catalano, *Linee del sistema sovranazionale romano* I cit., pp. 142-189.

98 R. Peroni, *L'Italia alle soglie della storia* cit., p. 43; P. Carafa, M.T. D'Alessio, *La Leggenda di Roma* I cit., pp. 345-346.

99 A. Cazzella, G. Recchia, *Alle origini delle disuguaglianze. Dall'affermazione dell'economia produttiva alle prime forme di stratificazione in Italia e nelle isole adiacenti (6000-1000 a.C.)* (Ragusa, 2021) pp. 246-251. Vid. Virgilio, *Eneida* 8, 332, sobre la denominación de Álbula.

100 D. Filippi, *Regione VIII. Forum Romanum Magnum*, en A. Carandini, P. Carafa (a cura di) *Atlante di Roma antica* 1 cit., pp. 148-154.

hospitalidad a Saturno y le cedió el Capitolio, llamado por ello *mons Saturnius* —posteriormente, por extensión, Italia fue conocida como *Saturnia tellus*—[101].

Es probable que el Capitolio fuera el asentamiento más extenso de todo el *Latium vetus* desde esa época lejana del Bronce Medio (1700-1325/1300 a.C.)[102]. Incluso puede aventurarse la hipótesis de que la ocupación fuera aún más antigua, datable en el Bronce Antiguo. Fue además el único lugar habitado de la futura Roma durante este período. Durante el Bronce Reciente (1325/1300-1175/1150 a.C.) se amplió en alguna medida la zona habitada del Capitolio, hacia donde posteriormente se situó el Foro de César. Existen restos de cerámica italo-micena, que probarían la integración del Capitolio en una red de comercio muy amplia. En esta época las huellas, escasas, de población se extienden ya al Foro y al Palatino.

En el Bronce Final (1175/1150-950 a.C.) se mantiene la ocupación del Capitolio. Durante este período —seguimos con el Capitolio— aparecen los primeros signos de estructuras productivas (metalurgia y cerámica) encontrados en Roma. Por otra parte, la interpretación de los restos disponibles permite defender la hipótesis de que en este tiempo el sitio de la futura Roma se hallaba ocupado por dos asentamientos dominantes: uno en el Capitolio (incluyendo S. Omobono) y otro en el Palatino.

En los comienzos de la Primera Edad del Hierro (Fase Lacial IIA, 950-880 a.C.), etapa especialmente importante para nuestra investigación, tenemos constancia de una peculiar combinación en el Capitolio: junto a los signos de habitación han aparecido cinco tumbas que demuestran el *status* excepcional de los individuos enterrados. L. Stamerra (p. 186), siguiendo a A. Guidi, sugiere la existencia de un urbanismo modelo «patchwork», el cual pudiera interpretarse en

---

101 Las fuentes sobre Jano y Saturno, personajes míticos que comparten el poder, como lo harán más tarde otras parejas ilustres, se hallan recogidas en: L. Ferro, M. Monteleone, *Miti romani. Il racconto* cit., pp. 375-377. Resulta llamativo el incio del *Origo gentis romanae: a Iano et Saturno conditoribus (…)*.

102 Para este apartado tomamos los datos, incluidos los cronológicos, de: F. Benedetti, R. Bussaglia, F. Fulminante, A. Guidi, L. Stamerra, *Rome: Old and New Data on the Birth and Development of the Protourban Centre*, en *Origini. Prehistory and Protohistory of Ancient Civilizations* 43 (2019) pp. 173-208.

conexión con las noticias que aporta la tradición literaria, acerca de la asignación de parcelas (*bina iugera*) a cada *paterfamilias*. Se observa también una expansión del asentamiento capitolino hacia el Quirinal, al tiempo que se extiende también el segundo asentamiento en la zona del Palatino-Foro-Velia.

En la Fase Lacial IIB (875-850/825 a.C.) el Capitolio continúa ofreciendo evidencias de actividad productiva, en concreto metalúrgica. Se observa en el área de Sant'Omobono la existencia de una ocupación permanente. El sitio de Roma, en general, ofrece los rasgos de un centro protourbano (ya constatables en la época anterior) extendido entre el Capitolio, el Palatino y el Quirinal. Las áreas de enterramiento se desplazan a la periferia, especialmente al Esquilino.

En la Fase Lacial III (850/825-750/725 a.C.) se aprecia un marcado incremento demográfico y un predominio (por la importancia y número de los restos arqueológicos) del «sistema» centrado en el Palatino. En esta época Roma es ya un centro urbano, con un espacio público en el Foro y otros elementos expresivos de esta nueva realidad jurídico-política como el *Aedes Vestae* o la *Domus Regiae*, que se unen a los hallazgos de la cima del Palatino. Siguiendo con el Capitolio, la zona que ahora centra nuestra atención, se registra allí la huella de actividades de culto: un depósito votivo (*Favissa Capitolina*); persiste además la actividad metalúrgica.

Hasta aquí los datos que sobre el Captolio ofrece la arqueología, pese a que necesariamente hayan sido presentados de forma muy sintética (e incompleta). Procedemos ahora a nuestra propia interpretación.

La primera idea, que ha de servir de punto de partida, basada en la información empírica arriba recogida, consiste en destacar la prioridad temporal de la ocupación estable del Capitolio respecto a todos los otros sectores de la futura Roma, includo el Palatino-Foro, el cual será posteriormente el lugar políticamente de predominio. De esta anticipación capitolina quedaba constancia en la tradición literaria. A modo de ilustración, citemos sólo que en el libro 8 de la *Eneida*, donde Virgilio reordena de alguna manera las leyendas sobre la prehistoria de Roma, se dice que con el Capitolio y Saturno comienza la *vida civil* de Roma (8, 322), es decir, la vida ordenada por el Derecho. Describe el encuentro de Eneas con Evandro, que reina sobre el Palatino, entonces llamado *Pallatium.* Evandro muestra al recién llegado las ruinas del Janículo y del Capitolio, donde una vez se fundó *Saturnia* (8, 357: *Hanc Ianus pater, hanc Saturnus condidit arcem*); aunque el Capitolio era ya entonces la morada de Júpiter (8, 353).

En segundo lugar, existía la consciencia de una preeminencia del Capitolio. Es decir, no ocurre sólo que la arqueología certifique la prioridad temporal del asentamiento. La propia tradición romana localizaba en el Capitolio, concretamente en el *Arx*, el lugar más santo de la Ciudad. Entre otras manifestaciones de este hecho, puede señalarse que su propio nombre (dejando a parte las explicaciones legendarias[103]) alude al *caput*, cabeza de la Urbe. Este término *caput* puede significar «centro del poder»[104] y por ello la denominación se ajusta perfectamente a la función que desempeña el antiguo Monte Saturnio.

En tercer lugar: para la mentalidad de los romanos[105], concretada en condiciones jurídicas diferentes, *Arx* y *Capitolium*, según opinión común, estaban originariamente fuera de la *Urbs*. Eran en grado eminente la sede de los dioses: *sede deorum.* No obstante, de acuerdo con la tesis de A. Magdelain, la anterior afirmación ha de ser matizada —una vez fundada la Ciudad—. La separación afecta exclusivamente al *Arx*, respecto al cual no había tenido lugar la *liberatio* augural, perteneciendo por ello a la zona *militiae.* La distinción entre *Arx* y *Urbs* se encuentra en la fórmula arcaica del juramento *per Lapidem* (que trataremos más adelante)[106]. Y en otros testimonios[107]. La distinción se encuentra también en otras ciudades itálicas.

---

[103] Varrón, *De lingua Latina* 5, 7, 41.

[104] H. Wagenvoort, *Studies in ancient Roman thought, language and custom*, with an Introductory Note by H.J. Rose (Oxford, 1947) p. 22.

[105] Livio 5, 39, 9-12; 5, 51, 3, se contrapone la Urbe por un lado; y el *Arx* y el *Capitolium* por otro; Livio 32, 29. Vid. O. Karlowa, *Intra pomerium und extra pomerium*, en *Festgabe zur Feier des siebzigsten Geburtstages (...)* (Heidelberg, 1896) pp. 50-51.

[106] Paulo Diácono, *Epitoma Festi* (Lindsay, p. 102): *Lapidem silicem tenebant iuraturi por Iovem, haec verba dicentes: Si sciens fallo, tum me Dispiter salva urbe arceque bonis eiciat, ut ego hunc lapidem. Si engaño a sabiendas, que Júpiter (Diespiter), quedando a salvo la ciudad y la fortaleza, me arroje de entre los buenos, como yo arrojo esta sílice* (trad. de J. Guillén).

[107] A. Magdelain, *L'auguraculum de l'arx à Rome et dans d'autrres villes*, en *Jus Imperium Auctoritas. Études de Droit Romain* (Rome, 1990) pp. 206-207.

En cuarto lugar, derivado de lo anterior, el Capitolio o, específicamente el *Arx*, es un espacio augural autónomo. Según demuestra el estudio arqueológico de lugares equivalentes, en Bantia y en Cosa[108], allí se localizaba un espacio inaugurado, es decir, un *templum*. En todo caso, en lo que interesa a los fines de nuestro estudio, el Capitolio quedó fuera de la organización protourbana (*Septimontium*) que dividió el territorio originariamente en 27 curias[109], correspondientes a los 27 *sacraria* de los *Argei*, Varrón, *De lingua Latina* 5, 8, 45; 48; 7, 44. A ellas se añadirían tres más en los momentos fundacionales de la Urbe. Como explica I.M.J. Valeton, el *Capitolium* no integrado en las curias[110], pero sí —una vez fundada la Ciudad— dentro del pomerio. Según antes se indicó, sería el *Arx* la zona que quedaba fuera del pomerio, al menos hasta la época del emperador Claudio.

En quinto lugar, en lo que toca de nuevo directamente a la materia del Derecho Augural, ha de subrayarse que el *auguraculum* (*templum*), es donde, entre otras acciones[111] en absoluto relevantes[112], se procedía a la *inauguratio* de sacerdotes y del *rex*. También el *augurium salutis*, era llevado a cabo en el *Arx*. Hasta el punto es determinante esta localización que *Arx* y *auguraculum* aparecen como términos equivalentes, por lo menos a partir de cierto momento. Paulo Diácono, *Epitoma Festi* (Lindsay, p. 17): *Auguraculum appellabant antiqui, quam nos arcem dicimus, quod ibi augures auspicaretur. Los antiguos llamaban auguráculo lo que nosotros llamamos arce, porque allí los augures*

---

108 Ch. Kvium, *Inauguration and Foundation. An Essay on Roman Ritual. Classiflication and Continuity*, en J.H. Richardson and F. Santangelo, *Priest and State in The Roman Word* (Stuttgart, 2011) pp. 74-75.

109 No es oportuno desarrollar ahora este asunto de las curias protourbanas; remitimos a A. Carandini, *Remo el Romolo. Dai rioni dei Quiriti alla città dei Romani (775/750-700/675 a.C.)* (Torino, 2006), en especial, pp. 199-213.

110 I.M.J. Valeton, *De templis romanis*, en *Mnemosyne* 25 (1897) pp. 137-138 y nt. 1.

111 Paulo Diácono, *Epitoma Festi* (Lindsay, pp. 14-15) s.v. *Arcani: sermonis significatio trahitur sive ab arce, quae tutissima pars est urbis, sive a genere sacrificio, quod in arce fit ab auguribus, adeo remotum a notitia vulgari, ut ne liiteris quidem mandetur, sed per memoriam successorum celebretur; sive ab arca, in qua clausa sunt, tuto manent, cuius ipsius origo ab arcendo pendet.*

112 J. Linderski, *The Augural Law* cit., pp. 2256-2257. Debemos dejar a un lado el examen de la función de los *comitia calata* y la posibilidad de que tuvieran lugar en la misteriosa *Curia Calabra* del Capitolio: vid., C. Pelloso, *Ricerche sulle assemblee quiritarie* (Napoli, 2018) pp. 99-143.

tomaban los auspicos públicos. Júpiter es el Dios de los auspicios y de los augurios. Junto al *Auguraculum* se levantaba el *Aedes Iunonis*, identificada con *Iuno Covela*, epíteto de Juno como divinidad lunar[113]. Es muy probable que los gansos del templo de Juno, famosos por su actuación en el asalto galo del 390 a.C., cumplieran una función augural[114]. Por lo demás, son muchos los aspectos a estudiar en relación con el *auguracum* del Arce. Entre ellos su vinculación visual con el *Mons Albanus* o la existencia de otros *auguracula* en el sitio de Roma. Sin espacio para ocuparnos de ellos en forma debida, remitimos a un importante trabajo de A. Grandazzi[115] sobre estos asuntos.

En sexto lugar, como es sabido, en los ritos de los sacerdotes feciales (sobre los que volveremos más abajo) se utiliza una hieba sagrada[116], *herba sacra,* también denominada *verbena*[117], que legitima (santifica) al *pater patratus* pera llevar a cabo su función en la celebración de un tratado (*foedus*). Aparte de que todo parece indicar que la sede de este Colegio sacerdotal se situaba precisamente en el Capitolio, importa ahora recordar que esta hierba —junto con la tierra— «absorbía» esta santidad del *locus sanctus* por antonomasia, es decir, del *Arx.* Livio 1, 24, 4-6: *(…) Fetialis ex arce graminis herbam puram attulit (…).* Plinio el Viejo, *Naturalis historia* 22, 3, 5: *(…) hoc est gramen ex arce cum sua terra evolsum (…).* Las hierbas se denominan *sagmina.* Palabra cuya raíz es la misma que la de *sancire* y *sacer.* En un texto controvertido de Varrón, *De lingua latina* 6, 64, se da la noticia de la utilización por parte de los augures de esta hierba sagrada[118].

---

113 Varrón, *De lingua Latina* 6, 4, 27, en la edición para Gredos (1998) de L.A. Hernández Miguel, con un muy ilustrativo aparato de notas.

114 J. Gagé, en S. Montero Herrero, *Augusto y las aves. Las aves en la Roma del Principado: prodigio, exhibición y consumo* (Barcelona, 2006) p. 170.

115 A. Grandazzi, *Le Roi et l'Augur. A propos des Auguracula de Rome,* en *La Divination dans le Monde Étrusco-Italique. Bulletin de l'Isttitut d'Études Latines et du Centre de Recherches A. Piganiol. Supplement* 56 (1986) pp. 122-153.

116 R. Santoro, *op. cit.*, pp. 492-498, en el apartado titulado *La «sacratio» attuata per mezzo dei «sagmina».*

117 D. 1,8,8 pr.-1 (Marciano, *libro quarto regularum*); Servio, *Ad Aen.*12, 120; *verbena* se utilizaba igualmente en el rito de los *lectisternia:* H. Wagenvoort, *Roman Dynamism* cit., p. 21, con indicación de las fuentes.

118 R. Santoro, *op. cit.*, p. 496 nt. 10: *Sic augures dicunt: Si mihi auctor est verbenam manu assere (…); así los augures dicen: si me autorizas para tocar con la mano la verbena (…).*

En séptimo lugar, no hay dudas sobre el hecho de que el *Capitolium* fue el lugar donde se daba culto a Júpiter desde antes de la fundación de la Ciudad. Júpiter, el Dios supremo de los latinos y específicamente de los romanos. El *Arx* como *auguraculum* pertenece también a ese culto. La primera representación del Dios fue probablemente el *lapis*, expresión lítica de la divinidad[119], muy anterior a cualquier imagen antropomórfica[120]. Entre otros epítetos, el Dios supremo aparece también como *Iuppiter Lapis*. Es cosa sabida que los romanos durante mucho tiempo no utilizaron imágenes antropomórficas de los dioses[121]. Júpiter y Término —culto a las piedras— debieron poseer una proximidad muy evidente, tal vez propiamente habría que hablar de identidad, la cual es anterior a la recepción de *Terminus* en el templo de Júpiter Óptimo Máximo (Livio 1, 55, 3). El primer templo (*aedes*) consagrado en el *Capitolium* lo fue a *Iuppiter Feretrius*, vinculado también al Derecho Fecial[122]. Es probable que la primera manifestación del Dios fuera (en) una encina sagrada[123]

---

119 Servio auct., *Ad Aen.* 8, 641: *(...) antiqui Iovis signum lapidem silicem putaverunt esse.* Otras fuentes en: H. Wagenvoort, *Roman Dynamism* cit., pp. 50-56.

120 Sobre los diversos nombres y epítetos de Júpiter, así como sobre su proximidad con dioses como *Semo Sancus* y *Dius Fidius* (quizá la misma divinidad, de origen sabino), Dios también de los juramentos y de la *fides*: J. Guillén, *Urbs Roma. Vida y costumbre de los romanos.* III. *Religión y ejército* (Salamanca, 1985) pp. 177-189; R. Pettazzoni, *L'onniscienza di Dio* (Torino, 1955) pp. 240-242. A estos efectos es relevante la información que ofrece Nonio Marcelo, *De compendiosa doctrina* (Lindsay, p. 494): s.v. *Ritus*: *Itaque domi rituis nostri, qui per Dium Fidium iurare vult, prodire solet in compluvium*; sobre el texto: A. Calore, *op. cit.*, pp. 126-128.

121 Varrón, en Agustín de Hipona, *De civitate Dei*, 4, 31; entre otros testimonios: Plinio el Viejo, *Naturalis historia* 34, 4, 9; Tertuliano, *Apologeticum* 25, 13. Vid., A. Calore, *op. cit.*, pp. 91-106.

122 P. De Francisci, *Primordia civitatis* cit., pp. 318-319; Paulo Diácono, *Epitoma Festi* (Lindsay, p. 102) s.v. *Lapidem silicem: tenebant iuraturi per Iovem (...).* En el templo se guardaban los objetos de la liturgia fecial: Paulo Diácono, *Epitoma Festi* (Lindsay, 81) s.v. *Feretrius: Iuppiter dictus a ferendo, quod pacem ferre putaretur, ex cuius templo sumebant sceptrum, per quod iurarent, et lapidem silicem, quo foedus ferirent.*

123 J.G. Frazer, *The Golden Bough*, 3ª ed., Part VII. *Balder The Beautiful.* Vol. II, [1913] (London and Basingstoke, 1976) pp. 89-90, con referencia al culto a los árboles en varias sociedades primitivas; del mismo autor: *Aftermath. A Supplement to the Golden Bough*, [1936] (London and Basingstoke, 1976) pp. 126-149. En relación con lo anterior recuérdese el motivo de la «rama dorada» en el Santuario de *Diana Nemorensis* y la figura del *Rex Nemorensis*, manifestación emblemática de la sacralidad de los árboles y de su culto «político»: J.G. Frazer, *The Golden Bough.*

(Livio 1, 10, 5) junto a la cual se levantó el primer templo (*aedes*). En todo caso, tanto el *quercus* como el *lapis* nos llevan a una época muy anterior a la fundación de la Ciudad; podrían datar de la época del primer establecimiento permanente en el *Capitolium*, del Bronce Medio.

El *aedes Iovis Feretrii* ha de ser considerado el lugar de culto principal del centro protourbano. De su importancia dan cuenta no sólo la posición jerárquica de Júpiter y los relatos legendarios que lo rodean (Livio 1, 10, 4-7); también el hecho de que, tras la construcción del templo a Júpiter Óptimo Máximo, entre finales de la Monarquía y principios de la República (Livio 1, 38, 7; 2, 8, 6), el *aedes Iovis Feretrii*, de reducidas dimensiones, mantuvo su presencia institucional y por ello fue restaurado por el rey Anco Marcio y también por Augusto. Inicialmente debió de ser una cabaña: sabemos que en Sátrico y Ardea los santuarios urbanos fueron precedidos de cabañas de culto, de unos 30 metros cuadrados y datables entre los siglos IX y VIII a.C[124].. Este templo, cercano quizá a la *Curia Calabra*, es el punto de llegada de las *ovationes*, las cuales constituyen el precedente de la ceremonia cívica, urbana, del triunfo. El *aedes* se halla relacionado con el *Asylum*, quizá también un templo en sentido augural, bajo la protección de *Vediove*, otra denominación de Júpiter. Júpiter y los dioses con él vinculados (en algunos casos identificados) ocupan los tres sectores del Capitolio[125]: *Capitolium, Asylum* y *Arx*.

En octavo lugar, la extraterritorialidad del Capitolio respecto al ordenamiento protourbano de las curias no indica —como piensan algunos autores— una función escasamente relevante dentro de esta organización, sino todo lo contrario. El centro protourbano necesitaba un principio de centralización igualitaria, que no primara ninguna de las curias. Estamos ante un fenómeno que va en el sentido

---

A study in magic and Religion. Part I. *The Magic Art and the Evolution of Kings*. Vol. I, 3ª ed., [1911] (London and Basingstoke, 1976) pp. 1-50. El carácter oracular de la encina (*quercus*), vinculada a Júpiter, aparece en Virgilio, *Georgica* 2, 16; 3, 332.

124 Tomamos los datos de: P. Carafa, A. Carandini (a cura di) en *La Leggenda di Roma* II (Roma, 2010), pp. 206-210.

125 D. Filippi, *Abitato e mura del Campidoglio (culti di Giove Feretrio sul Campidoglio, di Giunone sull'Arce, di Veiove all'Asylum e Auguraculum)*, en A. Carandini (a cura di), *La Leggenda di Roma* II cit., pp. 334-337.

opuesto a lo que ocurrirá con la fundación de la *Urbs*, en la que un sector de ésta, el Palatino, se alza con el poder dentro de un esquema políticamente jerarquizado. Se trata de un fenómeno bien conocido muy habitual en todas las estructuras de tipo federal o confederal. La divinidad que garantizaba esta unidad —del asentamiento y de todo el territorio (*ager*) bajo su control, Júpiter, se situaba por encima de las divisiones de territorio y de grupos de parentesco. No es correcto, por ello, afirmar sin más matices, que el Capitolio permanece fuera del centro protourbano[126]; por el contrario, estamos más bien ante la «cabeza» o si se prefiere, el «corazón» institucional que da identidad a todo el conjunto. La situación del Capitolio reproduce en un ámbito protoestatal la anterior (preestatal) función de Alba Longa, como centro unificador —con los cultos a Júpiter, en este caso Laciar—. Los *populi Albenses*, de acuerdo con esta aproximación, se sitúan análogamente en la posición de las curias protourbanas. Todavía podemos citar un fenómeno parecido, de época posterior: el de la extraterritorialidad del Aventino (situado fuera del *pomerium*) y el correspondiente asilo del *aedes Dianae*. El templo y los cultos correspondienten tuvieron, una vez más, una función unificadora, en la que no faltaba la previsión de asambleas comunitarias, con intervención de los representantes de las ciudades latinas, Dionisio de Halicarnaso 4, 26, 1-6; Varrón, *De lingua Latina* 5, 7, 43[127]. Parece, como señala J.-C. Richard, que durante la época monárquica el Aventino tuviera más vocación latina que plebeya.

En noveno lugar, y a modo de hipótesis conclusiva de las observaciones anteriores, nos parece plausible proponer que fuera precisamente el *Flamen Dialis*, sacerdote-rey de Júpiter, la institución en torno a la cual gravitara la primera unificación de lo que más tarde sería la Roma urbana. El *Flamen Dialis* en el Capitolio, sede de los cultos a Júpiter, tanto en el *Capitolium* como en el *Arx*. Sobre los diversos aspectos del *Flamen Dialis* nos extenderemos a lo largo de estas páginas, de modo que no resulta oportuno anticipar ahora la valoración de los datos disponibles y la integración de éstos dentro de nuestro esquema

---

126 Por ejemplo: A. Carandini, *Roma. Il primo giorno*, 3ª ed. (Roma-Bari) p. 57.

127 J.-C. Richard, *Les origines de la plebe romaine. Essai sur la formation du dualisme patricio-plébéin*, Préface à la seconde édition de l'auteur. Posface de T. Lafranchi (Rome, 2015) pp. 280-281, 572.

explicativo. El argumento de fondo tiene que ver con el ordenamiento teocrático de la Roma protourbana, común a otras comunidades latinas de la misma época. En este sentido es conveniente recordar que encontramos *Flamines Dialis* en Lavinio, Lanuvio, Tibur y Mutina, ciudades en las que es posible confirmar el dato epigráficamente[128]. Estamos ante comunidades con una estructura política compleja, muy alejadas de los ordenamientos primitivos. El principio teocrático y el principio territorial han desplazado al parentesco como factor único de organización; o dicho de otra manera: éste se reconvierte, en función de la creciente estratificación que posibilita la estructura estatal en sus diversas fases de desarrollo. Relacionado con lo anterior, surge ahora la propiedad privada de la tierra, que poco a poco prevalecerá sobre la propiedad común[129] (calificada como posesión según el contexto en que aparezca la distinción). Precisamente esta consistencia institucional, el grado de pacificación interna conseguido en este estadio de evolución política, es lo que hacía poslble situar en la cúspide de la organización (como ocurre en otras culturas), una figura preservada de todo conflicto interno, un Júpiter encarnado cuya función básica era hacer presente a todos la seguridad de un orden estable querido por la divinidad. Respecto a todos los demás sacerdotes, incluyendo el resto de los *flamines*, el *Dialis* posee unos rasgos propios, que hacen de él un *unicum*, como escribe A. Brelich[130].

Las cuatro edades: Jano, Saturno, Júpiter y Marte

Con la finalidad de ubicar el período de florecimiento del Derecho Augural, dentro del cuadro general evolutivo del Derecho en el tiempo, proponemos este esquema general. Como ya presiente el lector[131], no se pretende con él describir en detalle esta trayectoria

---

128 S. Weinstock, *Divus Iulius* (Oxford, 1971) p. 306 nt. 2.

129 R. Peroni, *Comunità e insediamento in Italia fra Età del bronzo e prima Età del ferro* cit., pp. 35-37.

130 A. Brelich, *Appunti sul Flamen Dialis*, en *Acta Classica Universitatis Scientiarum Debreceniensis*, Tomus VIII (1972) pp. 17-21; del mismo autor: *Il politeismo*. A cura di M. Massenzio e A. Alessandri (Roma, 2007) pp. 95-96.

131 El culto y avezado lector que se asoma a estas páginas habrá reparado ya en que mi adaptación del mito de las cuatro edades se halla más próxima a Roma que

temporal en la que nacen y se superponen diversos tipos de ordenamientos jurídicos, estudio que, en el caso de ser planteado con un mínimo de detalle, exigiría un trabajo independiente y extenso. Se trata más bien de presentar de un modo didáctico y esquemático el curso de las realidades del Derecho primitivo y arcaico, utilizando para ello categorías romanas. Algunas de ellas, aunque se apoyen en las narraciones fabulosas y legendarias, tocan los puntos esenciales de un proceso que se inicia mucho antes de la fundación de la Ciudad, pues tiene en sus primeros pasos un significado universal. Personificamos las cuatro etapas que componen este universo jurídico en cuatro dioses. Como se verá, la elección, aunque imaginativa, no es del todo arbitraria.

Jano, el dios más antiguo de Italia según Herodiano (1, 16, 1)[132], es el dios del comienzo. En Roma reinaba sobre el monte que lleva su nombre. De todos los comienzos, incluyendo paradigmáticamente el de la guerra[133] y el ciclo anual. Es también el primero en las plegarias que acompañan al sacrificio: Cicerón, *De natura deorum* 2, 27, 69. Como dios del tiempo conoce todas las cosas pasadas y futuras[134]. En su época el sitio de Roma era una selva: *hic, ubi Roma est, incaedua silva virebat; aquí, donde Roma está ahora, había una selva no cortada (por el hombre)*, Ovidio, *Fasti* 1, 248. Sin embargo, es Virgilio el que nos ofrece una descripción de la época de Jano más significativa. En ella *neque mos neque cultus erat, nec iungere taurus* (el término *mos*, uso, como veremos más adelante, se relaciona en la mentalidad romana, desde la época protourbana, como el culto, pero no antes). Los hombres, nacidos de los robles convivían con faunos y ninfas; se alimentaban de la recolección de los frutos y de la caza y no conocían el cultivo de los campos: *Eneida* 8, 314-321[135]. Estos tiempos anteriores a la agricultura, en los

---

a Grecia. Pues en Grecia se hablaba más bien de cuatro (o cinco tipos de seres humanos), mientras que en Roma el acento se ponía en los rasgos de cada época.

132 J. Guillén, *op. cit.*, pp. 172-177; R. Pettazzoni, *op. cit.* pp. 242-258.

133 H. Wagenvoort, *Roman Dynamism* cit., pp. 158-159. Sin embargo, no es un dios guerrero, sino que, como afirma Ovidio, *Fasti* 1, 225-290, en sus tiempos reinaba la paz y la justicia; dioses y hombres vivían juntos: como se puede observar, estamos ante una suerte de edad de oro anterior a la de Saturno, a quien Jano dio hospitalidad.

134 Por ejemplo, Macrobio, *Saturnalia* 1, 9, 4.

135 G. De Sanctis, *op. cit.*, p. 94.

que las sociedades humanas vivían de la caza, de la pesca y de la recolección, se corresponden con la categoría prehistórica del Paleolítico. El Derecho que corresponde a esta larguísima etapa de la vida humana sobre la Tierra se conoce —muy imperfectamente— gracias al registro antropológico sobre la cultura de los pueblos primitivos que se mantuvieron (o se mantienen) en este grado de desarrollo[136].

Saturno, dejando a un lado otros aspectos muy conocidos de esta divinidad, como el vinculado con la Edad de Oro[137], es el dios que toma posesión del monte después llamado Capitolio. Como deferencia hacia la generosa hospitalidad brindada por Jano, introdujo —como un don— la agricultura en el Lacio —*satus* y *satio*, sembrar: Varrón, *De lingua Latina* 5, 10, 64[138]—. Es, por tanto, si se nos permite la expresión, el dios del Neolítico. *Ops*[139], la Madre Tierra (*Tellus*. Ceres), se nos presenta como la esposa de Saturno; confiere todos sus bienes al género humano; por ello se relaciona también con *Consus*, que hace crecer los cereales y los protege (*condere*)[140]. Frente a la dispersión demográfica y la falta de estructuras jurídicas estables más allá de la familia nuclear del período anterior, hacen ahora acto de presencia los grupos —con terminología romana— gentilicios y la propiedad comunal de la tierra. Retomando la *Eneida* virgiliana, 8, 322, Saturno fue quien civilizó a los grupos latinos, dándoles leyes, *composuit leges*. En las páginas que siguen, cuando se mencionen los *iura gentium*, estaremos haciendo referencia a esta época de Saturno, la de la agricultura y la ganadería, anterior a las ciudades. La identidad de los individuos se funda en las relaciones de parentesco. La *gens* cumple funciones políticas y económicas[141]. La relevancia del

---

136 Vid. J.M. Ribas Alba, *Prehistoria del Derecho* (Córdoba, 2015) pp. 133-174.

137 En las narraciones míticas terminaría por tener más protagonismo la vinculación de Saturno, *Saturnalia*, con la Edad de Oro. Así en Tibulo y Ovidio (pero también en Virgilio, *Georgica* 1, 125; *Eneida* 6, 792). Las dos variantes de la función de Saturno puede comprobarse en las fuentes disponibles, recogidas en: L. Ferro, M. Monteleone, *op. cit.*, p. 377; C. Viglietti, *op. cit.*, pp. 97-105.

138 C. Viglietti, *op. cit.*, pp. 97-100.

139 En la tradición legendaria se recoge su vínculo con el Capitolio, donde el rey sabino Tito Tacio, le dedicó un ara: Varrón, *De lingua Latina* 5, 10, 74.

140 J. Guillén, *op. cit.*, p. 254.

141 En ningún otro caso como con el término *gens* se constata más claramente un fenómeno a tener en cuenta en los estudios de historia del Derecho: el uso de

culto a los difuntos se consolida en esta época. A ella pertenece también un modelo que podríamos llamar «natural» de los *mores maiorum*. A diferencia de lo que suele ser habitual en los libros de historia de Derecho romano, que mezclan épocas y estructuras diversas, es al Derecho de esta época exclusivamente al que puede aplicarse el calificativo de *Derecho primitivo*. Esto quiere decir que cuando Roma comienza su andadura como sociedad, los tiempos y el Derecho primitivos ya han quedado muy atrás. Dicho de otra manera: no existe un Derecho romano primitivo. (salvo que se quiera emplear este adjetivo en el sentido de «primero» dentro de la historia de Roma). Ahora bien, los ordenamientos jurídicos posteriores, ahora ya romanos, absorbieron parte de las instituciones propias de este estrato anterior. Son figuras basadas en la gratuidad, como el mandato y el mutuo que, desde un punto de vista más general, encuentran su fundamento en la donación como pieza básica de las relaciones jurídicas familiares y extrafamiliares —he procurado una aproximación a esta materia en mi libro *De la donación al contrato*, escrito hace ya algunos años—.

Júpiter, como sabemos, sucedió a Saturno, su padre, en el reino sobre el Capitolio. El águila será señal de su presencia[142]; tal es la importancia simbólica de esta ave[143]. Pero Júpiter se manifiesta sobre todo en el trueno y en el rayo[144]. Reina también sobre Italia (Virgilio, *Eneida* 1, 380). En la época de Júpiter se aúnan la Edad de Bronce del mito y la de la Prehistoria. Son los siglos inmediatamente anteriores al que vio la fundación de la Ciudad. Evandro, cuando

---

una misma denominación para cubrir una realidad histórica cuya estructura y función cambia radicalmente a lo largo del tiempo; en la historia urbana de Roma las *gentes* tienen ya poco que ver con el organismo prehistórico (y universal) de los grupos extensos de parentesco unilateral, situados entre la organización en bandas de cazadores y las entidades estatales de diverso tipo. Sobre la evolución de estas sociedades gentilicias, a partir de la Edad del Cobre, desde formas relativamente igualitarias a grupos muy jerarquizados, con la formación de aristocracias guerreras: R. Peroni, *L'Italia alle soglie della storia* cit., *passim*.

142 S. Montero Herrero, *op. cit.*, pp. 42-50.

143 Vid., por ejemplo, Virgilio, *Eneida* 12, 247; repara en la importancia del águila y el rayo como manifestaciones de Júpiter: G. Vico, *Sinopsi del diritto universale*, p. 10 (ed. de M. Veneziani, [Roma, 2019]); *De uno universo iuris principio et fine uno*, 149, 3.

144 Vid., por ejemplo, Virgilio, *Eneida* 2, 689-694.

le muestra a Eneas las ruinas del Capitolio, comenta que por allí se cree ver ya a veces al mismísimo Júpiter[145]. Es el Dios de los latinos, que le dan culto en Alba Longa y, en nuestra interpretación, es igualmente el Dios supremo de la Roma protourbana, con centro ritual (pero con alcance político) en el Capitolio. Importante recordar que en este esquema, las edades no se sustituyen unas a otras, sino que se superponen. La Edad de Júpiter es la Edad de florecimiento del Derecho Augural (también del Derecho Fecial), ordenamientos que mantendrán su vigencia —pero no su hegemonía— en tiempos sucesivos. Recordemos que algunas instituciones del Derecho de familia y de herencia provienen de la etapa anterior, *iura gentium*, y, convenientemente reajustadas permanecen en los períodos posteriores. Tal como también hemos señalado más arriba para otras instituciones. El fenómeno jurídico decisivo que marca el tránsito a este período protourbano fue la necesidad de aminorar la relevancia del parentesco como mecanismo casi exclusivo de organización jurídica y política. ¿Cómo se logró? En la «Roma» de los siglo X y IX a.C., como en todas las sociedades situadas en este mismo nivel organizativo fue la religión el factor que logró aglutinar a la comunidad[146]. No es casual que corresponda a esta época el traslado de los enterramientos hasta zonas periféricas, apartadas del centro de la «ciudad». La religión entra ahora en el orden jurídico. En el caso de Roma esto ocurre con el Derecho Augural. Y el poder político, antes de su transformación con el nacimiento del Estado, es un poder teocrático, porque su legitimidad se basa en la idea de que los jefes son representantes de los dioses. Al Dios supremo, a Júpiter, corresponde el jefe supremo de la comunidad, el *Flamen Dialis*, que es un rey-sacerdote. La configuración teocrática del poder político tiene su reflejo en el formalismo del ordenamiento jurídico (*mos* y *cultus* van ahora de la mano), algo que no es propio de las etapas anteriores, la época de los *iura gentium*.

---

145 Virgilio, *Eneida* 8, 353.

146 Este fenómeno universal ha sido estudiado (sin específica referencia a Roma) con especial agudeza por: B.G. Trigger, *Understanding Early Civilizations* (New York, 2007), pp. 472-494, pero la argumentación está repartida por todas las páginas del libro.

Rómulo y Remo, los fundadores de la Ciudad, son hijos de Marte y de una vestal[147]. Marte es, como afirma Isidoro de Sevilla, *Etymologiae* 5, 33, 5, *Romanae gentis auctorem.* En esta creencia la tradición romana no ofrece muchas dudas: Livio, *Praefatio* 7. Sin embargo, el rito de fundación corresponde en su substancia al Derecho Augural (nacido y floreciente en la época anterior), con aplicación también de elementos etruscos. Este Derecho Augural mantuvo su predominio en los primeros tiempos cívicos, dado que era el único ordenamiento completo disponible. Y pasados los siglos aún pudo demostrar su vigencia en aspectos relevantes del Derecho público, como es el régimen jurídico del Derecho electoral o la ordenación del territorio. Se apoyaba en una potente legitimidad, fundada precisamente en su carácter teocrático. Escribe G. Vico[148]: *Auspiciis enim Urbs a Romulo fundata fuerat.* (*La Ciudad había sido fundada por Rómulo con los auspicios).* Pero añade una reflexión de carácter histórico-jurídico de grandísima relevancia: *et auspiciis omne ius publicum privatumque, sacrum et profanum, continebatur: y en los auspicios se contenía todo el Derecho, público y privado, sacro y profano.*

Pero la irrupción del Estado produce una transformación paulatina del sistema político y jurídico, que ahora es el propio de la *res publica.* La máxima autoridad, aunque revestida como siempre ocurre en la Antigüedad de rasgos «religiosos», no es un sacerdote de Júpiter, sino un rey ejecutivo de competencias militares (como ocurrirá después con los cónsules). Nace el *ius civile,* custodiado e interpretado por los pontífices, herederos de la jurisprudencia augural. Continuó en los primeros siglos de la *civitas* la vigencia de un Derecho basado en el formalismo, pero objeto ahora de una creciente laicización. El primer *ius civile* fue en realidad un Derecho Pontifical.

La fundación de la Ciudad se realizó efectivamente bajo el signo de Marte, es decir, de la fuerza. Los elementos de la tradición acerca de esta proximidad de Marte son muy numerososos. Ya hemos cita-

---

147 Livio 1,4, 1-2: el historiador muestra sus dudas acerca de la credibilidad de esta tradición. El catálogo de las fuentes puede consultarse en: L. Ferro, M. Monteleone, *op. cit.*, pp. 386-391; J. Martínez-Pinna Nieto, *Las leyendas de fundación de Roma* cit., pp. 99-127.

148 G. Vico, *De constantia iurisprudentis.* Pars Posterior. *De constantia philologiae* 34, 2.

do el origen divino de los gemelos. Cuando Rómulo y Remo fueron abandonados, una loba los alimentaba al tiempo que un *picus* (también una *parra*) hacían acto de presencia ayudándolos para facilitar su alimentación; la loba y el pico son animales consagrados a Marte[149].

En la fundación de la Ciudad no debe verse un proceso formativo que se desplegara gradualmente. Es el error cometido tantas veces por la visión primitivista-evolucionista que se adueñó desde el siglo XIX de la investigación y que aprovechaba la descripción de la primera Roma para volcar allí acríticamente un conjunto de ideas apriorísticas por completo fuera de la cronología real que muestran la prehistoria y la historia antigua de Italia. Sabemos que hubo una Roma antes de Roma, la que denominamos protourbana. El fenómeno protourbano sí puede ser concebido —sólo hasta cierto punto— como un desarrollo evolutivo, al menos desde el punto de vista demográfico y geográfico. Sabemos también que ya existían ciudades en Italia. En Etruria y en Campania, algunas de ellas fruto de una fundación colonial. Sin embargo, en el caso de Roma la hipótesis más probable, como señala por ejemplo Ch. Kvium[150], es la de la llegada de un *dux* con su grupo de *sodales*. La toma de posesión, por las armas (de manera real o potencial), del Palatino, expresada simbólicamente en el *pomerium*, marca el comienzo de la *Urbs*.

Se comprende que la fundación de la Ciudad generara un desplazamiento en la topografía de los centros de poder. El Palatino y la zona entre éste y el Foro se convirtió en el corazón de la *Urbs*. En un período muy corto de tiempo[151] aparecen los elementos arquitectónicos del nuevo poder urbano. Dejamos a un lado el análisis de los

---

149 S. Montero Herrero, *Augusto y las aves* cit., p. 184, en su comentario al Espejo de Bolsena.

150 Ch. Kvium, *Inauguration and Foundation. An Essay on Roman Ritual. Classification and Continuity* cit., p. 84.

151 P. Carafa, *El problema de la fundación de Roma* cit., p. 36: «El paisaje que aparece por primera vez con la creación de nuevos edificios y lugares, sobre todo en las laderas del Palatino, se crea en un espacio de tiempo tan breve que puede considerarse como un contexto o proyecto unitario. El nacimiento del sistema coincide con una ruptura en la historia del asentamiento: la destrucción de los grupos de cabañas protourbanas está fechado hacia mediados del siglo VIII a.C.».

restos de la cima del Palatino y nos centramos en el momento inmediatamente posterior, en la ladera del monte. Ésta es la enumeración de los elementos en los que se materializa el nuevo poder urbano (no es el momento de entrar en el detalle de su descripción)[152]: 1) el *aedes Vestae* (que contenía diversos talismanes de la Ciudad y el culto de *Aius Locutius*); 2) el *fanum* con *sacellum* de *Orbona*; 3) el *fanum* con el *sacellum* (después *aedes*) de los *Lares*; 4) el *fanum* con *sacellum* (después convetido en *templum*) de Júpiter *Stator* (un Júpiter «guerrero»); 5) la *casa/domus* de las vestales; y sobre todo: 6) la *domus Regia*: en ésta se situarían los *sacraria* de Marte y Ops[153]. Allí se custodiaban las imágenes anicónicas de Marte (astas[154]) y los doce escudos sagrados, *ancilia* (transferidos en tiempo de los Tarquinios a la denominada *Regia* de F. Brown, un asunto en el que ahora no interesa que nos detengamos). Los escudos eran custodiados por los sacerdotes Salios (después llamados *Salii Palatini*), que celebraban sus ritos en el mes de marzo[155] (consagrado como es obvio y sabido a Marte).

Podríamos seguir deteniéndonos en los detalles de esta prolongada transformación jurídica y política que culmina en la aparición de la *Urbs*. Baste ahora recordar que la complejidad institucional de la Roma del siglo VIII a.C. aquella *praeclara constitutio Romuli* (Cicerón, *De republica* 2, 31, 53), sólo se explica en el trasfondo de unos antecedentes histórico-jurídicos muy remotos y muy elaborados, antecedentes que alejan la Roma de los primeros tiempos de cualquier escenario que pueda describirse como primitivo. Fue el Derecho Augural el ordenamiento inicial de los tiempos fundacionales de Roma. Lo que viene después responde a una evolución de su contenido normativo y de su jurisprudencia; y, en algunos casos, al propósito encaminado a su conservación.

---

152 A. Carandini, *Scavo del cuore di Roma (1985-20159)*, en *Santuario di Vesta, pendice del Palatino e Via Sacra* cit., pp. 21-22.

153 Es cosa sabida que los templos (*aedes*) consagrados a Marte, hasta Augusto, debían situarse fuera del *pomerium*.

154 Sobre el protagonismo que estas astas o una sola (*pro Marte hastam*) y los escudos ha tenido en los estudios de la religión romana, así como la representación de Júpiter en el *Lapis*, por situarse en una etapa anterior al triunfo del antropomorfismo de los dioses, debe consultarse el excelente análisis de: M. Marcos Celestino, *La religión romana arcaica. Una propuesta metodológica para su estudio* (Madrid, 2004) pp. 40-55.

155 Ovidio *Fasti* 3, 259-298; J. Guillén, *op. cit.*, pp. 325-328.

Capítulo tercero

Cuestiones de vocabulario

Antes de proseguir nuestra exposición se hace necesario añadir algunas aclaraciones terminológicas, que faciliten la compresión de los contenidos. En primer lugar nos ocuparemos de la expresión *ius sacrum*, por las continuas oscilaciones de su significado tanto en las fuentes como entre los autores modernos[156]. *Ius sacrum* puede emplearse en un sentido amplio, casi como sinónimo de *ius divinum*. A veces incluido en el *ius publicum*, como ocurre en D. 1, 1, 1, 2 (Ulpiano, 1 *inst.*). Otras veces como sector independiente: así en Quintiliano, *Inst. Orat.* 2, 4, 38: *genera sunt tria, sacri, publici, privati iuris.* D. 1,8,9,3 (Ulpiano, 68 *ad edictum*) contiene una distinción entre lo sagrado, lo profano y lo santo (incluyendo en esta última categoría a las leyes). En la *summa rerum divisio*, sin embargo, se observa la persistencia de lo *sacrum* como concepto entendido en sentido estricto: la categoría de las *res divini iuris* comprende las cosas asignadas a los dioses superiores (*sacrae*), a los dioses Manes o difuntos (*religiosae*), por un lado; por otro, se contemplan las *res sanctae*[157], que en el tratamiento gayano muestran que la vigencia del Derecho Augural ha perdido gran parte de su sustantividad (*res sanctae (...). quodammodo divini iuris (...)*: Gayo 2, 8[158]. La clasificación de *res sacrae, res religiosae* y *res sanctae* se recoge también en D. 1, 8, 6, 2 (Marciano, 3 *inst.*) y en D. 39, 3, 17, 3 (Paulo, 14 *ad Plaut.*)[159].

---

156 Según indica J. Linderski, *The Augural Law*, en *ANRW.* 2.16.3 (1986) p. 2147. Incluso G. Wissowa, *Religion und Kultus der Römer*, 2ª ed., [1912] (München, 1971) pp. 380 ss., identifica *de facto ius divinum* con *ius sacrum*.

157 A los tribunos de la plebe se le atribuye originariamente la *sanctitas*, devenida después en *sacrosanctitas*: sobre los usos de esta última categoría: C. Santi, *Alle radice del sacro. Lessico e formule di Roma antica* (Roma, 2004) pp. 182-197.

158 También en lo que respecta a los interdictos *de divinis rebus*, en los que se integran los que protegen las cosas sacras y religiosas: D. 43, 1, 1 pr. (Ulpiano, 67 *ad edictum*); D. 43, 1, 2 (Paulo, 63 *ad edictum*), al tiempo que se conserva un régimen especial para las *res sanctae*: D. 43, 6, 2 (Hermogeniano, 3 *iur. epit.*); D. 43, 6, 3 (Paulo, 5 *sententiarum*): *Neque muri neque portae habitari sine permissu principis propter fortuita incendia possunt.*

159 C. Santi, *Alle radici del sacro* cit., pp. 175-176.

La polisemia, pese a que no sea arbitraria, genera múltiples problemas de comprensión: afecta a gran parte del léxico del Derecho sacerdotal. Valga como ejemplo el término *religiosum*: se utiliza conforme a lo arriba apuntado en relación con los difuntos, pero más habitualmente para describir los actos contrarios a la voluntad de los dioses (*religiosum ait esse (...) quod homini facere non liceat*), conforme ocurre, por ejemplo, en los *dies religiosi*[160]; incluso oímos hablar en el Principado de un crimen *laesarum religionum ac violatae maiestatis*[161] situado en la esfera de la protección penal del emperador y miembros de la Casa Imperial. En un sentido amplio[162], que terminó predominando, *religio* indica el culto debido a los dioses: Cicerón, *De inventione* 2, 53, 161 (*cura caerimoniaque*); Aulo Gelio, *Noctes Atticae* 4, 9. En la posterior elaboración de la filosofía moral la *religio*, como virtud, se integra en el universo de la *pietas* y de la *iustitia*.

El *ius divinum* incluye dos grandes sectores (los cuales, sin embargo, no agotan su extensión): el *ius sacrum* y el *ius augurum*. Uno encomendado a los pontífices; el otro, competencia de los augures. El punto de partida para clarificar la cuestión en la medida de lo posible ha de ser, con J. Linderski, este pasaje de Cicerón, *De natura deorum* 3, 2, 5: *Cumque omnis Romani religio in sacra et in auspicia divisa est, tertium adiunctum sit si quid praedictionis causa ex portentis et monstris Sybillae interpretes haruspicesve monuerunt, harum ego religionum nullam umquam contemnendam putavi mihique ita persuasi Romulum auspiciis, Numam sacris constitutis fundamenta iecisse nostrae civitatis.*

---

160 Festo, *De verborum significatu*, s.v. *Religiosus* (Lindsay, 348), donde, citando a Elio Galo, se observa un uso muy amplio de *religiosum* que incluye también *adversus auspicia legem ad populum ferre;* vid. también Gelio, *Noctes Atticae*, 4, 9, 8.

161 R.A. Bauman, *Impietas in principem. A Study of Treason Against the Roman Emperor with Special Reference to the First Century A.D.* (München, 1974) pp. 13 ss.; del mismo autor: *Tertullian and the Crime of Sacrilegium*, en *The Journal of Religious History* 4-3 (1967) pp. 175 ss.; Tertuliano, *Apologeticum* 10, 1 califica al *crimen laesae Romanae religionis* como *sacrilegium*. Acerca de los significados de *religio* puede consultarse: J. Marquardt, *Römische Staatsverwaltung*, Dritter Band, Dritte Auflage besorgt von G. Wissowa, [1885] (Darmstadt, 1957) p. 53; G. Wissowa, *op. cit.*, p. 380 nt. 3; H. Fugier, *Recherches sur l'Expression du Sacré dans la Langue Latine* (Paris, 1963) pp. 172 ss.; E. Montanari, *Categorie e forme nella storia delle religioni* (Milano, 2001) 175 ss.

162 H. Wagenvoort, *Wesenszüge altrömischer Religion*, en *ANRW*. 1.2 (1972) pp. 350-352.

Dado que toda la religiosidad del pueblo romano se halla dividida en ritos sagrados y en auspicios (a los que habría que añadir una tercera cosa, si es que los intérpretes de la Sibila o los arúspices han sido capaces de suministrarnos —a partir de portentos y señales— alguna advertencia premonitoria), jamás pensé yo que hubiera de despreciarse ninguna de tales prácticas religiosas. Así, estoy persuadido de que Rómulo, mediante el establecimiento de los auspicios, y Numa, mediante el de los ritos sagrados, fueron quienes pusieron los fundamentos de nuestra ciudad (trad. de Á. Escobar).

A los efectos de nuestra investigación interesa destacar que el texto refleja un orden cronológico en la aparición del *ius augurum* y del *ius sacrum,* ámbitos normativos que se atribuyen a Rómulo y a Numa respectivamente. Dejando aparte la individualidad histórica de ambos personajes, la información —desde una perspectiva institucional— coincide con el marco general tal como puede reconstruirse con base en las fuentes: el Derecho Augural resulta ser anterior al Derecho de los pontífices, según ha quedado planteado y procuraremos explicar más adelante.

También se observa una jerarquización de los cuatro colegios[163] sacerdotales que tienen que ver con la *interpretatio* de los signos divinos. *Ius sacrum* y *ius augurum* se juzgan como los *fundamenta civitatis.* A ellos se añade, con una cierta oscilación en los textos y ocupando ambos el tercer lugar los *viri sacris faciundis* y los arúspices. Esa cuatripartición jerarquizada se observa igualmente en otros pasajes[164]: así en Cicerón, *De haruspicum responsis* 9, 18: *Ego vero primum habeo auctores ac magistros religionum colendarum maiores nostros: quorum mihi tanta fuisse sapientia videtur, ut satis superque prudentes sint, qui illorum prudentiam, non dicam adsequi, sed quanta fuerit perspicere possint: qui statas sollemnesque caeremonias pontificatu, rerum bene gerendarum auctoritates augurio, fatorum veteres praedictiones Apollinis vatum libris, portentorum explanationes Etruscorum disciplina contineri putaverunt.* Pontífices, augures, los intérpretes de los Libros Sibilinos y los arúspices aparecen otra vez como los pilares de la relación de la comunidad con los dioses.

---

163 La ausencia del antiquísimo colegio sacerdotal de los Feciales se explica por la decadencia progresiva de este ordenamiento a partir del siglo IV a.C.: J.M. Ribas Alba, *De la donación al contrato* cit., p. 81, recogiendo la información de A. Calore, *op. cit.,* p. 56 nt. 61.

164 Pueden consultarse en J. Linderski, *The Augural Law* cit., p. 2148 nt. 3.

Cabe la posibilidad de que la inclusión clasificatoria de los arúspices corresponda a una decisión del Arpinate, porque hasta donde es dado saber Varrón planteaba una tripartición, más acorde con la procedencia no romana de la aruspicina: la información procede de Agustín, en su descripción de la obra varroniana *De antiquitatibus rerum humanarum divinarumque,* donde escribe que dedicó tres *libri (...) ut primus sit de pontificibus, secundus de auguribus, tertius de quindecimviris sacrorum.* Añádase en relación con esta última mención de los *viri sacris faciundis* que en este caso el término *sacra* que se incorpora a la denominación de este colegio hace referencia específica a los ritos con finalidad expiatoria[165] propuestos tras la consulta de los *libri* encaminados a restaurar la *pax deorum.*

En segundo lugar conviene precisar el significado de *auspicium* y su relación con *augurium*[166]. El asunto fue estudiado de manera ejemplar y minuciosa por P. Catalano en su *Contributi allo estudio del diritto augurale* ya citada, análisis al que debemos remitirnos. En este caso se reproduce de nuevo el fenómeno de la coexistencia de al menos dos significados próximos en el término *auspicium* y su consiguiente repercusión sobre el ámbito semántico del *augurium.* En sentido estricto el *auspicium* consiste en la consulta a Júpiter —dios de los auspicios y de los augurios[167]— solicitando que éste conceda su autorización para realizar un acto privado o público. La consulta opera mediante la observación e interpretación del vuelo de los pájaros y otros signos provenientes de la divinidad (*ex avibus vel de caelo*). Los auspicios no sólo conciernen y vinculan a los magistrados y sacerdo-

---

165 C. Santi, *Sacra facere. Aspetti della prassi ritualistica divinatoria nel mondo romano* cit., p. 25 nt. 13.

166 El término *auspicium* deriva de *avispicium, ab ave spicienda*; mucho más compleja es la semántica de la familia terminológica a la que pertenece *augurium* (*augeo, augustus, auctor*), vinculada con el concepto de procurar la transmisión (sobrenatural) de un incremento: H. H. Wagenvoort, *Roman Dynamism. Studies in ancient Roman thought, language and custom* cit., pp. 12-17; F. De Francisci, *Primordia civitatis* (Roma, 1959) pp. 526-530; G. Neumann, *Zur Etymologie von lateinisch augur,* en *Würzburger Jahrbücher für die Altertumswissenschaft* 2 (1976) pp. 219-230; M. Weiss, *Observations on the Prehistory of Lat. Augur**, en *Alessandria. Rivista di Glottologia* 5 (2011) pp. 365-379.

167 P. Catalano, *Contributi allo studio del diritto augurale* I (Torino, 1960) p. 155, con remisión a las fuentes; vid., por ejemplo, Livio 1, 12, 4; 1, 18, 9; P. Boyancé, *La Religion de Virgile* (Paris, 1963) pp. 85-86.

tes en el ámbito de sus competencias sino que también los particulares pueden interrogar a Júpiter sobre la oportunidad temporal de una determinada actividad: Cicerón, *De divinatione* 1, 16, 28: *nihil fere quondam maioris rei nisi auspicato ne privatim quidem gerebatur*: existe pues un amplísimo uso de los denominados *auspicia privata*[168]. Los auspicios se solicitan (*auspicia impetrativa*), pero pueden manifestarse espontáneamente (*auspicia oblativa*)[169]; en ambos casos se necesita llegado el caso la interpretación augural.

Por su parte, el *augurium* corresponde en época histórica —salvo alguna excepción: es el caso de los *sodales Titii* entre otros[170]— al colegio de los augures. Su realización se halla sustraída a los particulares, dado que se trata de actos de relevancia para la *civitas* como ente político, actos que se realizan *publice*: Paulo Diácono, *Epitoma Festi* (Lindsay, p. 17) s.v. *Augurucalum*. Con este rito solemne y complejo se produce una santificación de determinados lugares, personas o ceremonias. Se obtiene la cualidad de lo *sanctus* o de lo *augustus*. Por ejemplo, la *inauguratio* del *pomerium*, con el que se marcan además los límites de los *auspicia urbana*[171]. El *augurium* no se refiere, como ocurre con el auspicio, a una acción, sino al *status* del objeto (persona, cosa o ceremonia) inaugurada[172].

Los efectos jurídicos de la *inauguratio* quedan anulados, en su caso, por medio del acto contrario de *exauguratio*, la cual puede afec-

---

168 P. Catalano, *Contributi* cit., pp. 197-198; Valerio Máximo, *Facta et dicta memorabilia* 2, 1, 1.

169 G. Wissowa, *op. cit.*, p. 386; J. Linderski, *The Augural Law* cit., p. 2167; J. Rüpke, *Domi militiae. Die religiöse Konstruktion des Krieges in Rom* (Stuttgart, 1990) p. 31.

170 Varrón, *De lingua Latina* 5, 15, 85: *ab Titiis avibus quas in auguriis certis observare solebant*; P. Catalano, *Contributi* cit., pp. 196; 359-361; I.M.J. Valeton, *De modis auspicandi Romanorum* II, en *Mnemosyne* 17 (1889) p. 448; J. Guillén, *op. cit.*, pp. 349-350; S. Montero Herrero, *Augusto y las aves* cit., pp. 135-144.

171 Vid. J.M. Ribas Alba, *Constitución del Estado en la antigua Roma* (Madrid, 2023) pp. 552-559. En el Derecho Augural se distinguía entre los *auspicia urbana* y los *auspicia militaria*; no coincide exactamente con la distinción entre *imperium domi* e *imperium militiae*: P. Catalano, *Contributi* cit., p. 431 nt. 147; cfr. J. Rüpke, *Domi militiae* cit., pp. 43-46.

172 J. Linderski, *Founding the City. Ennius and Romulus on the Site of Rome* cit., pp. 10-11.

tar tanto a lugares como a personas[173], excluido el caso de los augures, que son inamovibles[174]. En el caso de las ampliaciones del *pomerium* (*prolationes*), se necesitaba la previa o coetánea *exauguratio* del *pomerium* anterior[175] Una naturaleza semejante a la de la *exauguratio* posee la *exauctoratio* del soldado (que previamente se ha incorporado al ejército por medio del *sacramentum militiae*)[176].

La confusión en el empleo de los términos «auspicio» y «augurio» en las fuentes se explica por la presencia de dos factores principales[177]. En la ceremonia del *augurium* el necesario punto de partida consiste en la toma de los auspicios. Puede decirse que los auspicios conforman el elemento común a todos los actos del *ius augurum*, es decir, la esfera de los auspicios entendidos como práctica independiente y la de los auspicios incluidos en el rito más complejo de los augurios. En segundo lugar, la propia consulta en la que consiste el augurio —tras los auspicios preliminares— hace uso de un catálogo semejante de signos al utilizado en la observación de los *auspicia* en sentido estricto, llevados a cabo por magistrados, sacerdotes o particulares[178].

A propósito del brevísimo tratamiento arriba realizado sobre el significado técnico de algunos términos del Derecho Augural, quisiéramos añadir alguna reflexión aún más breve sobre la incidencia del valor de la etimología en los estudios de historia de Derecho ro-

---

173 Livio 1, 36, 3: *Id quia inaugurato (...) fecerat (...) neque mutari neque novum constitui nisi aves addixissent posse*; Gelio, *Noctes Atticae* 7, 7, 4; P. Catalano, *Contributi* cit., pp. 54-72; 215-238; 324-334; del mismo autor: *Aspetti spaziali del sistema giuridico-religioso romano. Mundus, templum, urbs, ager, Latium, Italia*, en *ANRW*. 2.16.1 (1978) pp. 477-478.

174 El capítulo 67 de la *Lex Ursonensis* añade a la muerte el supuesto de condena judicial (*demortui damnative*), estableciendo un régimen distinto al de la ciudad de Roma.

175 Ch. Kvium, *op. cit.*, p. 88.

176 R. Santoro, *Potere ed azione nell'antico diritto romano* cit., p. 504.

177 En particular debe advertirse que Servio en su comentario a las obras de Virgilio utiliza frecuentemente *augurium* y *auspicio* en un sentido que no se corresponde con su significado en el Derecho Augural: así, por ejemplo, en Servio auct., *Ad Aen.* 1, 398, identifica los auspicios erróneamente y de modo exclusivo con los *auspicia oblativa*; vid., I.M.J. Valeton, *De modis auspicandi Romanorum* II cit., pp. 424 ss.; P. Catalano, *Contributi* cit., pp. 78 ss.

178 P. Catalano, *Contributi* cit., p. 71.

mano. Somos de la opinión que el prestar una atención prioritaria, a veces casi exclusiva, al origen de los términos que se emplean en época histórica distorsiona en muchas ocasiones el desarrollo de la investigación que, en nuestro campo, posee prioritariamente una finalidad institucional y no filológica. Perderse en el comparativismo lingüístico no suele aportar conclusiones precisas y no permite salir del ámbito de lo hipotético, dado que es habitual que falte casi por completo información sobre el contexto institucional. Resulta preferible trabajar humildemente con la terminología aceptada por la tradición romana, sabedores como somos que la cultura latina tributaba un respeto —casi exagerado— a la tradición, y más en estos ámbitos en los que lo jurídico y lo religioso —pese a que conserven una naturaleza distinta— se entrecruzan en la realidad histórica de las instituciones. Sabemos que el vocabulario latino de la primera época tuvo que diferir del que se impuso más tarde, pero también es razonable pensar que existe una continuidad de fondo la cual, con todas las limitaciones que presenta su uso, permite una aproximación a las realidades que buscamos identificar. En este sentido hacemos nuestras las palabras del Extranjero al Joven Sócrates en el *Político* de Platón: *Si conservas siempre esa actitud de no preocuparte en exceso por los nombres, te mostrarás más rico en sabiduría cuando tu edad avance*[179].

---

179 Platón, *Político* 261 e; trad. de M.I. Santa Cruz, Á. Vallejo y N.L. Cordero, editorial Gredos (Madrid, 1988) p. 510; vid. también *Sofista* 218 c.

Capítulo cuarto
Derecho Fecial. Ius y Fas

El carácter arcaico y el estricto formalismo de sus procedimientos, junto con otros rasgos que se verán enseguida, aproximan el Derecho Fecial[180], *ius fetiale*, al *ius augurum*. Si se acepta el empleo en sentido amplio de la expresión «Derecho Augural» para designar el ordenamiento jurídico al completo de la Roma protourbana, el *ius fetiale* puede ser entendido como un sector de ese ordenamiento, el que se ocupaba de las relaciones externas de la comunidad. Al igual que el *ius augurum* en su significado estricto, el *ius fetiale* es anterior a la fundación de la Ciudad y, como se mencionó más arriba, absolutamente formalista[181], en lo que se manifiesta igualmente el carácter teocrático del sistema político en el que nació. El protagonismo de Júpiter señala en la misma dirección[182]: *Audi Iuppiter* es una invocación muy significativa que aparece tanto en la conclusión de los tratados como en el procedimiento de declaración de guerra (Livio 1, 24, 7; 1, 32, 6).

Las competencias de los feciales en la conclusión de los tratados, en la declaración de la guerra (también, como indica Cicerón, en su gestión y finalización[183]) y en otras materias de política externa, ¿fueron exclusivamente formales? ¿Decidían (en concurrencia con otros órganos constitucionales) sobre el fondo del asunto? No hay demasiados elementos en las fuentes que permitan una solución clara a este problema. Ahora bien, el modelo de los grandes Colegios

---

180 A. Zack, *Studien zum «Römischen Völkerrecht»* (Göttingen, 2001); G. Turelli, *«Audi Iuppiter». Il Colegio dei Feziali nell'esperienza giuridica romana* (Milano, 2011).

181 Los especialistas están por lo común de acuerdo sobre el carácter muy antiguo de este sacerdocio y sobre la autenticidad de las pocas fórmulas solemnes conservadas (aunque el texto hubo de ser necesariamente modernizado). En las fuentes no hay noticias de *libri*, *commentarii* u otra documentación, la cual debió de guardarse en los archivos del Colegio: F. Sini, *Documenti* cit., p. 170; 201.

182 Vid. J.M. Ribas Alba, *De la donación al contrato* cit., pp. 78-81; algunas de las tesis allí expuestas se ven ahora parcialmente modificadas.

183 Cicerón, *De legibus* 2, 14, 34.

sacerdotales romanos —especialmente el de los Augures y el de los Pontífices—, con incidencia directa en la dirección de la vida pública, sugiere que también en el caso del Colegio de los Feciales su actividad no se limitaba a la puesta en escena de los rituales que, muy imperfectamente, conocemos sobre todo por Livio 1, 24 y 32. Es muy probable, por tanto, que, como ocurría con otros Colegios sacerdotales, el Senado requiriera su parecer de expertos sobre los asuntos sometidos a discusión, en este caso sobre «política internacional». Cicerón, en *De legibus* 2, 9, 21 y 2, 14, 34 (de difícil lectura[184]) y Dionisio de Halicarnaso 2, 72, 1-9, dan a entender que efectivamente a los feciales correspondía una actividad de *interpretatio* similar, dentro del ámbito de sus competencias, a las de otros colegios sacerdotales; y la finalidad de esta *interpretatio* no cabe entenderla como un asunto puramente teórico. J. Rich[185], profundo conocedor de esta materia, es de tal opinión.

El arcaico juramento *per Iovem lapidem*, relacionado estrechamente con el templo de Júpiter Feretrio[186] en el *Capitolium*, el uso de *sagmina*, hierbas sagradas tomadas del *Arx* y la mención del *fas* en los formularios, incluso la referencia a Alba Longa, lugar que, pese a su importancia representativa, parece —según indica la arqueología— que nunca alcanzó el estatuto de una ciudad en sentido jurídico-político estricto, todo ello apunta a un sacerdocio anterior a los tiempos urbanos. Aunque sin citar a los sacerdotes feciales, Virgilio[187] describe el *foedus* entre Rómulo y Tito Tacio con los rasgos propios del *ius fetiale*, indicio también de que en las tradiciones míticas y/o históricas romanas al procedimiento encomendado a estos sacerdotes se le asignaba una gran antigüedad.

---

184 J. Rich, *The Fetiales and the Roman International Relations*, en J.H. Richardson and F. Santangelo, *Priest and State in the Roman World* cit., pp. 186-242; un estudio muy completo sobre el *ius fetiale*; acerca del texto en cuestión: p. 190.

185 *Ibidem*, p. 199: el autor defiende no sólo la intervención fecial en el asesoramiento al Senado, sino incluso ciertas competencias judiciales.

186 Paulo Diácono, *Epitoma Festi*, s.v. *Feretrius* (Lindsay, p. 81); A. Calore, *op. cit.*, p. 55.

187 Virgilio, *Eneida* 8, 639-641.

Recuérdese que el templo de *Fides*[188], seguramente una epifanía del propio Júpiter —como terminó siéndolo *Dius Fidius*, inicialmente un dios independiente[189]— se hallaba también en el Capitolio. Cicerón en *De officiis* 3, 29, 104[190], citando a Ennio y a Catón el Censor, vincula a *Fides* con el juramento de Júpiter y alude a la vecindad de los dos templos: *O fides alma apta pinnis et ius iurandum Iovis; (...) vicinam Iovis Optimi Maximi.*

Fas, Fides, ius fetiale, foedus y la relación de estas categorías con el juramento (en la forma más antigua conocida[191]), colocan a estos conceptos dentro de un mismo campo semántico de naturaleza evidentemente jurídica. En el mencionado templo de *Fides* en el Capitolio se celebraba cada año un sacrificio llevado a cabo por los tres *flamines maiores*, dirigido por el *Flamen Dialis*, el sacerdote de Júpiter[192].

Los feciales inmolaban a la víctima con un instrumento de piedra y no de metal. Esto sería un indicio más de la extrema antigüedad del rito. Ni siquiera se utiliza el bronce, como ocurre en otros casos, lo que en opinión de H.B. Riesco Álvarez, citado por M. Marcos Celes-

---

188 Se presenta como opinión común la afirmación según la cual el templo dedicado a *Fides*, que A. Atilio Calatino erigió en el Capitolio a mediados del siglo III a.C., reemplazó una capilla mucho más antigua: M. Marcos Celestino, *op. cit.*, p. 57.

189 F. Marco Simón, *Flamen Dialis. El sacerdote de Júpiter en la religión romana* (Madrid, 1996) pp. 90-91; también sobre *Dius Fidius*, equivalente a *Semo Sancus*: R. Santoro, *op. cit.*, p. 522.

190 Tomamos la referencia de: A.J. Clark, *Divine Qualities. Cult and Community in Republican Rome* (Oxford, 2007) p. 22 nt. 43. Vid. también R. Santoro, *op. cit.*, p. 527.

191 El más antiguo y más sacro de los juramentos romanos; el uso del *lapis silex* se identifica con Júpiter, Dios de los rayos y de los truenos. El empleo del *lapis silex* posee una eficacia sacramental que da su fuerza de obligar al juramento: R. Santoro, *op. cit.*, p. 522, el cual cita a estos efectos: Virgilio, *Eneida* 12, 200: *Audiat haec, Genitor, qui foedera fulmine sancit (...); el Padre (Júpiter) que sanciona los tratados con el poder del rayo.* Es este juramento el que sirve para sancionar la *legis actio*, según la opinión del autor. Cfr. A. Calore, *op. cit.*, p. 136, quien discrepa de la teoría de Santoro, fundada en la secuencia *sacramentum* (acto preparatorio) y pronunciamiento del juramento; según el autor últimamente citado es justo al revés; el *iusiurandum* provoca una situación nueva, sagrada, que se califica como *sacramentum*.

192 R. Pettazzoni, *op. cit.*, pp. 240-241; A. Nicoletti, s.v. *Fas*, en *Novissimo Digesto Italiano* VII (Torino, 1961) pp. 100-101.

tino, indica que las raíces de la ceremonia son anteriores a la Edad del Bronce. La exclusión ceremonial del hierro, por otra parte, es un fenómeno bien conocido que no requiere ahora más atención[193]. Sin embargo, el hierro sí aparece en el ritual de la *indictio belli*, con el uso del *hasta ferrata sanguinea praeusta* mencionada en Livio 1, 32, 12[194].

Existe otro argumento que, al menos, sugiere la gran antigüedad de las actividades de los feciales. Se trata de una de sus competencias, a menudo poco mencionada a la hora de enumerar las que forman parte de su ámbito de actuación. El Colegio intervenía en la entrega de ciudadanos romanos a comunidades extranjeras, cuando aquéllos hubieran cometido un ilícito penal. Se trataba de conservar así la *pax deorum* por medio de esta modalidad de entrega noxal.

A todo lo anterior se suma, a la hora de defender el origen muy antiguo del Colegio de los Feciales, el hecho de que estamos ante una institución no exclusivamente romana; este fondo histórico común indicaría su génesis en una época anterior a la del nacimiento de las ciudades en Italia. Los encontramos, por ejemplo, entre los *Aequi*, los Samnitas, los Sabinos, los Faliscos, en Alba Longa; también en Lavinio. Ello hace concluir a P. De Francisci que provienen de la fase prehistórica de formación de las poblaciones itálicas y latinas, en un tiempo anterior al *regnum*[195]. P. Catalano, por su parte, los sitúa dentro de la *koiné* cultural etrusco-itálica[196]. G. Dumézil[197], como acostumbra, propone un acercamiento lingüístico comparativo, partiendo de un sustantivo **feti-*, sobre el que se forma *fetialis*, de la raíz indoeuropea **dhe*, de significado jurídico. En este ámbito se situarían tanto la *Themis* griega como el *Fas* latino, junto con un grupo numeroso de términos indo-iranios. En todos estos casos la actividad sacerdotal expresaría un aspecto común que interesa especialmente: G. Dumézil emplea el concepto de «fundación mística», porque los fetiales proporcionan la base que legitima la actuación política que

---

193 M. Marcos Celestino, *op. cit.*, pp. 58-63.

194 *Sanguinem* es mencionado por Macrobio, *Saturnalia* 3, 20, 3, en la lista de *arbores infelices*; cfr., J. Rich, *op. cit.*, pp. 207-208, que rechaza esta interpretación.

195 P. De Francisci, *Primordia civitatis* cit., pp. 472-477.

196 P. Catalano, *Linee del sistema sovranazionale romano* I cit., pp. 21-22.

197 G. Dumézil, *Ius fetiale*, en *Idées romaines. Remarques Préliminaires sur la Dignité et l'Antiquité de la Pensée Romaine* (Paris, 1969) pp. 61-78.

ellos formalizan. Utilizando categorías jurídicas romanas se afirma que la actividad fecial refuerza el valor de la decisión, es como si le prestara su *auctoritas*. De hecho, el concepto es utilizado por Plinio el Viejo, *Naturalis historia* 22, 3, 5, precisamente en relación con las hierbas puras del *Arx*, *sagmina*, que se utilizan en el procedimiento de aprobación del *foedus*[198].

Se ha propuesto[199] incluso, abundando en la tesis del carácter antiquísimo de los feciales, que su presidente, el *pater patratus*, *princeps fetialium* (Servio, *Ad Aen.* 9, 53), no sería sino el jefe de las comunidades preurbanas del Lacio, con competencias militares y religiosas. Esto no deja de ser una mera conjetura, pero nos indica cómo, en el sentir de los especialistas, los sacerdotes feciales quedan situados en el más remoto pasado.

La propia institución del arcaico *ius iurandum* fecial (Livio 1, 24) ha provocado que sea en relación con este juramento donde muchos especialistas —pensamos, por ejemplo, en R. Orestano o R. Santoro— se han apoyado para intentar determinar el significado del *ius* y su relación con el *fas* en los primeros tiempos del Derecho romano. Tanto el *ius* como el *fas* poseen naturaleza jurídica. Ambos conceptos aluden a normas cuya legitimidad y contenido son «religiosos». Con la progresiva secularización de la sociedad romana, el *ius* se extendió hacia campos y fundamentos distintos de los originarios. Y la palabra terminó por designar preferentemente el llamado *ius civile*. En ese momento posterior empezó a distinguirse entre *ius divinum* y *ius humanum*. Por su parte, el *fas*, propio de un ordenamiento en progresiva decadencia como era el Derecho Augural, mantuvo su carácter de *ius divinum*, sencillamente y entre otros motivos por haber detenido su evolución, identificado como estaba con el *ius augurum*.

No obstante, conviene subrayar que no existe una evolución del *fas* al *ius*. En este caso, como en otros que van siendo mencionados en estas páginas, los esquemas evolucionistas han oscurecido más que clarificado la realidad histórico-jurídica. Lo mismo cabe decir de los habituales planteamientos etimológicos, los cuales olvidan que

---

198 Vínculo que subraya R. Santoro, *op. cit.*, p. 398.

199 A. Grandazzi, en P. Carafa, M. Fiorentini e U. Fusco, *La Leggenda di Roma* III cit., p. 276.

los vocablos pueden ir modificando su significado según las épocas, de forma que el uso acrítico de argumentos filológicos suele llevar a un callejón sin salida. *Ius* puede ser un concepto perfectamente coetáneo del de *fas*. También *ius* expresa una realidad inicialmente sobrenatural[200]: en el nombre de *Iuppiter* o *Iovis* el Derecho[201] se hace presente junto con la referencia al Cielo, aspectos que no son en modo alguno incompatibles. Precisamente, el protagonismo de los auspicios y augurios muestra con suficiente evidencia que el Cielo y el Derecho se conciben como realidades muy próximas.

Debemos a F. De Martino[202] un análisis muy certero de la naturaleza jurídica del *foedus* el cual, por su relación con el Derecho Fecial, es objeto ahora de nuestra atención. Procuraremos realizar una síntesis del estudio realizado por el maestro italiano. A diferencia del *hospitium*, de la *amicitia* o de la *societas*, el *foedus* en su significado original no designa el Derecho sustancial pactado con una comunidad extranjera. Designa la forma del acto. El *foedus*, desde este punto de vista, comparte con la *sponsio* el hecho de que se trata de dos formas solemnes de concluir un tratado. El matiz nos parece relevante, porque incide sobre el aspecto del Derecho Fecial que intentamos subrayar en este estudio: el hecho de que se trate de un ordenamiento en el que el principio formal y el contenido religioso resultan ser decisivos. El *foedus* es un tratado confirmado con un juramento de execración. Los feciales son los encargados de pronunciar esta fórmula solemne. Con ella se establecía un vínculo permanente e irrevocable.

En el término *foedus* se halla implícita la invocación de la *fides*. El juramento con el que se concluye el *foedus* crea un vínculo jurídico con la divinidad, el cual guarda un cierto parecido con la relación que se establece entre el patrono y el cliente. En el caso del procedimiento de conclusión del *foedus* son dos feciales los que llevan a cabo el rito. Uno, el *verbenarius*; el otro, el *pater patratus* ya mencionado an-

---

200 G. Dumézil, *Ius*, en *Idées romaines* cit., pp. 31-45.

201 La naturaleza *jurídica* de Júpiter, Dios de los juramentos y de la *fides*, como la de otros dioses supremos dentro y fuera del ámbito indoeuropeo es un hecho comúnmente reconocido.

202 F. De Martino, *Storia della Costituzione Romana* II, seconda edizione (Napoli, 1973) pp. 35-39.

tes. Como sabemos, el *verbenarius* tomaba las hierbas sagradas[203] del *Arx*, los *sagmina*. Con ellas se «bendecía» al *pater patratus* —tocando su cabeza— quien era la persona que debía pronunciar la fórmula del juramento, a la que precedía un extenso *carmen*, de cuyo contenido nada sabemos, y la lectura de las cláusulas del tratado. El procedimieto terminaba con un sacrificio, en el que se utilizaba como instrumento la piedra, expresión del propio Júpiter.

En el caso del procedimiento de declaración de guerra y sus preliminares[204] encontramos los mismos rasgos formales e idéntica legitimidad religiosa: *ius* y *pietas* surgen como conceptos centrales. El Colegio enviaba cuatro sacerdotes para realizar la *clarigatio* (o *rerum repetitio*), petición de restitución. (Conforme a lo que indica J. Rich, no se haya atestiguada en las fuentes la expresión *rerum repetitio*; el término adecuado es el de *clarigatio*[205]). La fórmula recogida por Livio 1, 32, 6-7: goza de justa fama, entre otras cosas, por la mención del *fas*: *Audi Iuppiter..., audite fines..., audiat fas; ego sum publicus nuntius populi Romani; iuste pieque legatus venio verbisque meis fides sit... si ego iniuste impieque illos homines illasque res dedier mihi exposco, tum patriae compotem me nunquam siris esse.*

Escucha, Júpiter; escuchad fines..., que escuche fas; soy el nuncio público del pueblo romano, vengo como legado pía y justamente, que se dé fe a mis palabras... si yo reclamo en contra de la piedad y del ius, que esos hombres y esas cosas se me entreguen como propiedad del pueblo romano, no permitas que nunca vuelva a mi patria.

Tanto *fas* como *fines* deben entenderse como divinidades: *fines* hace referencia al dios *Terminus*. *Fas* posee un estatuto semejante al de *Themis*. Dicho esto, volvamos al procedimiento que continúa en la forma siguiente. Pasados treinta (o treinta y tres) días sin obtener una respuesta satisfactoria, el *pater patratus*, vuelto de nuevo al territorio enemigo, realiza otra invocación a los dioses —nombra a Júpiter,

---

203 Festo, s.v. *Sagmina* (Lindsay, pp. 424-426).

204 B. Ferrari, s.v. *Fetiales*, en *Novissimo Digesto Italiano* VII (Torino, 1961) pp. 254-255.

205 J. Rich, *op. cit.*, pp. 202-217; Servio auct., *Ad Aen.* 9, 52; Plinio el Viejo, *Naturalis historia* 22, 5; Livio 8, 14, 2; Quintiliano, *Inst.* 7, 3, 13; Vid. también A. Calore, *op. cit.*, p. 51 nt. 47.

a Jano y a los dioses de la tierra, del cielo y de los infiernos— (Livio 1, 32, 9.10). Tras la convocatoria del Senado y de los comicios, si éstos daban su aprobación, los feciales volvían por tercera vez a la frontera enemiga. Allí, el *pater patratus, capite velato,* pronunciaba una última declaración solemne que terminaba con las palabras *bellum indico facioque.* Y lanzaba el hasta: *hastam in fines eorum emittebat.*

El *ius fetiale,* en el que el *fas* y Júpiter desempeñan una función central, resulta ser el fruto de una época en la que el Derecho —*ius, fas*— se concibe como una ordenación coactiva (por eso entre otros motivos es jurídica) fundada en la intervención de los dioses. Pese a que no quede rastro de ello en las fuentes, puede considerarse seguro que en los procedimientos del Derecho Fecial, la práctica de los auspicios fue igualmente un mecanismo decisivo como fuente de su legitimidad.

Capítulo quinto
Lo divino y lo humano en la mentalidad de los antiguos

En Roma, como en todas las sociedades primitivas[206] y arcaicas (la primera Roma pertenece más bien a esta segunda categoría), actúa una filosofía-teología implícita[207] fundada en la existencia de una unidad radical de toda la realidad: unidad detectable en la pluralidad del conjunto de sus elementos. L. Lévy-Bruhl escribió sobre «la homogeneidad de la esencia de todos los seres»[208], la cual, añadimos nosotros, es el presupuesto que permite la comunicación con los seres sobrenaturales. Como consecuencia de lo anterior, se acepta la presencia de una especie de normatividad universal, de origen divino[209], que se manifiesta en el orden que rige la vida de la naturaleza, pero también de los hombres y de los dioses (incluidos en aquélla). En el ámbito específico de la naturaleza (pero con incidencia directa en la vida política) esta regularidad toma la forma del concepto de ciclo[210]. Estamos, en todo caso, ante un panteísmo difuso que luego,

---

206 Para algunos autores, en la senda abierta por R.R. Marett en su *The Threshold of Religion*, publicada en 1914, el punto de partida primordial consiste en la creencia en una *fuerza sobrenatural* única que abarca todo el universo, creencia al que el autor dio el nombre de «supernaturalismo», pero que en la investigación se conoce con la denominación de teoría preanimista o animatista: M. Marcos Celestino, *op. cit.*, pp. 31 ss.

207 Vid., pese a que el autor aplique esta categoría en otro ámbito: J. Assman, *Potere e salvezza* (Torino, 2000) pp. 6 ss.

208 L. Lévy-Bruhl, *El alma primitiva*, trad. de E. Trías, [1927] (Barcelona, 1985) p. 26.

209 M. Eliade, *El mito del eterno retorno. Arquetipos y repetición*, [1951], trad. de R. Anaya (Madrid, 2008) p. 39: «El hecho de que la justicia humana, por ejemplo, que está fundada en la idea de "ley", tiene un modelo celeste y trascendente en las normas cósmicas (*tao, artha, rta, tzedek, themis, etc.*) es demasiado conocido para que insistamos en él».

210 La referencia obligada no puede ser otra que: M. Eliade, *El mito del eterno retorno. Arquetipos y repetición* cit. Como es sabido, Polibio aplicó esta idea del ciclo, *anaklykosis*, a la evolución política romana: F.J. Andrés Santos, *Roma. Instituciones e ideologías políticas durante la República y el Imperio* (Madrid, 2015) pp. 136 ss.

en el ámbito cultural que nos ocupa, heredarán y harán explícito la teología y la filosofía griega y romana[211].

Según Heráclito el *logos* mantiene la vida de los seres, sometidos a una ley universal y eterna, un *nomos* divino. El *logos* da a los hombres el fundamento de su orden jurídico, reflejo del orden universal, *kosmos.* Sin embargo, resulta importante recordar que se trata de principios que pertenecen al fondo cultural de las sociedades arcaicas formalizados pero no creados por el pensamiento filosófico.. En Roma, siguiendo a B.W. Leist, el concepto que cumple la función del *kosmos* griego, del orden universal, no es otro que la *ratio* (o *ratum*)[212]. Estas ideas encontraron en el estoicismo su pleno desarrollo y adquirieron en algunos casos —no por casualidad— un tono casi místico, como ocurre en el himno de Cleantes, el cual celebra a Zeus, quien concede a todas las cosas un sentido unitario[213]. Por lo demás, en la noción de *pronoia,* de providencia, encontramos también un principio de ordenación de todos los seres del universo, que se dirigen hacia un fin al que se hallan destinados. La *pronoia,* inmanente al universo, fuerza racional que conserva y dirige el mundo[214], se identifica con el *logos* y con la *physis* en el pensamiento estoico. También con la

---

211 Sobre la cosmología panteísta en el mundo griego y romano y sus repercusiones en el ámbito de la política (y cabe añadir, del Derecho): A.A.T. Eherhardt, *Politische Metaphysik von Solon bis Augustin,* Erster Band: *Die Gottesstadt der Griechen und Römer* (Tübingen, 1959) pp. 146 ss., quien sostiene que el concepto de *kosmos* procede del ámbito político, desde el cual se traslada a la entera realidad natural y humana; en este sentido resulta muy significativa la expresión que utiliza el autor: *Gerechtlichkeit im Kosmos,* pues es la mentalidad jurídica humana la que por analogía se proyecta sobre todas las dimensiones de la realidad. Como subraya P. De Francisci, *Arcana Imperii* II (Roma, 1970) pp. 191-192 nt. 11, en las variadas aplicaciones del término se detecta el elemento común del «orden»: en el plano político *kosmos* significa en el período más antiguo «constitución», siendo reemplazado después por *politeia* o *taxis.*

212 *Ratio* o *ratum* (y su contrario *irritum*), se identifica con el orden natural y, en la medida en que el Derecho participa de esa realidad total, se aplican al ámbito jurídico: razón natural, *ratum esse, naturalis ratio, ius naturale.* B.W. Leist, *Gräko-italische Rechtsgeschichte,* [1884] (Aalen, 1964) pp. 199-205; 216, 234, con indicación de fuentes.

213 La teología estoica identificaba a Zeus/Júpiter con el alma del mundo: P. Boyancé, *op. cit.*, p. 86.

214 La *pronoia, providentia,* se aplica desde los comienzos al campo de lo político; en la legitimidad de la función del emperador romano adquiere una

heimarmene, un concepto presente en Grecia desde los orígenes, el orden universal se convierte en un futuro ineludible[215] que determina el curso de la vida pero que, al mismo tiempo, permite un ámbito de libertad interior, aunque se trate de una libertad con un difícil encaje dentro de esta mentalidad determinista[216]. La fundamentación real de la libertad y con ella, la posibilidad de una ética basada en la responsabilidad personal (*voluntas, libertas*) hubo de esperar al estoicismo romanizado, de pensadores como Panecio[217] y a sus continuadores[218]. Sólo en esa época puede decirse que se produce una ruptura —sólo parcial— con la mentalidad arcaica, la cual, hasta entonces había mostrado su influencia decisiva en el campo de la moral y del Derecho.

El concepto de ley eterna fue recogido por Cicerón y, por medio de él, reinició un nuevo camino que llega hasta la actualidad. Según el Arpinate *De legibus* 2, 4, 8-10: *(…) legem neque hominum ingeniis excogitatam nec scitum aliquod esse populorum, sed aeternum quiddam, quod universum mundum regeret imperandi prohibendique sapientia. Ita principem legem illam et ultimam mentem esse dicebant omnia ratione aut cogentis aut vetandis dei; ex quo illa lex, quam de humano generi dededunt, recte est laudata; est enim ratio mensque sapientia ad iubendum et ad deterrendum idonea. (…) orta autem est simul cum mente divina. Quam ob rem lex vera atque princeps apta ad iubendum et ad vetandum ratio est recta summi Iovis.*

Por su interés, ofrecemos la traducción realizada por J. Guillén (Tecnos, 1986) del pasaje en su integridad:

Marco: Veo pues que los hombres más sabios juzgan que la ley no fue pensada por el ingenio humano, ni es un decreto del pueblo, sino algo eterno que rige a todo el mundo, con el recto criterio de mandar y prohibir. Así pues decían,

---

función muy relevante: J.-P. Martin, *Providentia deorum. Aspects Religieux du Pouvoir Romain* (Rome, 1982) *pasim.*

215 Hacia tal significación evolucionó el *fatum* latino, tal como se encuentra en la obra de Virgilio: cfr. P. Boyancé, *op. cit.*, p. 43.

216 M. Pohlenz, *La Stoa. Storia di un movimiento spirituale*, Volume primo, trad. de O. De Gregorio, [1959] (Firenze, 1967) pp. 193 ss.

217 J.M. Ribas Alba, *Persona. Desde el Derecho romano a la Teología cristiana*, segunda edición (Granada, 2012) pp. 193 ss.

218 Sobre este difícil asunto resulta muy útil el estudio introductorio de Á. Escobar al *De fato* ciceroniano en la edición de Gredos (Madrid, 1999) pp. 273 ss.

que la primera y suprema ley es la mente de Dios, que no manda ni prohíbe nada sin razón, de donde se sigue que la ley que dieron los dioses al género humano es legítimamente elogiada, porque es la razón y la mente del sabio, que sabe hacia dónde debe inclinar y de dónde debe apartar a los hombres.

Quinto: Ya has tocado tú alguna vez este punto, pero antes de llegar a las leyes de los pueblos, explica, si te parece bien, la fuerza de esta ley celeste, para no ser absorbidos por el torbellino de la costumbre y nos arrastre a la usanza de conversaciones comunes.

Marco: En realidad, Quinto, desde nuestra infancia aprendimos a llamar ley a fórmulas como «Si se llama a comparecer ante un tribunal», y otras semejantes. Pero es preciso entender bien, que ni éste ni otros mandatos o prohibiciones de los pueblos tienen la fuerza intrínseca de inducirnos a hacer el bien o apartarnos del mal, porque el valor de esta ley no solamente es anterior a la existencia de los pueblos y ciudades, sino contemporáneo de Dios que rige y gobierna el cielo y la tierra.

Ni puede haber inteligencia divina sin razón, ni razón divina que no tenga el poder de establecer lo que es bueno y lo que es malo. Y porque en ninguna parte esté escrito que un solo hombre osara oponerse en un puente a todas las fuerzas enemigas, y dispusiera que cortaran el puente a su espalda, no dejaremos de creer por eso que Cocles realizó tan grande hazaña, movido por el imperio y la ley de la fortaleza; y si reinando Lucio Tarquinio no había ley alguna escrita sobre el adulterio, no por eso Sexto Tarquinio ha dejado de quebrantar la ley eterna violando a Lucrecia, hija de Tricipitino. Porque existía una norma directiva, emanada de la naturaleza universal que impulsaba a los hombres a obrar el bien y los apartaba del mal; que no empezó a ser ley precisamente cuando fue escrita, sino que lo era desde su origen, y su origen es el mismo que el de la mente divina. Por ende la ley verdadera y primordial, que tiene autoridad de mandar y de prohibir, es la recta razón del supremo Júpiter.

La transformación del *fatum*, expresión y antecedente de la *lex aeterna*, convertido ya en una categoría filosófica, se hace evidente en este texto de *De divinatione* 1, 55, 125: *Fatum autem id appello, quod Graeci heimarmene, id est ordinem seriemque causarun, cum causae causa nexa rem ex se gignat.*

Por lo demás, llamo destino a lo que los griegos llaman heimarmene, esto es, a una serie ordenada de causas, de tal modo que una causa, al añadirse a otra que la precede, produce de por sí una consecuencia.

También Virgilio, tan receptivo no sólo a algunas corrientes filosóficas, sino también respetuoso con las tradiciones religiosas arcaicas, parece situarse en un terreno intermedio cuando utiliza la expresión *fatorum ordo*[219].

Se mantiene y perpetúa, formalizado en un vocabulario filosófico, el principio de una juridicidad universal; según la acabada expresión de Agustín de Hipona[220], *Contra Faustum manich.* 22, 27: *lex vero aeterna est, ratio divina vel voluntas Dei, ordinem naturalem conservari iubens et perturbari vetans.* La participación del hombre en la ley eterna, como criatura racional, es la ley natural o *ius naturale.* En todos los estadios de este desarrollo la vinculación del ordenamiento universal (incluyendo el ordenamiento jurídico) con la divinidad, entendida en sentido inmanente o trascendente, subsiste como una constante, pese a la aparente secularización experimentada ya por el *ius naturale* en la visión de los juristas romanos de época imperial[221].

En todo este planteamiento ideológico permanece constante un principio de jerarquía[222] en virtud del cual existe una gradación entre los hombres y los dioses, por fluida que sea la posición de ambas categorías, según se comprueba en el estatuto complejo de los ancestros. Y dentro del ámbito de lo divino se reproduce igualmente una ordenación que va desde el Dios supremo hasta una multiplicidad de divinidades inferiores que incluyen, como acabamos de afirmar, también a los seres humanos difuntos. Sin que sea oportuno entrar ahora en la crítica del monoteísmo primordial (el *Urmonotheismus* de W. Schmidt) lo cierto es que tampoco es posible aceptar la vieja teoría evolucionista, dada su unilateralidad y su incompatibilidad con los datos que ofrece el estudio de las sociedades menos desarrolladas, en

---

219 Por ejemplo, en *Eneida* 5, 707; P. Boyancé, *op. cit.,* pp. 46-57.

220 Vid. A. Truyol Serra, *El Derecho y el Estado en San Agustín* (Madrid, 1944) pp. 73 ss.

221 Vid. A. Bill, *La Morale et la loi dans la philosophie Antique,* [1928] (Paris, 2023) pp. 251-257.

222 En el caso de Roma la noción de jerarquía se concentra en la categoría más general de *maiestas,* la cual impone una graduación en la *dignitas*: *maiestas deorum* superior a la de los hombres; *maiestas* de Júpiter, *Deus maior* entre los dioses: R. Fiori, *Homo sacer. Dinamica politico-costituzionle de una sanzione giuridico-religiosa* (Napoli, 1996), p. 114; del mismo autor: *Bonus vir. Politica filosofía retorica e diritto nel de officiss di Cicerone* (Napoli, 2011) pp. 97-108.

las que el panorama se presenta muy complejo: junto a fuerzas sobrenaturales y espíritus diversos de parcial o completa naturaleza divina, aparece la idea de una Divinidad superior, que en la cultura latina (y por ello romana) no es otro que Júpiter, el Zeus de los griegos, el Dyaus pitar (cielo personificado) de los Vedas, por citar sólo los ejemplos mejor conocidos del mundo indoeuropeo, pero el catálogo incluye deidades de todos los ámbitos culturales[223].

A los efectos de nuestra investigación el rasgo decisivo de esta divinidad superior —el Júpiter de los latinos— es la omnisciencia junto con la posibilidad de su comunicación con los hombres[224]. Dada la naturaleza celeste de estos dioses no extrañará que entre las formas mediante las cuales se plantea esta «conversación» predomine por todas partes la observación del Cielo (astronómico y atmosférico) y del comportamiento de ciertos animales, especialmente los que vuelan. Estas técnicas oraculares universales encuentran en Roma una plasmación específica en la que destaca sobre otras dimensiones su traducción en precisas categorías jurídicas.

Existe, sin embargo, una particularidad romana digna de consideración. La cuestión interesa porque en los asuntos de tipo «religioso», como sabemos, la influencia etrusca fue siempre una constante, hasta el punto de que en muchos casos la concurrencia latina y etrusca sea difícil de desentrañar en sus detalles, seguramente porque entre las creencias y prácticas etruscas y romanas existía una amplia zona común; ocurre así en el ritual de fundación de la *urbs*[225]. Pues bien, a diferencia de lo que acontece en Roma, la religión etrusca puede ser considerada una religión revelada y plasmada en textos sagrados. Los cultos y prácticas religiosas romanas no se basaban en la revelación de unos escritos inspirados[226]. Por mal conocido que sea este aspecto, lo cierto es que los etruscos consideraban que una personaje divino

---

223 Para el caso del Yahvé hebreo: R. Pettazzoni, *L'onniscientia di Dio* cit., pp. 158-162.

224 Las consideraciones vertidas en el texto proceden de: R. Pettazzoni, *op. cit.*, *passim*: una síntesis en las pp. 626-656.

225 Vid. Plutarco, *Rómulo* 11, 1, donde escribe que Rómulo hizo venir de Etruria hombres con *ciertas leyes y libros sagrados*; Varrón, *De lingua Latina* 5, 32, 143; Festo, s.v. *Rituales libri* (Lindsay, p. 358).

226 J. Linderski, *Founding the City. Ennius and Romulus on the Site of Rome* cit., p. 7.

(de discutida naturaleza, niño-anciano, dios y hombre), Tages[227], fue quien, a través de un mediador humano, transmitió su sabiduría en unos *libri haruspicini, fulgurales, rituales* (Cicerón, *De divinatione* 1, 33, 72)[228], los cuales contienen el núcleo de la religión etrusca[229]. No encontramos nada de eso, libros que pudiéramos llamar «fundacionales», al menos en esta extensión general, en el caso de Roma. Existen los *Libri Sibyllini*, pero no son creación romana y, además, quienes los interpretaban no disponían del don profético de la inspiración.

---

227 H. Terrados González, *Tages etruscus en el imaginario romano: estudio de fuentes literarias de la Antigüedad*, en *Cuadernos de Filología Clásica. Estudios Latinos* 44 1 (2024) 11-29, artículo al que remitimos para la consulta de los textos, que son recogidos por el autor de forma exhaustiva.

228 Libros también llamados *Tagetici* y *Vegonei*, entre otras denominaciones; no podemos entrar en el estudio de estas clasificaciones y su correspondiente terminología; debe consultarse: C.O. Thulin, *Die Etruskische Disciplin* I, [1905] (Darmstadt, 1968) pp. 1-12; G. Dumézil, *La religion romaine archaïque,* avec un appendice sur la religion des Étrusques, 2ª ed (Paris, 2000) p. 620-658.

229 Algunas fuentes, por ejemplo, Servio, *Ad Aen.* 1, 2, subrayan o aluden al contenido jurídico de tales libros.

Capítulo sexto
Pax et ira deorum

El propósito ineludible de la actividad político-religiosa de la comunidad desde los comienzos, el elemento sobre el que descansa su continuidad en el tiempo, el presupuesto que posibilita la vida cívica consistía en preservar el estado de orden conforme a la «voluntad» de los dioses[230]. Esta idea se relaciona con la convicción primitiva del Derecho (independientemente de la terminología que se utilice para describirlo[231]), el cual se entiende en toda su extensión como *ius divinum*[232], idea que desarrollaremos más adelante. Por tanto, el mantenimiento de la estabilidad social se identifica con el cumplimiento de la «voluntad»[233] divina. Esta idea se encarna en el concepto de *pax deorum*, contrapuesto al de *ira deorum*[234].

---

230 F. Sini, *Sua cuique civitati religio. Religione e diritto pubblico in Roma antica* (Torino, 2001) pp. 167-176; sobre el concepto de *nefas* en relación con la quiebra de la conservación de la *pax deorum*: pp. 268-272.

231 Decimos esto porque parece probable que *ius* y *fas* compartieran originariamente un mismo significado.

232 R. Orestano, *Dal ius al fas*, en *BIDR*. 46 (1939) p. 199.

233 El uso del término «voluntad» aplicado a los dioses presenta múltiples problemas de los cuales no podemos ahora ocuparnos. Interesa destacar en todo caso que esta voluntad posee una dimensión racional, se halla fundada en el conocimiento superior de los dioses y otros seres sobrenaturales. En esa medida, basada en la omnisciencia (total o parcial), puede entenderse que la «voluntad» del dios anticipa el futuro sin necesidad de aceptar que ese futuro sea fruto de su decisión. De todas formas es cierto que en la mentalidad común tanto griegos como romanos conciben a los dioses como causantes del destino de los hombres: vid. R.B. Onians, *The Origins of European Thought* (Cambridge, 1988) pp. 303 ss. Estas consideraciones importan a la finalidad del Derecho Augural romano, puesto que es opinión común que las técnicas de los auspicios no se dirigen en Roma a la adivinación del futuro sino que poseen un valor permisivo de la acción, delimitando en cada caso una esfera de libertad: P. Catalano, *Contributi* cit., p. 24.

234 Como oportunamente recuerda C. Santi, *Sacra facere* cit., p. 212, en la *ira deorum* se puede incurrir no sólo de modo intencionado, sino también por *inscitia*, manifestada sobre todo en la realización de los *sacra* —y también en la toma defectuosa de los auspicios—.

En palabras de P. Voci[235] la *pax deorum* es la situación en la cual los dioses se encuentran en un estado de *amicitia* con los hombres. Esto ocurre cuando se han cumplido los deberes de *iustitia adversus deos* que no es otra cosa que la *pietas* en su sentido eminente. Es la comunidad en su conjunto, como un sujeto personal, la que se ve afectada por las posibles quiebras del deber de piedad. Cabe hablar por tanto de un supuesto de responsabilidad colectiva que se extingue sólo con el castigo del culpable, miembro de la comunidad. El *scelus expiabile* exige un *piaculum*. El *scelus inexpiabile* requiere igualmente una pena «religiosa» (aunque transformada en jurídica), denominada *supplicium*: en las formas de la *consecratio* o en la pena de muerte, concebida como sacrificio expiatorio, *deo necari*[236]. También en estos casos más graves actúa un mecanismo de compensación: se hace frente al *prodigium* mediante la realización del oportuno *piaculum*, que en estos supuestos posee un carácter extraordinario. Esta naturaleza «religiosa» se intensifica, según estamos viendo, en los ilícitos penales sancionados con el *sacer esto*[237], aunque en nuestra opinión el régimen de la *sacertas* proviene de la etapa anterior, cuya organización se fundaba en los *iura gentium*. Un régimen que con toda seguridad fue reinterpretado dentro del nuevo orden del Derecho Augural. Existía incluso un supuesto de castigo directo aplicado por Júpiter. Los rayos que causaban la muerte eran entendidos como las armas de la divinidad, *tela Iovis*. Por ello quedaba prohibido el enterramiento del «ajusticiado»[238].

No obstante, el propio sistema de los *sacra*, de los ritos ordinarios del culto, muchos de los cuales incorporan una dimensión expiatoria, actúa como una barrera «ordinaria» frente a la impiedad colectiva. Por lo demás, si en la realización de los *sacra* se incurría en alguna falta, el *piaculum* ofrecía entonces una solución por lo general menos exigente que en otros casos: por ejemplo la repetición del sacrificio

---

235 P. Voci, *Diritto sacro romano in età arcaica*, [en *SDHI*. 19 (1953)], en *Studi di diritto romano* I (Padova, 1985) pp. 224-225.

236 B. Santalucia, *Diritto e processo penale nell'antica Roma*, Seconda edizione (Milano, 1998) pp. 6-7.

237 *Ibidem*, p. 237.

238 E. Tassi Scandone, *Leges Valeriae de provocatione. Repressione criminale e garanzie costitucionali nella Roma repubblicana* (Napoli, 2008) p. 70; otras veces la voluntad de Júpiter (*si fas est*) concurre con la decisión penal, p. 348.

(Livio 5, 52, 9) o de la procesión en los que se había observado una irregularidad[239].

Las reflexiones anteriores plantean la relación con la divinidad desde un punto de vista que cabría denominar preventivo en algunos casos (*sacra*), o restaurativo en otros (*piaculum*). Sin embargo, la vinculación con los dioses y específicamente con Júpiter, poseyó desde los orígenes una dimensión mucho más profunda, porque afectaba a la concepción de todo el Derecho, a su naturaleza y a su fuente de producción.

Desde una perspectiva complementaria de lo anterior cabe añadir que la teología jurídica romana, a efectos de preservar la *pax deorum*, distinguía entre auspicios y prodigios[240]. Los auspicios públicos favorables se solicitan por cualquier representante de la comunidad en relación con acciones concretas. Los prodigios se sitúan en una esfera general. Mientras que en los auspicios se pide una aprobación para llevar a cabo una actividad en un día específico, en el prodigio es la divinidad por propia iniciativa la que advierte y expresa una insatisfacción. Los auspicios acompañan el curso normal de las actividades públicas. El tratamiento de los prodigios se sitúa en el plano de lo extraordinario y deben ser expiados por medio de alguno de los medios previstos. Así, para citar sólo un ejemplo, en las vísperas de la guerra contra Macedonia, año 173 a.C., se decía que en Lanuvio se había visto una gran flota en el cielo, que en Priverno había brotado lana oscura de la tierra y en Veyes habían llovido piedras. Además, todo el territorio pontino se hallaba cubierto de nubes de langostas y en territorio gálico se habían observado peces bajo la tierra arada. En vista de tal situación el Senado decretó que se consultaran los *Libros Sibilinos*. Los *decemviri sacris faciundis* declararon los sacrificios que era necesario realizar; igualmente una rogativa, el cumplimiento de un voto y unas ferias. *Prodigia expiari pacemque deum peti precationibus, qui editi ex fatalibus libris essent, placuit; como se estaba a la espera de una guerra contra Macedonia, antes de entrar en ella se decidió expiar los prodigios e invocar con plegarias la paz de los dioses indicados en los libros del destino,*

239 J. Guillén, *Urbs Roma. Vida y costumbres de los romanos*. III *Religión y ejército* cit., pp. 114 ss.

240 Seguimos en este apartado a J. Linderski, *Roman Religion in Livy*, en *Roman Questions. Selected Papers* (Stuttgart, 1995) pp. 608-619.

Livio 42, 2, 3. En otras ocasiones el Senado consulta a los arúspices, quienes en su *responsum* proponen cómo debe ser abordada la crisis, Livio 24, 10, 6-11.

Ha de subrayarse que la ruptura de la *pax deorum* desencadena consecuencias muy negativas, las cuales pueden poner en riesgo la continuidad de la *res publica*. En el 208 a.C. tanto la aparición de prodigios como los defectos de las víctimas sacrificiales de los cónsules anunciaron la muerte de M. Claudio Marcelo y que el otro cónsul, T. Quinctio Crispino, fuera herido en el enfrentamiento contra Aníbal, Livio 27, 23-27.

J. Linderski sintetiza de la forma siguiente el procedimiento con el que se hacía frente al prodigio. En primer lugar, la *nuntiatio* del prodigio y su comunicación a un magistrado. En segundo lugar, la *relatio* del magistrado al Senado. En tercer lugar, la decisión del Senado, que se pronuncia por medio de un *decretum*. Este decreto encomienda la interpretación del prodigio a los arúspices (*acciri haruspices*) o, en los casos más graves, a los *decemviri* (*libros adiri* o *inspicere*). En cuarto lugar, los sacerdotes consultados presentan su propuesta al Senado. En quinto lugar, el Senado por medio de un nuevo *decretum* propone los medios de expiación. En sexto lugar, se realizan los sacrificios y otros remedios propuestos. Este complejo procedimiento recibe el nombre de *procuratio prodigiorum*.

Al describir sintéticamente este mecanismo dual de comunicación con la divinidad, surge un problema que implica a los diversos colegios sacerdotales. Diríamos que estamos ante un conflicto de competencias. Porque no sólo existen los auspicios que se solicitan antes de emprender una acción, los llamados *auspicia impetrativa*. El auspicio puede manifestarse de manera espontánea: *auspicium oblativum*. ¿Qué diferencia se da entre el prodigio y el auspicio oblativo? El *auspicium oblativum* aparece en el curso de una actividad concreta y sólo tiene una eficacia temporal, para el día en que ha tenido lugar. Por el contrario, el prodigio posee un alcance general. Puede ser observado en cualquier lugar y en cualquier momento. Su eficacia continúa en el tiempo mientras no sea objeto de *procuratio*. El Derecho Augural no interviene en el tratamiento del *prodigium*. Sin embargo, a veces ocurre que un mismo signo puede ser interpretado como un *auspicium oblativum* y como un *prodigium*. En última instancia correspondía al Senado la resolución de los conflictos que puedan plantearse.

Capítulo séptimo
Fas, fatum, ratio, ritus

Hasta donde podemos saber, al igual que ocurría en la Grecia arcaica, el primer Derecho latino se entendía integrado en un orden sobrenatural, «orden del cual las normas[241] (jurídicas) no eran sino una expresión parcial. (...) Lo que da fuerza a la norma no es la consciencia de su antigüedad o de su tradicional observancia (...) sino la convicción de que ella es la expresión e índice de la voluntad divina»[242]. En Grecia, las huellas de este estado de cosas, semejante en los primeros tiempos al ámbito latino, se concentran en *Themis*, que es tanto un concepto como una diosa[243]. La primera significación de esta categoría se expresa mejor en el plural, *themistes*[244], cuyo significado como «decisiones (judiciales)» no oculta su primitivo y coexistente carácter oracular, porque la decisión se entiende proveniente de Zeus; él es quien transmite al rey y a los jueces las *themistes*. *Themis* representa a la vez las respuestas del oráculo y el orden que estas respuestas establecen en un *in fieri* continuado en el tiempo. A pesar de lo fragmentario de la información *jurídica* que proporcionan las fuentes, puede decirse que el mundo de *Themis* representa el primer Derecho griego, el mundo anterior a la *polis*. Un Derecho

---

241 Conocida es la crítica de la aplicación de la noción de norma para las épocas primeras que realiza R. Orestano, *Dal ius al fas* cit., p. 253; *I fatti di normazione nell'esperienza romana arcaica* (Torino, 1967) *passim*; por el contrario, defendemos que el concepto de orden normativo, a pesar de sus múltiples variantes y manifestaciones, constituye una categoría universal, que se apoya en la eticidad del espíritu humano en todo tiempo y lugar: vid. L. Vela (S.J.), *El Derecho natural en Giorgio del Vecchio* (Roma, 1965) pp. 99 ss.

242 P. De Francisci, *Arcana Imperii* II cit., pp. 121-122.

243 É. Benveniste, *Vocabulario de las instituciones indoeuropeas*, trad. de M. Armiño, [1969] (Madrid, 1989) pp. 301-303 J. Harrison, *Themis. A Study of the Social Origins of Greek Religion* (London, 1989) pp. 480-53, obras relevantes por el volumen de información que ofrecen, pero poco precisas en el análisis jurídico.

244 *Themis* es un sustantivo, pero adquirió en muchas ocasiones una forma adverbial.

de procedencia divina, expresado en el oráculo[245] al que se entiende que acude el rey en sus decisiones y los jueces para dictar sentencia. Estas decisiones, convertidas en precedentes para decisiones posteriores, se transforman con el paso del tiempo en normas generales. Este desarrollo histórico-jurídico no es una peculiaridad griega. El primer estadio del Derecho griego resulta ser análogo al que con altísima probabilidad cabe detectar en el ámbito latino precívico.

Antes de proseguir nuestra argumentación se hace preciso deshacer un equívoco presente en algún sector de la literatura especializada. Se sugiere que en la cultura latina no existiría la concepción de un ordenamiento (jurídico) idealmente inmutable[246], porque el concepto de referencia, *fatum*, indicaría la expresión de una voluntad divina manifestada «di volta in volta»[247]. En este equívoco emerge un prejuicio erróneo: el que ve el Derecho romano y sus antecedentes próximos como una suerte de «caso especial», prejuicio que debería ser sometido a discusión, dado que contradice abiertamente los resultados de la arqueología y de la antropología jurídica, del Derecho primitivo y arcaico comparado, si se prefiere esta expresión (tal vez más ajustada). La peculiaridad romana existe, pero no reside estrictamente hablando en su primer Derecho, sino en su *iurisprudentia* y en la influencia de ésta sobre el ordenamiento jurídico posterior.

Nos parece evidente que en la mentalidad latina originaria, como en todas las culturas arcaicas conocidas, operaba la creencia en un ordenamiento fijo e inmutable proyectado tanto en la naturaleza física como en las exigencias de la vida comunitaria. En este sentido la hipótesis de B.W. Leist[248] más arriba citada, que hace reposar en *ratum* y *ratio* la expresión latina para designar ese orden universal resulta plausible, aunque la realidad de este ordenamiento pudiera

---

245 Ovidio, *Metamorphoseon* 1, 321: *fatidicam Themin, quae tunc oracula tenebat*: vid. V. Ehrenberg, *Die Rechtsidee im frühen Griechentum: Untersuchungen zur Geschichte der werdenen Polis* (Leipzig, 1921) p. 41 nt. 1.

246 Aunque con ciertas vacilaciones, resulta ser la opinión de R. Orestano, *Dal ius al fas* cit., p. 256 nt. 189c, impelido en esta opinión por su posicionamiento restrictivo sobre la noción de norma jurídica.

247 Cfr. G.I. Luzzatto, *Per un'ipotesi sulle origini e la natura delle obbligazioni romane* (Milano, 1934) pp. 67-68.

248 B.W. Leist, *op. cit.*, pp. 199-205.

haber sido designada en el período más antiguo con otra terminología que no ha llegado hasta nuestras fuentes.

¿Qué alcance debemos dar entonces al *fatum* latino (antes de que sufriera la influencia de las *Moirai*[249], de la *heimarmene* griegas? El *fatum* constituye efectivamente el conjunto de las *manifestaciones* particulares de la voluntad divina: el *fatum* en su versión originaria no tiene que ver inmediatamente con el orden necesario del universo (y de los hombres), sentido que adquirirá más tarde[250], sino con su comunicación a los hombres. *Fatum* se vincula con el verbo *for*[251],

249 Sobre la vinculación entre las Moiras griegas (en Hesíodo, *Teogonia* 901-906 hijas de Zeus y Themis; cfr. versos 211-217) y las Parcas latinas: M.E. Cairo, *Vatum ignarae mentes: Estudio del discurso profético en Eneida de Virgilio*, tesis, Universidad Nacional de La Plata; http: //www.memoria.fahce.unip.edu.ar/tesis/te.981/te.981.pdf. Para el caso particular de Virgilio: M. Jacques Perret, *Virgile* (Paris, 1952) p. 115 (en P. Boyancé, *op. cit.*, p. 53) propone en su concepción de la Providencia y del tiempo una influencia judeo-cristiana.

250 No parece acertado equiparar el *fas* directamente con un fundamento místico del orden sensible, como defiende, por ejemplo, G. Dumézil, *Idées romaines. Remarques préliminaires sur la dignité et l'antiquité de la pensé romaine* cit., p. 61. Más acertada es la visión de R. Hirzel, *Themis, Dike und Verwandtes. Ein Beitrag zur Geschichte der Rechtsidee bei den Griechen* (Leipzig, 1907) p. 51 nt. 2, cuando afirma que tanto *themis* como *fas* en su sentido originario no implican la existencia de un destino inexorable, sino tan sólo la respuesta de la divinidad a una pregunta, respuesta que contiene la voluntad divina sobre la licitud o ilicitud de un comportamiento. A esta transformación del sentido de *fatum* hace referencia L.L. Tels-De Jong, *Sur Quelques Divinités Romaines de la Naissance et de la Prophétie* (Amsterdam, 1960) p. 87, cuando afirma que el primer sentido del término indica lo que ha sido dicho y sólo posteriormente termina aludiendo al destino. Esta última significación la encontramos en Séneca Filósofo, *Naturales quaestiones* 2, 36, 1: *Quid intellegis fatum? Existimo necessitatem rerum omnium actionumque, quam nulla vis rumpat.*

251 Señala M. Bettini, *op. cit.*, pp. 337-338, que la forma de la primera persona del presente indicativo de *fari* no existe (o no se utiliza); este dato singulariza al verbo *fari* respecto a otros más o menos semejantes: *dicere, loqui, orare.* Cuando se quiere utilizar *fari* por el hablante, éste tiene que acudir al futuro: *fabor* (que da *fabula*): la necesidad de establecer esta distancia entre el anuncio de la declaración y la declaración misma se explica porque en *fari* los sujetos son dos: el que habla y el que lo inspira (*auctor*); vid, por ejemplo, Propercio, *Elegiae* 4, 4, 1-2: *Tarpeium nemus et Tarpeiae turpe sepulchrum / fabor et antiqui limina capta Iovis. El bosque de Tarpeya y la infame tumba de Tarpeya / cantaré y la toma de la antigua morada de Júpiter.*

faris, fari, fatus sum[252], hablar, declarar y, por extensión, «el hablar inspirado»[253]. El *fatum* se compone de los fragmentos del lenguaje con que los dioses, a través de la naturaleza, se ponen en contacto con los hombres[254]. Servio auct., *Ad Aen.* 2, 777: *(…) sine fati necessitate: ut enim Statius dicit, fata sunt quae dii fantur*; 779: *fas pro fato.* El *fatum* en el pensamiento latino más que *lo dicho*[255], es lo que *se va diciendo o revelando*, de manera espontánea o a petición de quien indaga sobre la voluntad divina. Coincide en este punto M. Kaser, cuando afirma que el *fatum* latino, antes de sufrir la influencia griega, indica la concreta manifestación de la voluntad divina[256]. Y mucho antes, G. Vico, *De constantia iurisprudentis.* Pars posterior. *De constantia philologiae* 13, 28, había identificado sin más la revelación de la divinidad por medio de las diversas clases de adivinación con una lengua divina: *Talis divina lingua apud romanos erat, qua per victimarum exta et fulminum monitus aviaumque olatus deos fari putabant. Esta lengua divina era entre los romanos aquella con la que, según ellos, los dioses hablaban por medio de las vísceras de las víctimas, la advertencia del rayo o el vuelo de las aves.*

Así pues, como en muchas otras ocasiones, el genio jurídico de G. Vico[257] supo ver y valorar adecuadamente este rasgo tan decisivo de la mentalidad latina y tan influyente en su Derecho primero. Es la idea del *fatum* como revelación particular de la divinidad, que se comunica con el hombre por medio de los signos que deben ser interpretados. El sabio napolitano se separa de la concepción estoica, en la medida en que, llevada hasta sus últimas consecuencias, esta última niega la existencia del líbero arbitrio. Pero puntualiza demonstrando la profundidad de su análisis: *sed quantum verbum est [fatum], quo Deus humanae menti aeternum verum «fatur», unde «fas» ius naturale posterius*

---

252 Varrón, *De lingua Latina* 6, 7, 52-53; É. Benveniste, *op. cit.*, p. 319.

253 E. Montanari, *op. cit.*, p. 122.

254 C. Santi, *Sacra facere* cit., p. 89.

255 T. Haecker, *Virgilio. Padre de Occidente,* [1938, 4ª ed., pp. 108-119], trad. de V. García Yebra (Madrid, 1945) pp. 129-141.

256 M. Kaser, *Religione e diritto in Roma arcaica* cit., pp. 89-90.

257 G. Vico, *De constantia iurisprudentis.* Pars prior. *De constantia philosophiae* 6. Y en *De uno universo iuris principio et fine uno* 48, 1: *Hoc ius, quia aeterno vero constat, «fas» sapienter latinis dictum a «Fato», hoc est aeterno rerum ordine: quatenus divus Augustinus definit «sanctio et veluti vox divinae mentis»*; cfr. Agustín de Hipona, *De civitate Dei* 5, 9 (la cita no es textual).

dixere philosophi, sententia est planisimme vera, cum id ius sit omnino immutabile.

En la medida en que el fatum es verbo, palabra, mediante la que Dios habla a la mente la verdad eterna; y de aquí viene el fas, con el cual los filósofos designaron más tarde el Derecho natural, el concepto de fatum corresponde plenamente a la verdad, ya que el Derecho es por completo inmutable.

***

Pese a que autores como D. Sabbatucci[258] consideren errada la etimología que propone Varrón sobre *fanum*, nos parece que la proximidad del término con *fari* resulta aceptable. *De lingua Latina* 6, 54: *Hinc fana nominata, quod pontifices in sacrando fati sint finem; hinc profanum, quod est ante fanum coniunctum fano (…); de aquí que los «templos» recibieran su nombre, porque los pontífices, al consagrarlos declaraban sus límites; de aquí que tenga el nombre de profano lo que está delante del «templo» unido al «templo»*. La categoría de *fanum* pertenece al léxico pontifical y tiene que ver con la *consacratio*. Es ajena por lo tanto al Derecho Augural. *Templum* y *fanum* son realidades diferenciadas aunque puedan coincidir respecto a una misma cosa. Las construcciones cuya finalidad es el culto de los dioses, *aedes sacrae*, son *fana*; en ocasiones también *templa*[259]. En realidad, *templum* describe un género: *templum in aere, templum in terra*. Y respecto a esta última categoría hay que distinguir entre el templo como lugar inaugurado, con carácter estable en el tiempo, que es el sentido más habitual, y el lugar donde se toman los auspicios, el cual cambia según las ocasiones[260].

Lo que interesa ahora es sólo señalar la derivación de *fanum* respecto a *fas*, como ejemplo de la centralidad semántica del concepto, dejando a parte otros términos en los que se constata el poder significativo de *fari* y *fas*. Otras etimologías propuestas respecto a *fanum*, como la de Fauno, *a Fauno*, dejan intacto el origen divinatorio, el *fari*, pues Fauno[261] es un personaje dotado de dones de adivinación. Es

---

258 D. Sabbatucci, *Lo stato come conquista culturale* cit., p. 183.
259 J. Marquardt-G. Wissowa, *op. cit.*, p. 154.
260 Sobre estas clasificaciones: J. Linderski, *The Augural Law* cit., pp. 2272-2273.
261 M. Bettini, *op. cit.*, p. 315 nt. 1.

el dios que el rey Latino consulta *sub alta Albunea*, en la tradición de Virgilio[262]. Todavía más clara es la relación entre *fari* y *fateor*, confesar.

El sentido primordial de *fatum* explica que éste pueda ser equiparado, en el ámbito del Derecho, con el *fas*, expresión de la decisión jurídica divina expresada para un caso particular[263], aspecto compatible —según quedó apuntado— con la existencia de un orden universal, cósmico[264]. Pese a que no pueda defenderse una plena identidad, resulta evidente que *fas* cumple en el ámbito latino y romano precívico la función de la *Themis* griega[265]. Dicho de otra manera: el primer Derecho romano se estructura sobre el concepto y la operatividad del *fas*. Este pasaje de Paulo Diácono, *Epitoma Festi*, s.v. *Themin* (Lindsay, 505)[266] debería bastar para despejar cualquier duda al respecto: *deam putabant esse, quae praeciperet hominibus id petere, quod fas esset, eamque id esse existimabant, quod et fas est.* El *fas* es la palabra divina transmitida por los representantes cualificados de los dioses[267].

Un ensayo de enumeración de las semejanzas entre *Themis* y *fas* corrobora la afinidad de ambas categorías. En primer lugar, «*fas*», al igual que «*Themis*», fue inicialmente un sustantivo transformado en expresión adverbial indeclinable[268] (*si fas est*). En segundo lugar, en el *fas* encontramos tanto un concepto como una divinidad. *Fas* aparece como divinidad en la fórmula de la *clarigatio* (*rerum repetitio*) preservada en Livio 1, 32, 6[269]: *Audi Iuppiter (...) audite fines (...) audiat fas!* Dejando a un lado la mención de los *fines*, que indica al

---

262 A. Maggiani, *La divination oraculaire en Etrurie*, en *La divination dns le monde etrusco-italique. Actes de la Table ronde (22 mars 1986). Bulletin de l'Institut d'Études Latines et du Centre de recherches A. Piganiol* (1986). Supplement nº 56, pp. 19-24.

263 P. De Francisci, *Arcana Imperii* III 1 cit., p. 137.

264 H. Fugier, *Recherches sur l'expression du Sacrè dans la Langue Latine* (Paris, 1963) p. 133.

265 B.W. Leist, *op. cit.*, p. 236; E. Cuq, *Les Institution Juridiques des Romains.* Tome premier: *L'Ancient Droit* (Paris, 1904) p. 2 nt. 2; R. Hirzel, *op. cit.*, p. 2 nt. 2; Dionisio de Halicarnaso 2, 10, 3; Servio, *In Vergilii Georgica* 1, 269: *Ad religionem fas, ad homines iura pertinent.*

266 Vid. P. Catalano, *Linee del sistema sovrannazionale romano* I cit., p. 38 nt. 76.

267 P. Noailles, *Du Droit sacré au Droit civil* (Paris, 1949) p. 21.

268 P. De Francisci, *Arcana Imperii* II cit., p. 126.

269 Vid. también Livio 8, 5, 8, que recoge en forma literaria la invocación del cónsul del 347 a.C., Titio Manlio, delante de la imagen de Júpiter: *Audi Iuppiter, haec scelera (...) audite ius fasque.* R. Orestano, *Dal ius al fas* cit., p. 240.

dios *Terminus*, la invocación a *fas* no puede sino ser arcaica[270], en consonancia con la antigüedad del *ius fetiale*: por lo demás, ambas divinidades podrían interpretarse como *indigitamenta* de Júpiter[271]. Un argumento adicional e indirecto sobre la remota antigüedad del *fas* como divinidad, añadido al de su uso en el Derecho Fecial, se apoya en la información que proporciona Ovidio, *Fasti* 3, 658, al recordar que uno de los nombres que designa a *Anna Perenna* es precisamente *Themis*; sobre el carácter arcaico de esta divinidad latina no cabe duda alguna[272]. La fiesta de la diosa[273] se celebraba en las *Idus* de marzo, primer mes del antiguo calendario, día de la Luna llena especialmente vinculado con Júpiter y con el *Flamen Dialis*.

En tercer lugar, la conexión de *Themis* con Zeus[274] se reproduce en el caso de *fas* con Júpiter. Antes hemos mencionado la fórmula de la *rerum repetitio* con la invocación a Júpiter y a *fas*. Al dato antes reseñado sobre la vinculación que procede de la identidad entre *Anna Perenna* y *Themis* se añade la relación de la diosa latina con Júpiter refrendada también por la arqueología[275]: muy significativa para el objeto de esta investigación resulta ser asimismo el carácter oracular del culto de esta misteriosa *Anna Perenna*[276].

La información sobre *Anna Perenna* posee, sin embargo, una importancia menor comparada con la relevancia de otros datos esenciales que explican con claridad el vínculo entre Júpiter y *fas*. Partiendo de la identificación sustancial entre *fatum* y *fas*, las fuentes confirman que Júpiter se presenta como la voz del *fatum*: Servio, *Ad Aen.* 4, 440: *Iovis vox fatum est*; 10, 628: *fatum esse quidquid Iuppiter dixerit*; 12, 808:

---

270 P. De Francisci, *Arcana Imperii* III 1 cit., p. 134; otras expresiones equivalentes en: R. Orestano, *Dal ius al fas* cit., p. 240.

271 Cfr. R. Orestano, *Dal ius al fas* cit., p. 240 nt. 146.

272 J. Harrison, *op. cit.*, p. 197.

273 J. Guillén, *op. cit.*, pp. 234-236; D. Sabbatucci, *La religione di Roma antica. Dal calendario festivo all'ordine cosmico* (Milano, 1988) pp. 98-101; la *Flaminica Dialis* interviene el 16 de marzo en el rito de los *Argei* (el cual se reproduce el 15 de mayo).

274 P. De Francisci, *Arcana Imperii* II cit., p. 148.

275 S. Perea, *Anna Perenna: Religión y ejemplaridad mítica*, en *Espacio, Tiempo y Forma*, Serie II, *Historia Antigua* t. 11 (1998) p. 193.

276 L. Mariño, *Anna Perenna, la diosa nutricia anciana: del pan de los vivos a la leche de los muertos*, en *Liburna* 19 (2022) pp. 116-117.

fata Iovis, fata dicta, i. e., Iovis voluntas[277]. En Virgilio la *sententia* de Júpiter y los *fata* aparecen como realidades equivalentes[278]. Júpiter con su palabra revela el *fatum*: Estacio, *Thebais* 1, 212 ss.

Llegamos así a un primer punto conclusivo de toda esta argumentación: las fuentes no sólo testimonian que Júpiter manifiesta el *fatum* sino que resulta ser la divinidad estrictamente vinculada con el *fas*. Livio 1, 18, 9: sobre la fórmula ritual de la *inauguratio* del *rex*: *Iuppiter pater, si fas est hunc Numam Pompilius (…) regem Romae esse uti tu signa nobis certa adclarassis inter eos fines quod feci*[279]; *Padre Júpiter, si es fas que este Numa Pompilio, cuya cabeza toco, sea rey de Roma, danos signos ciertos dentro de los límites que he trazado.* Ahora bien, en Júpiter encontramos precisamente el Dios de los auspicios y de los augurios[280], mediante los cuales se pregunta al Dios Supremo si una determinada actividad (concerniente a una acción, un lugar o una persona) es *fas* o *nefas*. La determinación del *fas* en cada caso y la actividad interpretativa en los supuestos dudosos o de especial importancia constituye el objeto propio del Derecho Augural.

Esta forma de comunicación con Júpiter (y en general con las divinidades, sea cual sea su naturaleza) necesita de un procedimiento impuesto a la comunidad como vinculante[281], es decir, situado dentro del campo de lo jurídico. Entre los conceptos que indican a la vez este carácter procedimental y su fundamentación jurídica encontramos —junto a otras nociones que se estudian en estas páginas (es el caso de *caerimonia*)— el de *ritus*, en el que se unifican estos aspectos complementarios de «orden» y de «procedimiento»[282]. La correlación se ve con claridad en Paulo Diácono, *Epitoma Festi* (Lindsay, p. 337) s.v. *Ritus: mos vel consuetudo. Rite autem significat bene ac recte.* Y

---

277 R. Orestano, *Del ius al fas* cit., p. 224 nt. 68.

278 P. Boyancé, *op. cit.*, p. 48: Virgilio, *Eneida* 1, 237-283.

279 Cicerón, *De legibus* 2, 8, 20-21; vid. Livio 1, 12, 4.

280 Fuentes y literatura sobre este dato decisivo en: J. Linderski, *The Augural Law* cit., p. 2226 nt. 312.

281 Procedimiento en el que son esenciales las palabras formuladas solemnemente: tal es la relación entre *ritus* y *nuncupatio*: vid, por ejemplo, Varrón, *De Lingua latina* 7, 2, 8.

282 É. Benveniste, *op. cit.*, p. 298; A. Calore, *op. cit.*, pp. 142-143, en su exégesis de Varrón, *De lingua Latina* 7, 88.

Festo (Lindsay, p. 364) s.v. *Ritus*: *est mos comprobatus in administrandis sacrificiis.* La observación minuciosa de los *mores* en la ejecución de la *res divina* forma parte de la *religio* (en uno de sus sentidos)[283]. No creemos que sea preciso insistir en la estrecha relación entre *ritus* y *mos*: el ordenamiento jurídico que recoge los contenidos rituales se percibe como una normativa que existe desde antes del nacimiento de la Ciudad. Y que sólo posteriormente se pone por escrito (*libri Rituales*)[284], aunque ello no excluya este carácter prevalentemente consuetudinario, que se mantiene como una constante.

Un pasaje de Varrón, *De lingua Latina* 7, 5, 88[285], aporta una información particularmente ilustrativa: *quod fit rite, id ratum ac rectum est; ab eo Accius "recte perfectis sacris"; lo que se hace de acuerdo con el rito es válido y recto; a partir de ello escribe Accio "terminado el culto de acuerdo al rito".* Los paralelismos lingüísticos de *ritus, ratum* y *rectum* entre sí y con otras lenguas indoeuropeas, estudiados entre otros por B.W. Leist[286] y G. Dumézil[287], dejan pocas dudas sobre la naturaleza jurídica de tales conceptos así como sobre su pertenencia a un momento muy anterior al de la fundación de Roma. Cuando el mismo Varrón, *De lingua Latina* 5, 32, 143, escribe que un *oppidum* se transforma en *urbs* aplicando el rito etrusco, *Etrusco ritu*, expresa con claridad que se trata de la utilización de un conjunto de normas que fundan un orden constitucional nuevo. No es la nebulosa utilización de un ritual de incierta naturaleza. Estamos ante una regulación perfectamente acabada y utilizada —entendemos que con inevitables variantes— en la Italia central desde finales de la Edad del Bronce.

---

283 Festo (Lindsay, p. 366) s.v. *Religiosi*.

284 Aunque la expresión *libri Rituales* se recoja en Festo (Lindsay, p. 358) aludiendo a los libros de la sabiduría etrusca, este desarrollo que va desde la pura oralidad al uso de la escritura afectó al Derecho Augural y posteriormente a todos los sectores del Derecho y de la Jurisprudencia.

285 Éstos y otros pasajes en los que aparece *rite* recibieron la atención de: E. Norden, *Aus Altrömischen Priesterbüchern*, 2ª ed., mit eienem Nachwort von J. Scheid (Stuttgart und Leipzig, 1995) pp. 35-40, poniendo en relación el concepto-término de *ritus* con el umbro, en el ritual de los *Atiedii*: *rhete kuratu eru.* Vid. también, M.J. Casado Candelas, *Recte et rite. Reflesiones sobre el Derecho consuetudinario romano*, en *Anuario da Facultade de Dereito da Universidade da Coruña* 10 (2006) especialmente pp. 177-181

286 B.W. Leist, *op. cit.*, pp. 187-205.

287 G. Dumézil, *La religion romaine archaïque* cit., pp. 94-97.

P. Catalano subraya que el *ritus* es noción en la que se incluye un aspecto que tiene que ver con el espacio[288]. Se habla de *Graecus ritus,* de *Albanus ritus,* de *Gabinus ritus,* de *Romanus ritus.* Pensamos, sin embargo, que este tipo de conexión, referida a grandes unidades de tipo político, es un elemento añadido, perteneciente a la época en la que ha triunfado el principio territorial, es decir, tras el nacimiento de las formas plenamente estatales. Sin embargo, es cierto que el rito exige y/o crea en todo caso la santificación de un espacio y de un tiempo, por ejemplo, en el sacrificio y más evidentemente en los ritos que tienen que ver con la transformación espacial, como es el caso del *pomerium,* entre otros.

De hecho, en el campo del Derecho Augural, que es el que nos ocupa, las clasificaciones que afectan al territorio se multiplican. Aquí conviene sólo señalar que la distinción primordial entre el espacio ordenado y lo que queda «fuera» se expresa en la dualidad entre *templum* y *tescum*[289]. Contraposición que viene descrita en Varrón, *De lingua Latina* 7, 2, 8: *In terris dictum templum augurii aut auspicii causa quibusdam conceptis verbis finitus. Concipitur verbis non isdem usque quaque; in Arce sic: "Templa tescaque me ita sunto, quoad ego ea rite lingua nuncupavero. Olla vera arbos quirquir est, quam me sentio dixisse, templum tescumque ne esto in sinistrum. Olla vera arbos quirquir est quam me sentio dixisse, templum tescumque me esto in dextrum. Inter ea conregione conspicione cortumione, utique ea rite dixisse me sensi".*

En la tierra recibió la denominación de templo un lugar delimitado mediante ciertas palabras formularias con destino al augurio o al auspicio. No se hace la formulación con las mismas palabras en todas partes. En la Ciudadela es así: "Los espacios delimitados ritualmente y los que caen fuera del ámbito de éstos, séanlo para mí así: hasta donde yo les haya dado solemnemente sus nombres con la lengua conforme al rito …(cualquiera que sea el árbol de allí) que soy consciente que indico, sea para mí espacio delimitado ritualmente y espacio que cae fuera del ámbito de éste, por lo que respecta a la izquierda; … (cualquiera que sea el árbol de allí) que soy consciente que indico, sea para mí espacio delimitado ritualmente y espacio que cae fuera del ámbito de

288 P. Catalano, *Aspetti spaziali* cit., p. 453.

289 Vid. Ch. Kvium, *op. cit.*, p. 73, que se remite a J. Linderski, *The Augural Law* cit., pp. 2267-2268 nt. 478.

éste, por lo que respecta a la derecha; entre estos objetos sean tales por estas en frente, por la visión y por la consideracíon mental, y en la medida en que he sido consciente de que he dicho estas cosas conforme al rito (trad. de L.A. Hernández Miguel).

No podemos detenernos en la exégesis de este texto, difícil en sí mismo y difícil por el estado de la tradición manuscrita. Las dificultades se reproducen igualmente en Festo, s.v. *Tesca* (Lindsay, p. 488); y en Paulo Diácono, *Epitoma Festi* (Lindsay, p. 489) s.v. *Tesca*, entrada más clara pero demasiado breve: *loco augurio designata. Cicero aspera ait esse et difficilia*. La etimología de *tescum* resulta ser particularmente incierta, aunque su sentido negativo, lo que no es *templum*, no ofrece dudas[290]. El caso que refiere Varrón describe la situación del *auguraculum* del *Arx*, un templo que se sitúa rodeado de *tesca*, admitiendo que el *Arx* no estaba dentro del *pomerium* (al menos hasta la época de Claudio)[291].

290 E. Norden, *op. cit.*, pp. 20-21.

291 Ch. Kvium, *op. cit.*, p. 75.

Capítulo octavo

El Derecho augural como Derecho teocrático[292]

Igitur qui sub theocratia vivebant, ii solo temperati, qui uxores et certas unas et perpetuas sibi habebant; ii prudentes, qui de caelo, quem deum putabant, id consilium, quod ipsis Ious, Numen, Fatum erat, in capiendis uxoribus, in deligendis sedibus, utrisque sibi certis, auspicia secuti sunt; ii fortes, qui agros domuere culturae, unde primi fortasse «domini» dicti; ii iusti, qui mortuos terrae redderent, a qua primumdatos rebantur: quae prima «iustitia» in terris fuit, unde mansit «iusta persolvere» pro «sepelire». Atque has omnes virtutes pietate, quae earum omnium et principium et finis erat, complectebantur[293].

Los que vivían bajo la teocracia, sólo ellos se moderaban, los que tenían perpetuamente una única mujer cierta; prudentes, los que siguiendo los auspicios del cielo, al que tenían por un dios, tomaban consejo (que para ellos era Ious, Numen, Fatum) en el tomar mujer y en elegir las sedes para establecerse, ambas ciertas. Éstos, fuertes, que dominaban los campos cultivándolos (y por ello fueron llamados quizás «domini»); justos, aquellos que restituían los muertos a la tierra, la cual —según lo que pensaban— los había dado primeramente. Ésta fue la primera justicia en la tierra: de donde se mantiene «iusta persolvere» en lugar de «sepelire». Todas estas virtudes las compendiaban en la piedad, principio y fin de todo.

El hilo de nuestras indagaciones nos lleva a proponer como hipótesis muy probable que el Derecho Augural, el Derecho del *fas*, haya de ser considerado el primer Derecho romano, entendiendo que «Roma» designa también la época y organización inmediatamente anterior a la fundación de la Ciudad a mediados del siglo VIII a.C. Al igual que en el ámbito griego *Themis* supone la primera es-

---

292 Vid. el capítulo V —*Teocracia y Derecho: fas y ius (…)*— de J.M. Ribas Alba, *De la donación al contrato* cit., pp. 43-65.

293 G. Vico, *De constantia iurisprudentis*. Pars posterior. *De constantia philologiae* 21, 3.

tructuración de un ordenamiento, en Roma el *fas* fue el elemento central que da forma al Derecho arcaico. Siguiendo a P. De Francisci[294] podría describirse sumariamente la situación señalando que el *fas* corresponde a una mentalidad que acepta la existencia de un orden superior, el cual es necesario conocer ante de acometer una acción relevante en el plano personal o político-jurídico (incluyendo la aprobación de normas o la resolución judicial de los conflictos). Si se incurre en *nefas* la sanción en los casos más graves, siendo jurídica, poseía una dimensión religiosa extrema, conforme a lo que más arriba quedó señalado: la atribución de la cualidad de *sacer*, la cual excluía al individuo de la comunidad al tiempo que legitimaba eventualmente una suerte de ejecución extrajudicial. Livio recoge uno de los casos de persistencia de este régimen en tiempos muy posteriores, a propósito de la *lex Valeria Horatia* del 449 a.C. cuando escribe, 3, 55, 5: *(...) eum ius fasque occidi, neve ea caedes capitalis noxae haberetur. El ius y el fas permitían darle muerte sin ser acusado de crimen capital.*

R. Orestano había detectado un rasgo esencial de lo que él denomina Derecho primitivo y que nosotros —para el caso de Roma— situamos en la frontera entre el Derecho primitivo y el arcaico, marcada por la transición al pleno formalismo jurídico[295]. Este rasgo identificado por el maestro italiano consiste en la afirmación de que estamos en presencia de un Derecho teócratico —así lo denomina acertadamente—, el cual se proyecta en el régimen del *fas*. La declaración del *fas* (o de su negación, *nefas*), mientras ocupó una centralidad jurídico-política, exigía la presencia de un mediador (y mediadores subordinados) entre Júpiter y la comunidad, un mediador ante la última fuente del poder sobrenatural[296]. El planteamiento de

---

[294] P. De Francisci, *Arcana Imperii* III 1, pp. 142-143.

[295] J.M. Ribas Alba, *Prehistoria del Derecho* (Córdoba, 2015) pp. 59-71.

[296] El término *teocracia* se encuentra por vez primera en Flavio Josefo. Sin embargo, la realidad institucional del rey-sacerdote, identificado de una u otra forma con la divinidad, constituye un fenómeno universal, llegada la comunidad a una cierta etapa de desarrollo: un lugar clásico para explicar este fenómeno: J.G. Frazer, *The Golden Bough. A Study in Magic and Religion*, third edition, Part I, Vol. I, [1911] (London and Basingstoke) pp. 386-421; plantea una cuestión debatida, en la que ahora no podemos entrar, la identificación temporal del magistrado con Júpiter en la ceremonia del triunfo: J.-L. Bastien, *Le Triomphe Romain et son Utilisation Politique* (Rome, 2007) pp. 127-129.

Orestano no se corresponde exactamente con el nuestro, pero es válido como principio general explicativo. Decimos que no se corresponde porque, situando este período de desarrollo en una «oscura fase de la prehistoria del Derecho romano», no llega a trazar un vínculo concreto entre la historia o prehistoria política de la Roma precívica y el Derecho Augural; tampoco concede un lugar central a los augures, antes o después de constituirse en Colegio. Orestano afirma una suerte de coexistencia entre *el fas* y el *ius*; nosotros pensamos, por el contrario —y siguiendo, entre otros, a R. Hirzel[297]— que el régimen del *fas*, en su sustancia e independientemente de la terminología utilizada, es previo temporalmente al del *ius*, dado que el primero, según venimos explicando se conforma respecto a su fuente de producción como un Derecho exclusivamente divino, de carácter oracular, lo que explica que una vez consolidada la terminología posterior —Derecho como *ius*— pudieran identificarse *fas* y *ius divinum*[298].

Interesa subrayar que la dualidad *fas-nefas*, en la que se sustancia el mecanismo oracular del *ius augurum*, no permite establecer una evolución progresiva, temporal, del *nefas* al *fas*. Ambos elementos se necesitan mutuamente. Sin la tensión simultánea entre ambos polos de valoración la forma de operar del *auspicium-augurium* se desvanecería. Sin embargo, algunos autores, como es el caso de A. Guarino[299], cometen el error de trasladar al ámbito del Derecho primitivo la dinámica del *fas-nefas*. El Derecho Augural, que según venimos repitiendo, opera sobre la base de estos dos conceptos complementarios, no pertenece al ámbito de «lo primitivo», sino que es un sistema muy elaborado propio de una comunidad que se halla a las puertas de constituirse como *civitas*. Por tanto, lo que pudiera ser verdad desde un punto de vista muy general, es decir, que en la psicología

297 R. Hirzel, *op. cit.*, pp. 158-159; 161, rechazando como un anacronismo la tesis de un «Derecho doble» en la época arcaica griega y romana.

298 Así en Isidoro de Sevilla, *Etymologiae* 5, 2, 2: *fas lex divina, ius lex humana est*; la aparición del término *fas* en los juristas y en las constituciones imperiales (ya con un sentido que no es el original) pueden consultarse en: R. Orestano, *Dal ius al fas* cit., pp. 241-244; del mismo autor: *I fatti di normazione nell'esperienza romana arcaica* (Torino, 1967) pp. 102-108.

299 A. Guarino, *L'ordinamento giuridico romano*, 2ª ed. (Napoli, 1956) p. 43.

social de las primeras sociedades (e incluso en la psicología individual de cualquier ser humano) aparece en primer lugar la idea de prohibición, no es válido como hipótesis explicativa del surgimiento histórico del mecanismo del *fas-nefas*. Estamos aquí ante un ejemplo más del uso que durante generaciones de historiadores del Derecho (sobre todo romanistas) se ha realizado del pasado remoto de Roma, entendido como un remoto «pasado intemporal» al que se adjudican las más diversas teorías, propias más bien de la filosofía jurídica y ajenas a una visión estrictamente histórica. Los avances de la arqueología son incompatibles con este planteamiento.

Pasados muchos siglos, cuando la vida jurídica romana había experimentado hondísimas transformaciones, apartada ya del ambiente de los *primordia civitatis*, y cuando la jurisprudencia se había convertido en una ciencia-técnica «laica» heredera de una tradición sapiencial riquísima de contenidos, todavía podemos encontrar una huella de ese *ius divinum* remoto en una reflexiones de Ulpiano (del comienzo de su obra de *Institutiones*) con la que los compiladores decidieron abrir el Digesto. D.1,1,1, pr.-1: *Iuri operam daturum prius nosse oportet, unde nomen iuris descendat, est autem a iustitia appellatum: nam, ut eleganter Celsus definit, ius est ars boni et aequi. Cuius merito quis nos sacerdotes appellet: iustitiam namque colimus et boni et aequi notitiam profitemus, aequum ab iniquo separantes, licitum ab illicito discernentes, bonos non solum metu poenarun, verum etiam praemiorum quoque exhortatione efficere cupientes, veram nisi fallor philosophiam, non simulatam afectantes.*

En los abundantísimos comentarios que merece este pasaje predomina una visión fundada en su particular estilo metafórico. Se subraya el uso por parte del jurista de una falsa (inversa) etimología dirigida a centrar la exposición sobre la idea de justicia y sus antecedentes en la filosofía moral griega y romana. Se repara además en la utilización del término *iustitia*, muy poco utilizado por los juristas romanos[300]. Desde nuestro punto de vista podría ensayarse otro tipo de explicación más pegada a la literalidad del texto. ¿No podría identificarse en la *iustitia* de la que habla Ulpiano la antigua divinidad de la que procedía el Derecho, una divinidad cuya esencia los ropajes filosóficos no logran ocultar del todo? Esta *iustitia* podría considerar-

---

[300] A. Schiavone, *Ius. L'invenzione del diritto en Occidente* (Torino, 2005) pp. 361-374.

se como una de las cualidades divinas (*dynameis*) tan comunes en el mundo antiguo. Una manifestación de Júpiter, como lo es *Fides, Terminus* o *Dius Fidius* (*Semo Sancus*). *Iustitia,* intermediaria entre Júpiter y los hombres, al estilo de otras muchas entidades o fuerzas espirituales tales como *fides*[301], *pietas, mens, spes,* etc[302].

Detrás del término *iustitia,* al menos en este caso, ¿no asomarían *Themis* y *Fas,* «divinidades jurídicas», a las que los más antiguos sacerdotes, es decir, los augures (no los pontífices) daban un particular culto en sentido no metafórico sino real, culto con directas implicaciones jurídicas? ¿No concuerda el tono no sólo jurídico sino también moral del texto ulpianeo (vid. en este sentido igualmente D. 1,1,10,1) con la juridificación de la moral que es propia de la sociedades primitivas y arcaicas? Desde la época de César, al menos, la *iustitia* había «reaparecido» como *diosa* (no sólo como virtud moral) en la vida política romana[303] y, en esa condición, había sido hecha objeto de atención por los poetas[304].

Pero volviendo a la senda central de nuestra exposición, ¿dónde cabría situar temporalmente la existencia de un Derecho teocrático en Roma? En trabajos anteriores hemos defendido la hipótesis, fundada en argumentos arqueológicos y derivados de lo que se puede

---

301 Cicerón, *De officiis* 1, 7, 23: *Fundamentum autem est iustitiae fides, id est dictorum conventorumque constantia et veritas*: sobre este pasaje: L. Lombardi, *Dalla «fides» alla «bona fides»* (Milano, 1961) pp. 17-18 nt. 21.

302 J. Guillén, *op. cit.*, pp. 275-287; A.J. Clark, en su obra ya citada: *Divine Qualities. Cult and Community in Republican Rome* (New York, 2007), sobre la *iustitia*: pp. 276-277.

303 S. Weinstock, *op. cit.* pp. 243-248.

304 Vid., por ejemplo, Horacio, *Carminum* 1, 24, 6; Virgilio, *Georgica* 2, 474. Sólo es posible apuntar aquí una mención de la *Justicia,* como *Virgo* en Virgilio, *Ecloga* 4, 6: *Iam redit et virgo, redeunt Saturnia regna.* Por primera vez en toda la literatura antigua se menciona *Astraea* (la Justicia) en Ovidio, *Metamorphoseon* 1, 149-150: *Victa iacet pietas, et Virgo caede madentis, / ultima caelestum, terras Astrea reliquit,* siguiendo el modelo de Arato —que sin embargo sólo nombra a Astreo— en *Phaenomena* 96-136: A. Ruiz de Elvira (ed. y trad.), *P. Ovidio Nasón, Metamorfosis,* 4ª ed., I (Madrid, 1990) pp. 192-193 nt. 6. Dejemos sólo constancia de que la presencia de *Astraea* en la Edad de Oro (cuyo retorno canta Virgilio) sugiere la permanencia de una memoria difusa sobre un tipo de Derecho distinto al conocido en la ciudad-Estado, el Derecho de *Themis* hija de Zeus: Hesíodo, *Theogonia* 901; *Astraea*: Séneca, *Octavia* 443.

denominar Derecho primitivo y arcaico comparados, que identifica la existencia de un período y de una estructura institucional inmediatamente anterior a la fundación de la Ciudad. Este proto-Estado, concreción en la Italia central de los siglos X, IX y VIII a.C. de un sistema político que la antropología jurídica llama *jefatura compleja*, se caracteriza en todas sus manifestaciones por su naturaleza teocrática[305].

Resulta muy relevante subrayar que la presencia de este régimen intermedio entre la sociedad gentilicia y la fundación del Estado-ciudad provoca una modificación radical de las tesis hasta ahora predominantes sobre esta materia, que necesitan ser puestas al día. La Roma de los primeros tiempos no se adapta en ningún caso a los esquemas de un primitivismo jurídico entendido en sentido estricto.

En este ordenamiento protoestatal la función de las curias fue decisiva, según demuestra el conjunto de ritos del que queda testimonio en las fuentes: *Septimontium*[306], *Argei, Fornacalia, Fordicidia*[307], entre otros). Originariamente correspondía a las curias, según nos recuerda Palmer[308], el nombramiento de los sacerdotes, en cuya designación intervenían los auspicios. En este sentido cabe interpretar el pasaje de Dionisio de Halicarnaso 2, 22, 3, el cual estaría describiendo una situación anterior a la fundación: *(...) Legisló que todos los sacerdotes y servidores de los dioses serían nombrados por las curias y confirmados por los intérpretes de los designios divinos mediante adivinación.* Conocemos la actividad augural *ex avibus* de los *sodales* de la Curia Titia, que según todos los indicios se remonta a una época anterior a la constitución formal del Colegio de los Augures[309].

En la cúspide de la jerarquía política se sitúa el representante, casi «encarnación terrena»[310], del Dios supremo, es decir, en el caso

---

305 J.M. Ribas Alba, *De la donación al contrato* cit., pp. 43-65; *Constitución del Estado en la antigua Roma* cit., pp. 157-204.

306 J.M. Ribas Alba, *Constitución del Estado en la antigua Roma* cit., pp. 192-198.

307 C. Viglietti, *op. cit.*, pp. 92-94.

308 R.E.A. Palmer, *The Archaic Community of the Romans* (Cambridge University Press, 1970) p. 95.

309 Vid. A. Bouché-Leclercq, *Histoire de la Divination dans l'Antiquité* IV, [1882] (Bruxelles, 1963) pp. 165-168; I.M.J. Valeton, *De modis auspicandi Romanorum* II cit., p. 448; P. Catalano, *Contributi* cit., p. 196.

310 Paulo Diácono, *Epitoma Festi,* s.v. *Dium* (Lindsay, p. 65).

de Roma, Júpiter. El *Flamen Dialis* ocupa el lugar del Dios que *da la vida a los hombres*[311], *rector* del universo[312]. Posee todos los rasgos de un «rey»[313] teocrático. Al igual que en otras sociedades conocidas situadas en un desarrollo político equivalente, este representante divino suele quedar apartado en muchos casos de las funciones ejecutivas —en especial de la guerra[314]— de modo que su labor se concentra en esta tarea de mediación realizada por medio de rituales muy elaborados[315]. En las narraciones míticas queda el recuerdo desdibujado pero significativo de esta dualidad en el poder supremo: Jano y Saturno, Pico y Fauno, Evandro y Eneas, Remo y Rómulo; y en seguida Rómulo y Tito Tacio. Podrían citarse otros ejemplos.

Pero para fundamentar este esquema dual —sacerdote (de la paz) y rey (de la guerra)— en su aplicación a la protohistoria latina y romana disponemos no sólo de la información que ofrece la literatura de la antropología política de los pueblos primitivos y de los datos que cabe extraer de una lectura atenta de las narraciones míticas latinas. La documentación arqueológica de la cultura lacial, especialmente rica en información, viene en nuestra ayuda suministrando noticias a este respecto que parecen consolidar nuestra hipótesis. En

---

311 Paulo Diácono, *Epitoma Festi*, s.v. *Flamen Dialis* (Lindsay, p. 77).

312 Paulo Diácono, *Epitoma Festi*, s.v. *Dies* (Lindsay, p. 65).

313 Respecto al *Flamen Dialis* sugiere esta condición real: H.J. Rose, *Primitive Culture in Italy* (London, 1926) p. 125.

314 D. Sabbatucci, *Lo Stato come Conquista Culturale. Ricerca sulla Religione Romana* (Roma, 1975) p. 118, realiza un paralelismo entre Júpiter y el *Flamen Dialis*, por una parte, y Jano y el *rex* por otra; paralelismo cuyo sustrato reposa en la tensión institucional que se establece entre la paz y la guerra. No podemos entrar en el debate de la tesis extrema de A.M. Hocart, *Kings and Councillors. An Essay in the Comparative Anatomy of Human Society*, [1936] (Chicago-London, 1970) pp. 35-161, de acuerdo con la cual la organización basada en el ritual es muy anterior al gobierno ejecutivo.

315 Vid., por ejemplo, M.H. Fried, *The Evolution of Political Society. An Essay in Political Anthropology* (New York, 1967), especialmente el apartado titulado «Ritual Leaderschip», en pp. 137-141; T. Earle, *How Chiefs Come to Power* (Stanford, 1997) pp. 144-151; sobre el carácter puramente espiritual de estos «reyes» arcaicos: G. van der Leeuw, *Phänomenologie der Religion*, 3. Auflage (Tübingen, 1970) pp. 114-133); R. Guardini, *El Mesianismo en el Mito, la Revelación y la política*, trad. de V. García Yebra, [1946] (Madrid, 1957) pp. 116-120.

efecto, según explica A.M. Bietti Sestieri[316], en la fase avanzada de la edad del Bronce Final (período lacial I), siglos XI y parte del X a.C., presenciamos el primer momento en el que se hace posible reconocer una *facies* arqueológica específica al sur de Tíber (p. 272). Pues bien, el análisis de los datos arqueológicos de las incineraciones permite concluir que los dos principales cargos, cuya importancia queda expresada en las representaciones funerarias exclusivas, son el del «jefe» político-militar (indicado por la presencia de la espada) y el del sacerdote (cuyo rango se refleja en el cuchillo ritual, pequeñas imágenes y el escudo doble) (p. 274). Se observa igualmente una participación femenina en la función sacerdotal, muy reducida pero significativa. La separación entre ambos cargos, así como la extensión de las sepulturas formales a todos los miembros de la comunidad, según parece desprenderse de la observación de la necrópolis de Osteria dell'Osa (precedente de Gabii), se incrementa en la fase lacial IIB (siglo IX a.C.), sugiriendo una reacción comunitaria de signo tendencialmente igualitario (p. 279). Esta última observación de A.M. Bietti Sestieri coincide con el cuadro general aproximado de las sociedades protourbanas, en la medida en que puede ser recontruido, anterior a la fuerte jerarquización política y económica coetánea al nacimiento de la forma estatal plena[317].

Por lo demás, basta echar una ojeada a las fuentes disponibles sobre la religión romana más antigua para descubrir en el *Flamen Dialis* este «rey-sacerdote», rodeado de restricciones y volcado en su tarea exclusivamente espiritual. El *Flamen Dialis*, en palabras de Plutarco, *Quaest. Rom.* 111, es *como una imagen animada y sagrada (de Júpiter)*[318].

---

316 A.M. Bietti Sestieri, *The Iron Age Community of Osteria dell'Osa. A Study of Socio-political Development in Central Tyrrhenian Italy* (Cambridge, 1992); *L'Italia nell'età del bronzo e del ferro. Dalle palafitte a Romolo (2200-700 a.C.)* cit., pp. 267-284. La mención de las páginas en el texto corresponde a esta última obra citada.

317 R. Peroni, *Comunità e insediamento in Italia fra Età del bronzo e prima Età del ferro* cit., p. 36.

318 F. Altheim, *Römische Religionsgeschichte* I.*Grundlagen und Grundbegriffe* (Berlin, 1956) p. 55; Afirma F. Marco Simón, *Flamen Dialis. El sacerdote de Júpiter en la religión romana* (Madrid, 1996) p. 137, que el cuerpo del *flamen* es «como un *speculum* en el que se da una *significatio* en dos niveles distintos: el de la divinidad misma, Júpiter, de la cual constituiría una suerte de *agalma* (*imagen*), y el

Ahora bien, como sabemos, Júpiter es el dios de los auspicios y de los augurios, función que en su momento debió ser dirigida por el *Flamen Dialis* como sumo sacerdote del Dios, es decir, como sumo augur. Actividad de la que queda un resto mínimo en la *auspicatio vindemiae* de época posterior (Varrón, *De lingua Latina* 6, 16)[319]. A pesar de la ruptura que supuso la fundación de la Ciudad con su nuevo orden institucional, todavía es posible seguir el rastro de la actividad augural de este «rey» precívico en las noticias fragmentarias que ofrecen las fuentes. En primer lugar las que recogen tradiciones legendarias[320], como las que se refieren a Ramnete, *rex idem et regi Turno gratissimus augur,* Virgilio, *Eneida* 9, 327; o a Pico, rey de los Laurentes, Agustín, *De civitate Dei* 18, 15. Pico y Fauno, son figuras que la leyenda construye adornándolos de cualidades adivinatorias, muy evidentes en el caso de Pico, ya que el pico es un pájaro augural[321].

A un ámbito ya no sólo legendario, al menos desde el punto de vista institucional, pertenece Rómulo[322], *optimus augur,* quien *urbem auspicato condidit,* Cicerón, *De divinatione* 2, 33, 70 (las fuentes sobre el particular son numerosas)[323]. Los reyes latino-sabinos fueron *reges augures*[324] y objeto ellos mismos de *inauguratio.* La situación cambió con los reyes etruscos. Tarquinio Prisco fue inaugurado, pero parece muy poco familiarizado con el *ius augurum.* Ni Servio ni el último Tarquinio fueron objeto de *inauguratio.* En el caso del Tarquinio, el

---

de la propia sociedad romana. En este segundo nivel aparece la figura del *Dialis* como factor simbólico de la *stabilitas Rei publicae*».

319 I.M.J. Valeton, *De modis auspicandi Romanorum* II cit., p. 451.

320 Tomamos los datos de P. Catalano, *Contributi* cit., pp. 530; 554.

321 J. Martínez-Pinna, *Las leyendas de fundación de Roma. De Eneas a Rómulo* cit., p. 137.

322 I.M.J. Valeton, *De modis auspicandi Romanorum* II cit., p. 447 nt. 1 (con indicación de las fuentes).

323 P. Catalano, *Contributi* cit., pp. 577-580. El mismo autor, tras el examen de los textos, explica que en la fundación de la Ciudad se deben distinguir tres elementos esenciales: en primer lugar, la *inauguratio* de Rómulo y Remo sobre quién debía reinar; en segundo lugar, el *auspicium* sobre el *dies* de la fundación; en tercer lugar, la *inauguratio* del *pomerium* (Livio 5, 52, 2; Ovidio, *Fasti* 4, 812 ss.).

324 Para un sector de la doctrina el *rex* dirigía y formaba parte en sentido estricto del Colegio de los Augures en época monárquica: A. Bouché-Leclercq, *Histoire de la Divination dans l'Antiquité* IV cit., p. 264.

superbus por antonomasia[325], la tradición ve un caso de clara irregularidad[326]: no hubo designación del *interrex*, ni *lex curiata* ni *inauguratio*. La caída del régimen monárquico, entendido como tiranía, fue el resultado, entre otros factores, de esta falta de sintonía con el *ius augurum* que se hace palpable en los reinados de los reyes etruscos[327] desde el primer Tarquinio (Livio, 1, 36, 2-7). La introducción de los *libri Sibyllini* por los Tarquinios y la potenciación de la aruspicina (*disciplina Etrusca*) restó protagonismo al Derecho Augural. Suprimida la monarquía, Cicerón recoge el estado de opinión del momento, *De divinatione* 1, 2, 4[328]: *exactis regibus nihil publice sine auspiciis nec domi nec militiae gerebatur*; *tras la expulsión de los reyes, no se hacía nada públicamente sin los auspicios, tanto en la paz como en la guerra*, palabras que suenan a una especie de «restauración» de la supremacía augural, tras un período de decadencia.

---

325 C. Santi, *Sacra facere* cit., p. 109-112.

326 P. Catalano, *Contributi* cit., p. 571, con indicación de las fuentes.

327 *Ibidem*, pp. 567 ss.

328 J. Linderski, *The Augural Law* cit., p. 2153 nt. 19.

Capítulo noveno

Mores maiorum, augurium y fas. *Fuentes del primer Derecho augural*

En el mundo jurídico del *fas*, nacido según la hipótesis que proponemos, en la etapa político-jurídica inmediatamente anterior a la fundación de la *civitas*, mundo en el que teocracia y formalismo van de la mano, la fuente de producción de las normas es, en sentido estricto, la voluntad de Júpiter, de acuerdo con lo que se ha repetido más arriba. El Derecho surge de la indagación e interpretación de la licitud o ilicitud de un comportamiento sometido a la valoración del *fas*. La acumulación en el tiempo más o menos ordenada de estas *revelaciones particulares* (convenientemente interpretadas y aplicadas) va formando el depósito diacrónico del ordenamiento jurídico. Este carácter oracular del *fas* no significa, a diferencia de lo que defiende Orestano, la inexistencia inicial del concepto de norma (ausencia atribuida a una supuesta falta de capacidad de abstracción del «primitivo»). El mismo autor propone seguidamente una solución, la cual parece contradecir en cierta medida sus propios planteamientos, al afirmar que de la *interpretatio* del caso concreto se pasaba a la configuración de una regla de alcance general aplicable a supuestos semejantes. Estamos ante el esquema bien conocido del precedente[329] extendido hacia el futuro como modelo por medio de la analogía.

En este escenario, ¿cuál pudo ser la posición de la costumbre *jurídica*? ¿Qué relación existe entre la costumbre y cuanto hemos afirmado acerca del *fas*? Las prácticas sociales de todo tipo constituyen el substrato del que *puede* nacer la norma jurídica. No todos estos usos ingresan en el campo del Derecho, es decir, no todos pueden ser exigidos coactivamente por medio de un proceso. Pero también

---

329 P. De Francisci, *Arcana Imperii* III 1 cit., pp. 149-155, en las que se traza un estudio comparativo (con matices) entre el Derecho romano «primitivo» y el Derecho inglés (common law y Equity), que nosotros trasladamos a la época de la Roma precívica, subrayando su carácter oracular (augural).

es cierto que en las sociedades menos complejas, en las que los lazos comunitarios han de ser por fuerza muy intensos para asegurar la supervivencia, el Derecho incluye a la moral y se halla presente en todos los ámbitos de la vida pública y privada. Los lazos de parentesco, fundamento de la estructura completa de estas comunidades, no conocen aún la competencia del principio territorial y diluyen la separación entre lo público y lo privado.

En una aparente paradoja esta eficacia omnicomprensiva del Derecho resulta compatible con un poder político difuso y de escasa presencia comparada con lo que vendrá más adelante. A ello contribuye también el hecho de que las normas jurídicas no conocen aún el formalismo propio de la etapa posterior. Sólo a medida que estas sociedades alcanzan un grado de complejidad, que en nuestro caso coincide con la aparición del proto-Estado, empieza a debilitarse esta especie de «democracia primitiva», condicionada igualmente por la fuerza coactiva de la opinión pública[330]. Sin embargo, estas costumbres jurídicas primordiales, elemento básico de los *iura gentium*, no se pierden sino que se integran por regla general en el nuevo orden normativo, en el que encuentran un renovado campo de aplicación, mediado desde entonces —recuérdese que hablamos de Roma— por las técnicas del Derecho Augural.

Llegado ese nivel evolutivo, es en el momento de la *entrada* de esas prácticas en el ámbito jurídico donde interviene el esquema del *fas-nefas*. Esto puede ocurrir de dos modos. Lo hace *a priori*, cuando se consulta preventivamente la licitud o ilicitud de un comportamiento. Lo hace *a posteriori* cuando se juzga un comportamiento ya acaecido. En ambos casos se solicita la aprobación o rechazo de la divinidad, de Júpiter. La decisión puede incorporarse al ordenamiento jurídico de acuerdo con el esquema precedente-analogía antes mencionado. Desde un punto de vista conceptual podemos hablar de dos tipos de aplicación del *augurium/auspicio*. En primer lugar, su empleo puede tener como finalidad la solución de un supuesto, ya sea normativo o procesal. En estos casos la técnica augural juega un papel decisivo. Ello es así incluso cuando se acude a ella como último recurso, como

---

330 L. Pospíšil, *Anthropology of Law. A Comparative Theory* (New Haven, 1974) pp. 188-190.

pudiera ocurrir en el caso de la primera configuración de la *legis actio sacramento.* Así pues, cabría hablar de una función ordálica de la técnica augural, aunque dejando claro que esta función no se circunscribe únicamente a la valoración de la prueba, pues tanto dentro como fuera de proceso, el *augurium/ auspicio* cumple funciones más numerosas.

En segundo lugar, el mecanismo augural puede integrarse dentro de un procedimiento complejo. En estos supuestos se pide a Júpiter que confirme una decisión que sólo espera su aceptación para gozar de plena eficacia jurídica y/o política. El caso que ilustra mejor esta variante de la intervención augural, dada la escasez de información que ofrecen las fuentes, es la *inauguratio* del *rex*, descrita en Livio 1, 18[331]. Pero no es de ningún modo el único. Asimismo, pudiera haber ocurrido que a medida que evoluciona el ordenamiento jurídico sea este segundo modo de aplicación de los auspicios y augurios el que va afianzando su predominio respecto al primer mecanismo arriba señalado. Este fenómeno estaría en relación con la progresiva decadencia del *ius augurum* y la creciente concurrencia del *ius civile* pontifical.

La particular proximidad de estos dos elementos, *fas* y costumbre, aparentemente alejados entre sí, al menos desde una perspectiva «moderna», se refleja en un pasaje de Paulo Diácono, *Epitoma Festi* (Lindsay, p. 147)[332]: *Mos est institutum patrium pertinens maxime ad religiones caerimoniaeque antiquorum.*

Así pues, la costumbre se halla ligada *maxime* a la *religio* y a las *caerimoniae* de los antiguos. Escribe Cicerón en *De inventione* 2, 53, 161: *Religio est, quae superioris cuiusdam naturae, quam divinam vocant, curam caerimoniamque affert; religión es lo que lleva a los hombres a venerar con cuidado el orden superior de la naturaleza, que podemos llamar divino. Religio* indica también, dentro de una extensa pluralidad de significados, lo

---

[331] Vid. J.M. Ribas Alba, *Democracia en Roma. Introducción al Derecho electoral romano*, 2ª ed. (Granada, 2009) pp. 135-136. La creación del rey bien pudiera haber gravitado inicialmente sobre el pronunciamiento augural: en torno a él se habrían ido individualizando la concurrencia del Senado y de la asamblea por curias.

[332] Sobre el que llama la atención R. Orestano, *Del ius al fas* cit., p. 255 nt. 188 b.

que se lleva a cabo contra la voluntad de los dioses[333] (Festo, s.v. *Religiosus* [Lindsay, p. 348]): *(...) quod si faciat, adversus deorum voluntatem videatur facere; (...) pero si lo hace, se estima que lo hace contraviniendo la voluntad de los dioses.* Pareciera como si en la noción de *religio* convivieran el *fas* y el *nefas.* En una tensión semejante a la que se observa en la categoría de *sacer.*

Por su parte, *caerimonia* posee igualmente —entre otros— un significado cercano al de prohibición fundada en razones «religiosas». J.H. Vanggaard no duda en aproximar su significado al de tabú[334], término de extenso uso en la literatura antropológica y de evidente tonalidad jurídica. Así, dentro del régimen jurídico del *Flamen Dialis,* nos explica Servio, *Ad Aen.* 2, 57: *antiquis caerimoniis cautam erat ne vinctus flaminiam introiret; debido a antiguas ceremonias se estableció que nadie entrara encadenado en la casa del Flamen.* Vemos que existe una normatividad jurídica en el centro mismo de la categoría de *caerimonia.* En este mismo sentido, Gelio, *Noctes Atticae,* en su famoso pasaje sobre las restricciones del *Flamen Dialis,* 10, 15, 1, empieza diciendo: *Caerimoniae impositae Diali multae, item castus multiples (...)*[335]. En su análisis del concepto F. Marco Simón[336] señala que *in caerimoniis esse* es tanto como hallarse en un estado de pureza ritual idóneo para establecer una comunicación efectiva con la divinidad. *Caerimonia* expresa igualmente la veneración de la que es acreedora la divinidad. Esta veneración se manifiesta en el conjunto de los ritos públicos o privados con los que se da culto a los dioses. En realidad el mismo concepto *ritus,* del que ya hemos realizado algún comentario más arriba en estas páginas, se aproxima notablemente a *caerimonia.* La naturaleza jurídica de ambos conceptos deriva también del hecho de que ambas realidades tienen que ver con los *mores*: tras su conformación por medio

---

333 Vid., por ejemplo, este uso en Cicerón, *De haruspicum responsis* 7, 13-14.

334 J.H. Vanggaard, *op. cit.*, pp. 88-104.

335 Aulo Gelio, *Noctes Atticae* 4, 9, 9: *castitate caerimoniaque.*

336 F. Marco Simón, *Flamen Dialis* cit., pp. 82-87; para el concepto análogo de *castus*: H. Fugier, *op. cit.*, pp. 24-31. Vid. también H. Wagenvoort, *Caerimonia*, en *Glotta* 26 (1937) pp. 115-131. Vid. Aulo Gelio, *Noctes Atticae* 4, 9, 3. Sobre la expresión *Jovis castus* y *castimonia*: C. Koch, *Der römische Juppiter*, [1937] (Darmstadt, 1968) pp. 57-58.

de algún tipo particular de «revelación divina fundacional», transcurrido el tiempo necesario, se insertan en el orden normativo de la costumbre.

Los *mores*, independientemente de su posible anterior «existencia prejurídica» e incluso en su configuración dentro del régimen antecedente de los *iura gentium*, sólo obtienen ahora —en el seno del ordenamiento augural— una cualificación normativa desde el momento en que son reconocidos como aceptados (*fas*) o prohibidos (*nefas*) por Júpiter por medio del *augurium* en alguna de las modalidades utilizadas.Para reforzar en la medida de lo posible la argumentación anterior hemos de recurrir a un pasaje de Cicerón en sus *Tusculanae disputationes* 4, 1, 1, que debe ser leído en conexión con el pasaje citado de Paulo Diácono sobre el *mos*: *nam cum a primo urbis ortu regiis institutis, partim etiam legibus auspicia, caerimoniae, comitia, provocationes, patrum consilium, equitum peditumque discriptio, tota res militaris divinitus esse constituta (…)*; *pues desde el origen de la urbe en parte con las instituciones regias, en parte con las leyes, fueron constituidos por inspiración divina los auspicios, las ceremonias, los comicios, las apelaciones al pueblo, el Consejo de los padres, la organización de la infantería y de la caballería, todo el régimen militar (…)*. E. Tassi Scandone ha subrayado la importancia del significado del adverbio *divinitus*, empleado en este pasaje en su sentido originario y no en un sentido amplio, haciéndolo sinónimo de *praeclare* o *mirabiliter*, error que se constata en algunas traducciones. *Divinitus* describe el modo en que se manifiesta una actividad inspirada por la divinidad. Su obvia proximidad con *divinare, divinatio,* es prueba también de su cercanía con el *ius augurum*. Estamos con toda probabilidad ante un término técnico del Derecho Augural.

La autora italiana centra su atención sobre otro texto ciceroniano en el que el significado genuino de *divinitus* resulta ser más evidente. *De domo sua ad pontifices oratio* 1, 1[337]: *Cum multa divinitus, pontifices, a maioribus nostris inventa atque instituta sunt, tum nihil praeclarius quam quod eosdem et religionibus deorum immortalium et summae rei publicae praeesse voluerunt, ut amplissimi et clarissimi cives*

---

337 Vid. el comentario sobre este texto de: R.G. Nisbet (ed.), *M. Tulii Ciceronis, De domo sua ad pontifices oratio* (Oxford, 1939) pp. 65-67.

rem publicam bene gerendo religiones, religiones[338] *sapienter interpretando rem publicam conservarent.* De este pasaje particularmente difícil proponemos la siguiente traducción: *De entre las numerosas aportaciones institucionales recogidas y reguladas por nuestros mayores, divinamente inspiradas, no hay ninguna mejor que aquella por medio de la cual expresaron su intención de que el culto a los dioses inmortales y la gestión de los intereses supremos de la república fueran encomendados a las mismas personas; de este modo corresponde a los ciudadanos del orden senatorial el cuidado de la religión y por medio de la sabia interpretación de la religión hacer posible la conservación de la república.*

Para concluir y sintetizar las consideraciones anteriores podría afirmarse que la realidad del ordenamiento romano arcaico como fundado en los *mores maiorum* —en su origen procedentes de un ordenamiento anterior, el de los *iura gentium*— se reajustó en la época de vigencia generalizada del Derecho Augural. Los usos y los ritos comunitarios necesitaban una confirmación divina estrictamente formalizada por la técnica augural. Ésta podía producirse tanto en el nivel de los concretos actos jurídicos de naturaleza procesal o extraprocesal como por una vía directa y de alcance general, en la que la *interpretatio* augural jugaría un papel decisivo. Aplicación o producción del Derecho. No sabemos en qué medida esta producción normativa era en cada caso fruto de la directa creatividad sacerdotal, atendiendo a las necesidades organizativas de la comunidad, o se situaba más bien en el campo de la delimitación formal de usos que preexistían a la intervención de los juristas-sacerdotes. Pensamos que inicialmente esta última debió de ser la actuación predominante. Ahora bien, como antes quedó apuntado, en todos los supuestos estas intervenciones jurisprudenciales terminaban confluyendo en el caudal normativo, integrándose en él por la vía del precedente investido de la *auctoritas* de los mayores.

En la determinación de los vínculos entre *religio, caerimoniae* y *usus*[339] se halla la clave del funcionamiento práctico de las fuentes de

---

338 Siguiendo a R.G. Nisbet puede sostenerse que el plural *religiones* describe el conjunto de los ritos y su interpretación, en un sentido equivalente al de *ius divinum.*

339 Vid., por ejemplo: Cicerón, *De inventione* 2, 54, 162.

producción en el Derecho Augural y de su aplicación. El *augurium* y la *auspicatio* como medio de formalización de la norma jurídica. Una suerte de manifestación en el campo del Derecho del esquema universal descubierto por Aristóteles, el de la distinción entre materia (*usus*) y forma (*caerimonia*).

Capítulo décimo
Contenido del primer Derecho augural. Primera parte

Este primer ordenamiento jurídico romano, superpuesto a los *iura gentium* de la etapa anterior[340], no agotó su vigencia en la época teocrática y formalista del proto-Estado. Su aplicación se mantuvo durante las épocas sucesivas, tanto durante la Monarquía como durante la República y Principado, aunque desde los últimos momentos del régimen republicano hubiera entrado en clara decadencia, conforme a lo que resulta, entre otras muchas fuentes, de las quejas de Cicerón en el *De divinatione* (p.e. 2, 35, 73)[341]. La misma idea la encontramos en Livio (3, 20, 5) al hablar de la *neglegentia deum* de sus tiempos. Sin embargo, esa pervivencia posterior es la que permite, aunque sea muy limitadamente, una reconstrucción parcial de la que ahora sólo apuntaremos algunas figuras. Resulta muy necesario subrayar que el examen que realizamos a continuación no pretende en modo alguno estudiar de modo exhaustivo el catálogo de figuras jurídicas que integran este ordenamiento. El propósito de esta obra consiste más bien en trazar un cuadro general, incidiendo en los ele-

---

340 A este primer estrato pertenece, entre otros, el régimen de la *sacertas*, de la *deditio* y de la *noxae datio* cuya conexión fue analizada, entre otros, por G.I. Luzzatto, *op. cit.*, pp. 59-66; 85 ss.; vid. F. De Visscher, *Le Régime Romain de la Noxalité. De la Vengance Collective a la Responsabilité Individuelle* (Bruxelles, 1947) pp. 25-71. Como principio general, recordemos que todas las instituciones primitivas anteriores al sistema teocrático del proto-Estado, anteriores por tanto al *fas* como concepto con efectos jurídicos, poseen el rasgo común de fundarse en negocios jurídicos no formales. Es mérito de S. Perozzi, *Scritti giuridici* II. *Servitù e obbligazioni* (Milano, 1948) pp. 378-411; 490-510, aunque sin separar adecuadamente las etapas históricas, el haber identificado un estrato no formal que el autor llama genéricamente época primitiva, como se manifiesta señaladamente en el *pacisci*, la *occupatio*, el *usus* o la *traditio*, entre otras figuras. Cabe añadir que en el posterior orden jurídico del *fas* y del *nefas* reaparece en un esquema formalizado y absorbido por el Derecho el principio moral esencial, que es el que distingue entre lo que se debe hacer y lo que no se debe hacer: sobre esta última afirmación: L. Vela, *op. cit.*, pp. 120-121.

341 En este sentido: P. Boyancé, *op. cit.*, p. 107.

mentos que parecen más representativos o sobre los cuales el estado de las fuentes permite una razonable aproximación.

Es el ámbito del Derecho procesal, quizá el más determinante al objeto de valorar la relevancia de este primer Derecho romano marcado por la aplicación jurídica de la práctica augural. Hemos de detenernos en la *legis actio sacramento, actio generalis*, en la cual no estaríamos ante un procedimiento primitivo de carácter mágico, como sugiere un sector de la doctrina[342], sino en la más evidente manifestación del formalismo (Gai. 4, 30) propio del ordenamiento del *fas*. Ya la operatividad del juramento arcaico[343], del *sacramentum* (del que deriva la *sponsio*[344]), con su invocación a Júpiter, remite a la utilización jurídica de un ritual religioso —cuyo elemento final es el *ius iurandum*, ligados ambos por una relación instrumental[345]—.

Sobre la forma primera de la *legis actio sacramento* (evidentemente muy anterior a su diversificación *in rem* e *in personam*) apenas cabe establecer hipótesis más o menos aceptables, fundadas no sólo en los escasísimos datos de las fuentes romanas, sino también en el Derecho primitivo y arcaico comparado. Una parte de la doctrina acepta como criterio general el hecho de que la forma primera de esta acción consistió en una variante del mecanismo bien conocido del juicio de Dios («Gottesurteil»)[346], que en el caso romano daría lugar a la *consecratio capitis* del perjuro[347].

---

342 Tanto para el *sacramentum* como para la *sponsio*: M. Kaser, *Das Altrömische ius* cit., 18, 257, alude a un estadio predeístico que, en nuestra opinión debe rechazarse para explicar ambas instituciones, dado que son propias de un sistema formal y, por tanto, no estrictamente primitivo. En esta forma primera de la *legis actio sacramento* se produjo una adaptación del primitivo (en sentido estricto) régimen de la *sacertas*: vid. R. Fiori, *Homo sacer* cit., p. 492.

343 Vid. J. Paricio, *La formación del derecho privado romano* cit., p. 28, remitiéndose a su obra anterior: *Sobre la administración de la justicia en Roma. Los juramentos de los jueces privados romanos* (Madrid, 1987) pp. 18 ss.

344 S. Perozzi, *op. cit.*, pp. 467-468.

345 R. Santoro, *op. cit.*, pp. 208; 526.

346 Sobre la presencia de la ordalía en el Derecho griego arcaico, pero en una forma por completo distinta a la que se puede conjeturar en Roma, remitimos a: V. Ehrenberg, *Die Rechtsidee im frühen Griechentum. Untersuchungen zur Geschichte der Werdenen Polis*, [1921] (Darmstadt, 1966) pp. 72-78. Acerca de la plausibilidad del concepto de ordalía para el caso de Roma debemos remitirnos al excelente estudio crítico de R. Fiori, *Ordalie e diritto romano*, en *IURA* 65 (2017) pp. 1-128.

¿Cómo tendría lugar este juicio de la divinidad sobre la licitud o ilicitud de los juramentos realizados por las partes en litigio? ¿Cómo determinar cuál debe ser considerado el *sacramentum iustum*: *utrius sacramentum iustum, utrius iniustum sit*[348]? Dejando aparte los antecedentes remotos de este procedimiento, parece razonable defender como hipótesis más probable, a la vista de todo cuanto ha quedado planteado hasta ahora en estas páginas y los datos que ofrecen las fuentes disponibles, que ese *juicio de Dios* se dirimiera acudiendo a la determinación del *fas* y del *nefas*, como valoración jurídica de los dos juramentos enfrentados. El carácter comparativo[349] de la decisión final del proceso (conservado con otra modalidad en las formas evolucionadas de la *legis actio*) reaparece —vinculada a los auspicios y augurios— en dos episodios cuyo carácter legendario es compatible con la realidad institucional que describen. En el primero de ellos se trata de la contienda entre Rómulo y Remo —*uter esset induperator*—[350], decidida a favor de Rómulo, como es sabido: Livio 1, 6, 4; 1, 7, 1; Ovidio *Fasti* 4, 811-815. En el segundo supuesto conocido se describe la forma de designación del magistrado romano al frente de la Liga Latina, en la que también se encomienda a las aves la elección: Festo, s.v. *Praetor* (Lindsay, pp. 276-277): *(...) itaque quo anno*

---

347 G.I. Luzzatto, *op. cit.*, p. 112; M. Kaser, *Das Altrömische ius* cit., p. 345; G. Pugliese (con la collaborazione di F. Sitzia y L. Vacca), *Istituzioni di Diritto Romano* (Padova, 1986) pp. 70-71; M. Kaser-K. Hackl, *Das römische Zivilprozessrecht*, 2ª ed. (München, 1996) pp. 30-32. Por nuestra parte debemos añadir dos consideraciones, sin que podamos ahora desarrollarlas plenamente. En primer lugar, utilizamos las expresiones «ordalía» o «juicio de Dios» a falta de otras más expresivas, pese a que seamos conscientes de sus carencias. En segundo lugar, es importante destacar que las ordalías, contra la opinión común, no siempre pertenecen a la fase más primitiva de un ordenamiento jurídico, como suele afirmarse por quienes no logran deshacerse de una visión linealmente evolutiva de las realidades jurídicas. En tercer lugar, rechazamos que la naturaleza de las ordalías pueda describirse apriorísticamente apelando a la idea de irracionalidad: en determinados casos, la racionalidad de una ordalía nos parece evidente, como forma última de dar solución neutral a un problema insoluble, solución que además se adapta perfectamente a la mentalidad de la época, en la que la intervención de los dioses se acepta como algo natural, al igual que se puede apelar al sorteo (una forma también relacionada con la esfera divina).

348 R. Santoro, *op. cit.*, pp. 484-487.

349 J.M. Ribas Alba, *Constitución del Estado en la antigua Roma* cit., pp. 168-170.

350 Ennio, *Annales* 77 ss. (ed. Vahlen) en P. Catalano, *Contributi* cit., p. 577.

Romanos imperatores ad exercitum mittere oporteret iussu nominis Latini, complures nostros in Capitolio a sole oriente auspicis operam dare solitos. Ubi aves addixissent, militem illum, qui a communi Latio missus esset, illum quem aves addixerant, praetorem salutare solitum, qui eam provinciam optineret praetoris nomine.

Cabe la posibilidad de que la *inauguratio* del *rex* en los primerísimos tiempos se desarrollara también con arreglo a este modelo. El que conserva la tradición en la leyenda del enfrentamiento ritual entre Remo y Rómulo. Livio 1, 6, 4[351]: *Quoniam gemini essent nec aetatis verecundia discrimen facere posset, ut di quorum tutelae ea loca essent auguriis legerent qui nomen novae urbi daret, qui conditam imperio regeret, Palatium Romulus, Remus Aventinum ad inaugurandum templa capiunt.*

Como al ser gemelos ni siquiera el reconocimiento del derecho de mayor edad podía decidir a favor de uno de ellos, para que los dioses que tutelaban aquel lugar designasen por medio de augurios al que daría su nombre a la nueva ciudad y al que gobernaría en ella una vez fundada, escogen, Rómulo el Palatino, y Remo el Aventino como lugares para tomar los augurios.

Cabe plantear como hipótesis muy probable que fuese el *augurium* el recurso utilizado para constatar la licitud e ilicitud de los *sacramenta*[352] (al menos como última opción[353]) en el ámbito del proceso. Tendríamos entonces una posible concreción de una de las dos actividades augurales mencionadas más arriba, cuando afirmamos que la actividad de los augures se desarrollaba tanto *a priori* (en el *responsum* a una consulta), como *a posteriori*, es decir, participando en la resolución judicial del caso planteado.

La antigua concurrencia de los augures en el ámbito procesal penal, con un alcance que no se puede precisar, se trasluce en un pasaje relativo al episodio del juicio al Horacio supérstite contenido en Festo, s.v. *Sororium Tigillum* (Lindsay, p. 380): *(...) accusatus tamen*

---

351 Sobre las variantes que se encuentran en las fuentes: P. Carafa, en *La Leggenda di Roma* I cit., pp. 378-452.

352 R. Santoro, *op. cit.*, pp. 543-545, acepta la opinión sobre este asunto de G. Broggini. Vid. R. Fiori, *Ordalie e diritto romano* cit., pp. 28-29 nt. 112.

353 Queremos decir que el recurso al *augurium* podría intervenir sólo en los casos en que la pura evidencia o los medios de prueba ordinarios no hubieran ofrecido resultados satisfactorios.

parricidi[354] *apud duunviros, dampnatusque provocavit ad populum. Cuius iudicio victor duo tigilla tertio superiectio, quae pater eius constituerant, velut sub iugum missus, subit, consecratisque ibi aris Iunioni Sororiae et Iano Curiatio, liberatus omni noxia sceleris est auguriis adprobantibus (...)*[355]. No conocemos los requisitos de esta modalidad de la intervención sacerdotal, pero al menos el texto permite conjeturar que tales intervenciones eran posibles (tal vez necesarias) y se llevaban a cabo en la esfera penal vinculada con la *provocatio ad populum*. Según lo que se apuntó más arriba en estas páginas, es probable que en el primer régimen de la *provocatio* ocurriera que el *augurium* quedara integrado en el procedimiento como una suerte de confirmación de la decisión adoptada.

Recuérdese que la literatura especializada ha propuesto diversas hipótesis sobre la atribución de competencias jurisdiccionales o judiciales a los pontífices en época arcaica[356]. Entre ellas destaca la defendida por F. De Martino[357], según el cual los pontífices declaraban a las partes la norma aplicable al caso concreto, norma que se entendía emanada de la voluntad de los dioses. Nosotros pensamos, de acuerdo con lo que venimos argumentando, que la intervención sacerdotal primera en la esfera jurisdiccional y/o judicial debió ser la de los augures, pese a que no podamos delimitar el ámbito concreto de sus competencias en esta materia: no sabemos si aquella intervención suponía el ejercicio de una competencia ordinaria o si solo se recurría a ella en determinados supuestos. Tampoco si su presencia se limitaba al campo de lo que posteriormente será denominado *iurisdictio* o si se extendía hasta el momento de la sentencia. En todo

---

354 Sobre el muy probable error en la cita del *crimen parricidii* en vez de *perduellio:* E. Tassi Scandone, *op. cit.*, p. 130.

355 El pasaje fue objeto de la atención de P. Catalano, *Contributi* cit., pp. 555-556, en el punto concreto de la intervención augural.

356 R. Fiori, *Ordalie e diritto romano* cit., p. 26 nt. 101. En opinión de C.A. Cannata, *Profilo istituzionale del processo privato romano* I: *Le legis actiones* (Torino, 1980) p. 59, defiende la existencia de una fase *in iure* laica y de una fase judicial de naturaleza religiosa encomendada al Colegio de los Pontífices, como hipótesis más probable.

357 F. De Martino, *La giurisdizione nel diritto romano* (Padova, 1937); teoría no aceptada en líneas generales por la doctrina común: vid., por ejemplo, G. Nicosia, *Il processo privato romano* I. *Le origini. Corso di diritto romano* (Torino, 1986) pp. 53-56.

caso, aunque hay que reconocer que el valor del testimonio sea muy frágil, cabe recordar que en capítulo 66 de la *lex Ursonensis*, se refiere a la *iurisdictio iudicatio* de los augures en la normativa colonial, quizá como reminiscencia de un pasado en el que tal intervención hubiera tenido un mayor protagonismo[358].

El sistema jurídico del *fas*, es decir, el Derecho Augural, se ocupó de los supuestos que posteriormente integrarán el ámbito que denominado Derecho penal público. En la evolución posteior de estos delitos queda la huella de una regulación «religiosa», netamente diferenciada de los ilícitos privados. En el más antiguo Derecho penal de la *civitas*, el contenido en parte de las *leges regiae*, se manifiesta un estado de desarrollo que todavía no es «laico»[359]. Este fenómeno se observa nítidamente en el caso del *perduellis*, cuyo modo de ejecución, suspendido con la cabeza velada (*caput obnubito*) y azotado (*vel intra pomerium vel extra pomerium*), utilizaba una categoría augural, la del *arbor infelix*[360].

***

En el ámbito del Derecho de familia la huella del Derecho Augural, entendido como un ordenamiento históricamente previo al del *ius civile*, centrado en la dualidad *fas / nefas*, resulta muy clara en la *confarreatio*[361], que los propios romanos consideraban de origen muy antiguo[362], cuyo carácter formal y «religioso» se subraya en las pala-

---

358 Cfr. A. Bouché-Leclercq, *Histoire de la Divination dans l'Antiquité* IV cit., pp. 283-285; A. d'Ors, *Epigrafía jurídica de la España romana* (Madrid, 1953) p. 189.

359 M. Kaser, *Religione e diritto in Roma arcaica* cit., pp. 85-88, quien sitúa los delitos públicos originariamente en la esfera del *fas* (licitud de las relaciones entre el hombre y la divinidad, en opinión del autor).

360 Para la oposición *arbor felix / arbor infelix*: E. Cantarella, *Los suplicios capitales en Grecia y Roma. Orígenes y funciones de la pena de muerte en la antigüedad clásica*, trad. de M.P. Bouyssou y M.V. García Quintela (Madrid, 1996) pp. 165-166.

361 J. Linderski, *Usus, farre, coemptione. Bemerkungen zur Überlieferung eines Rechtsatzes*, en *Roman Questions. Selected Papers* (Stuttgart, 1995) pp. 154-164; el autor se ha ocupado de esta materia en otras aportaciones; entre ellas: *Religious Aspects of the Conflict of the Orders: The Case of confarreatio*, en *Roman Questions* cit., pp. 542-559.

362 J. Marquardt, *Das Privatleben der* Römer, Erster Teil, 2ª ed., [1886] (Darmstadt, 1964) pp. 28-80; P. De Francisci, *Primordia civitatis* cit., pp. 286-289; R. Astolfi, *Il matrimonio nel diritto romano preclassico* (Padova, 2000) pp. 179-204.

bras de Plinio el Viejo, *Naturalis historia*, 18, 10: *in sacris nihil religiosius confarreationis vinculo erat.* Permanecía en vigor en la época de Gayo (1, 112), en la que era necesaria para el caso de los flámines mayores y el *rex sacrorum*, los cuales a su vez tenían que haber nacido *ex farreatis.* Recuérdese que en su configuración original la *confarreatio* no sólo se reducía a la transmisión de la *manus* (como ocurrirá más tarde), sino que ella misma se identificaba con el negocio jurídico matrimonial. El empleo del *far*, farro[363] (*triticum dicoccum*) tampoco deja dudas sobre su extrema antigüedad, dado que fue el tipo de cereal comúnmente utilizado en la Roma de los primeros siglos[364]. El ciclo del farro condicionó en cierta medida el primer calendario romano (el farro como protagonista de los *Fornacalia*: *farris torrendi ferias*, Plinio el Viejo, *Naturalis historia* 18, 8; Paulo Diácono, *Epitoma Festi* (Lindsay, p. 73) s.v. *Fornacalia*).

El sacrificio a Júpiter *Farreus* sugiere que el rito se celebraba originariamente por y ante el *Flamen Dialis* y que sólo en época posterior se contaba con la presencia añadida del Pontífice Máximo[365]. En la *confarreatio* encontramos además una forma de adivinación por medio del sacrificio[366] (Servio, *Ad Aen.* 1, 345-346; 4, 374) que podría ubicarse en el ámbito de los augurios, aunque las fuentes no son claras a este respecto. En todo caso, la previa toma de auspicios, habitual en todas las formas de matrimonio[367], se ajusta particularmente a la más antigua de todas como es la *confarreatio.* Suele aceptarse que la *confarreatio* fue la forma originaria del matrimonio romano, aunque autores como Noailles y Koschaker rechazan esta idea[368]. Los efectos de la *confarratio* se extinguían por medio de la ceremonia inversa de la *difarreatio*[369]. Esta necesidad de realizar un negocio jurídico formal

---

363 C. Viglietti, *op. cit.*, pp. 91-92.

364 D. Flach, *Römische Agrar-Geschichte* (München, 1990) p. 250.

365 F. Marco Simón, *Flamen dialis* cit., p. 173.

366 R. Astolfi, *op. cit.*, p. 181.

367 P. Catalano, *Contributi* cit., pp. 81; 197.

368 Vid. J. Linderski, *Religious Aspects of tne Conflict of the Orders: The Case of confarreatio* cit., p. 546.

369 Paulo Diácono, *Epitoma Festi* (Lindsay, p. 65) s.v. *Difarreatio.* El matrimonio del *Flamen Dialis* era indisoluble; además, la muerte de la *flaminica* obligaba a la renuncia del *Flamen*: Aulo Gelio, *Noctes Atticae* 10, 15, 22-24. Conviene añadir que los *flamines maiores* y el *rex sacrorum* debían ser patricios.

contrario al que produjo la relación refuerza igualmente el argumento que abona su antigüedad. Exactamente como ocurre en la *acceptilatio* en el caso de la *sponsio.*

Corresponde también a este Derecho Augural el negocio jurídico obligacional de la *sponsio.* La cual, a su vez, resulta ser la matriz de un conjunto de figuras posteriores del ámbito contractual. La *sponsio,* por su parte, deriva (aunque la opinión no es pacífica) de una variante[370] del *ius iurandum,* en la que se impone la bilateralidad, es decir, la concurrencia de dos declaraciones de voluntad esencialmente conectadas. El esquema unilateral del *ius iurandum* se mantiene en la que podemos considerar una modalidad del mismo, el *votum*[371]; y en otras figuras, por ejemplo, en la *dotis dictio.* Del *ius iurandum* nos hemos ocupado a propósito del Derecho Fecial.

La significación jurídico-religiosa del *votum* merece que nos detengamos brevemente en su estructura. Promesa condicionada, uno de sus rasgos más significativos consiste en que la declaración de voluntad del que lo emite se dirige originariamente a Júpiter. El *votum* posee un precedente primitivo en el *ver sacrum*: en cuyo caso se ofrecían a Júpiter, en un momento de crisis muy grave de la comunidad, todos los seres animados que nacieran durante la primavera. Se trata de una instituión conocida en otros pueblos itálicos, como el Samnio o los sabinos, que suele interpretarse también o sucesivamente como un método para solucionar el exceso de población[372]. En algunas tradiciones la propia fundación de Roma se hace derivar de un *ver sacrum*[373]. Su práctica, que continuó en el período plenamente histórico de la República, vio atenuada a lo largo del tiempo alguna de sus exigencias más crueles[374]. El ofrecimiento de la vida humana, propia

370 M. Kaser, *Das römische Privatrecht.* Erster Abschnitt cit., pp. 168-169.

371 G. Wissowa, *Religion und Kultus del* Römer cit., pp. 380-386; M. Kaser, *Das römische Privatrecht.* Erster Abschnitt (München, 1971) p. 169 nt. 27; 604. El *votum,* por su parte, puede considerarse el antecedente de la *pollicitatio,* de época muy posterior.

372 Dionisio de Halicarnaso 1, 16, 1-5.

373 G. Dumézil, *La religion romaine archaïque* cit., p. 218

374 Livio 22, 10, 2-6; 29, 9, 10; Paulo Diácono, *Epitoma Festi* (Lindsay, pp. 519-520) s.v. *Ver sacrum.*

o ajena, se mantuvo en la ceremonia de la *devotio*[375]. En todos estos casos, *votum* y *devotio* en sus diversas modalidades, el vínculo conceptual con el juramento parece claro[376].

El lugar clásico, en el que mejor se recoge la concepción romana del *votum*, se refleja en Livio 1, 12, 4-6; el historiador hace decir a Rómulo, envuelto en su lucha con Tito Tacio, quien ha tomado el *Arx*, las palabras siguientes: *Iuppiter tuis iussus avibus hic in Palatio prima urbi fundamenta ieci. Arcem iam scelere emptam Sabini habent; inde huc armati superata media valle tendunt; at tu, pater deum hominumque, hinc saltem arce hostes; deme terrorem Romanis fugamque foedam siste. Hic ego tibi templum Statori Iovi, quod monumentum sit posteris tua praesenti ope servatam urbem esse, voveo.*

Júpiter, respaldado por tus aves (auspicios) puse los fundamentos de la urbe aquí en el Palatino. Los sabinos tienen ya en su poder el Arx, conseguida por medio de una traición. Desde ella se dirigen armados hasta aquí. Ya han rebasado el valle que hay en medio. Pero tú, padre de los dioses y de los hombres, al menos de aquí aparta al enemigo. Libera del pánico a los romanos y detén esta huida vergonzosa. Hago el voto de levantar en este lugar un templo a Júpiter Stator, que recuerde a la posteridad que Roma se conserva gracias a tu pronta intervención.

Tras este rodeo, entendemos que necesario, nos detenemos definitivamente en la *sponsio*. S. Perozzi afirma que en la *sponsio* asistimos a un supuesto en el que se manifiesta el tránsito desde el *fas* al *ius*. Pero al señalar que estamos ante un acto religioso en su origen[377] parece inclinarse por situar esta figura en el terreno de lo que nosotros llamamos primer Derecho Augural, es decir, el sistema jurídico del *fas* desarrollado en la fase protourbana de la historia de Roma. De hecho, en el análisis de la *sponsio* constatamos, al estudiar esta particular institución, lo que ya ha quedado planteado en el plano general sobre el fundamento del Derecho Augural como un todo. Es decir, que en los primeros tiempos de su desarrollo la experiencia griega y la romana —*Themis* y *Fas*— se condujeron con arreglo a parámetros comunes. A estos efectos, recogemos aquí el análisis

---

375 Forma extrema del *votum*: G. Dumézil, *Idées romaines* cit., p. 166.
376 J. Guillén, *op. cit.*, pp. 128-129 nt. 199.
377 S. Perozzi, *op. cit.*, p. 390.

comparativo realizado, a propósito de la *sponsio*, por E. Cantarella[378]. La autora italiana, partiendo de la exégesis de un pasaje de la *Odisea* 8, 266-366[379], en el que se narra la promesa prestada por Poseidón a Efesto, dentro de la historia del adulterio de Afrodita, mujer de Efesto, con Ares, señala que la *eggue* griega (la promesa) encuentra «una perfecta correspondencia con el instituto que los romanos llamaban *sponsio*»[380]. Argumento que se confirma por el hecho de que esta *eggue* griega cumplía la función de servir a la promesa de matrimonio, *sponsalia*. Como indica su nombre, los esponsales, antes de convertirse en un acto no formal de eficacia más bien ética, aunque no privado por completo de efectos jurídicos[381], se realizaban por medio de la *sponsio*, D. 23,1,2 (Ulpiano, *libro singulari de sponsalibus*). Quizá sea oportuno recordar que la regla general según la cual la *sponsio* era un acto jurídico exclusivo de los ciudadanos romanos, índice de su antigüedad, encontraba una excepción en la llamada *sponsio pacis* (Livio 9, 10, 9; Gai. 3, 94), en la esfera «internacional», iniciativa que por regla general era previa a la realización del *foedus*[382].

Según E. Cantarella, todo hace pensar que en una fase aún más antigua que la que documenta Homero, la *sponsio* tuviera un «carácter religioso». Una etimología probable hace proceder *spondere* del griego *spendein*, ofrecer libaciones a los dioses. Así pues, la *sponsio* originaria no sería otra cosa que un tipo de juramento. La secularización posterior habría ocultado esta primera configuración, aunque conservando su carácter estrictamente formal. Por otra parte, cualquiera que sea la relación exacta entre la *sponsio* y la *stipulatio*, un problema discutido en la doctrina, lo que sí resulta claro es que también en la *stipulatio* cabe observar un elemento genético de tipo «religioso». El término *stips*, del cual deriva *stipula*, indicaría el ofrecimiento de una pieza dineraria a la divinidad en garantía de una promesa[383].

---

378 E. Cantarella, *Diritto romano. Istituzioni e storia* (Milano, 2010) pp. 302-306.

379 A. Biscardi, *Diritto greco antico* (Milano, 1982) pp. 162-166.

380 *Ibidem*, p. 303.

381 P. Bonfante, *Corso di Diritto Romano.* Volume primo. *Diritto di Famiglia* (a cura di G. Bonfante e di G. Criffò) (Milano, 1963) pp. 308-311.

382 M. Kaser, *Das Altrömische ius* cit., pp. 259-260; F. De Martino, *Storia della constituzione romana* II cit., pp. 39-42.

383 P. Huvelin, en E. Cantarella, *Diritto romano* cit., p. 379 nt. 47; Festo (Lindsay, p. 379) s.v. *Stipem*.

Ahora bien, permítasenos una crítica a la habitual descripción que realizan los autores a la hora de señalar este origen «religioso» de la *sponsio*. Sirva como ejemplo de esta posición tan extendida las palabras de V. Marota: «Se debe suponer en todo caso que la promesa de prestación, que constituye el núcleo de la *sponsio* conocida por nosotros, fuese integrada antiguamente por una invocación a la divinidad similar a la contenida en el formulario de los ritos que hacían inviolable los juramentos políticos y los tratados ante Júpiter. El vínculo creado por la antigua *sponsio*, por su naturaleza y su estructura, no era por tanto estrictamente jurídico, sino que se hallaba connotado en sentido religioso y sacral»[384]. El error consiste en negar la naturaleza estrictamente jurídica de la primitiva *sponsio* alegando su «sentido religioso y sacral». No deben confundirse aspectos que se corresponden con dos planos distintos pero absolutamente compatibles. El hecho de que el contenido, las formas de realización, su legitimidad e incluso los mecanismos procesales que protegen una institución albergen aspectos religiosos no impide ni excluye que estemos en el campo del Derecho, si esa institución posee carácter social y puede imponerse coactvivamente. El nacimiento de la *sponsio* se sitúa muy probablemente en los albores de la comunidad romana, en la etapa anterior a la fundación de la Urbe. Etapa que de la mano de la arqueología calificamos como protourbana. Y que desde el punto de vista jurídico corresponde al primer desarrollo del Derecho Augural. Derecho en sentido estricto porque sus normas poseen carácter coactivo, aunque esa coactividad sea extraña al mundo moderno, la propia de un mundo en el que las ideas religiosas se sitúan en el primer plano de la mentalidad social. Una sociedad de dioses y de hombres. Júpiter es padre común de las deidades y de los hombres[385]. Dios de los auspicios y del juramento (*per Iovem lapidem*), al que corresponde la *fides* (*Dius Fidius*). En ese contexto es lógico que en la primera Roma, al igual que en otras sociedades conocidas colocadas en el mismo nivel de desarrollo, la norma jurídica se construya y se apoye en realidades sobrenaturales. Pero no por ello deja de pertenecer al ámbito del Derecho. Tampoco puede resolverse el pro-

---

384 V. Marota, en A. Schiavone (a cura di), *Diritto privato romano. Un profilo storico* (Torino, 2010) p. 361.

385 Ennio en Cicerón, *De natura deorum* 2, 2, 4.

blema apelando a una especie de sistema religioso-jurídico, porque ambos elementos poseen naturalezas distintas, por muy interconectados que aparezcan en la práctica. En todo caso estaría más cerca de la verdad argumentar que la religión primera es ella misma Derecho: escribe Aulo Gelio, *Noctes Atticae* 4, 9, 3: *(...) religiosus pro casto atque observanti cohibentique sese certis legibus finibusque dici coeptus*: en uno de sus significados *religiosus* se dice del hombre que regula su conducta de acuerdo con normas ciertas y límites.

***

Al período del Derecho Augural pertenece con toda probabilidad el primer calendario[386] del que tenemos noticias (por vía de reconstrucción), de orígenes precívicos, y de carácter estrictamente lunar, es decir, basado sólo en las fases de la Luna. La posterior competencia pontifical[387] sobre esta materia no oculta sus orígenes anteriores a la fundación de la Ciudad y, por tanto, a la propia existencia de los pontífices[388]. Al igual que en otros casos conocidos el punto de partida fue, como decimos, un calendario lunar[389] probablemente de diez meses, de marzo a diciembre (atribuido a Rómulo), cuya duración era de 304 días[390],

---

386 Dejando aparte la existencia —desconocida para nosotros— de otros calendarios prehistóricos, cabe la posibilidad de que el primer calendario romano al que tenemos acceso coexistiera con otros calendarios, según un patrón que no es del todo extraño en las sociedades arcaicas y antiguas. Podría considerarse una prueba de ello el hecho de que este primer calendario que nosotros denominamos augural se centraba muy claramente en determinar los días en los que era lícito llevar a cabo la actividad procesal, como veremos a continuación.

387 A. Bouché-Leclercq, *Les Pontifices de l'ancient Rome: Étude historique sur les Institutions religieuses de Rome* (Paris, 1871) pp. 218-249.

388 Una institución específicamente romana, propia de una sociedad política evolucionada: F. De Martino, *Storia della costituzione romana* I cit., p. 137.

389 En el que las calendas, primer día del mes que se corresponde con el primer día de Luna creciente; los *idus* indican el día de Luna llena.

390 L. Wenger, *Die Quellen des römischen Rechts* (Wien, 1953) pp. 335-348; A.K. Michels, *The Calendar of the Roman Republic* (Princeton, 1967) p. 122, con indicación de las fuentes (obra de referencia); D. Sabbatucci, *La religione di Roma antica. Dal calendario festivo all'ordine cosmico* cit.; A. und I. König, *Der römische Festkalender der Republik* (Stuttgart, 1991); A. Invernizzi, *Il Calendario* (Roma, 1994); A. Carandini, *Remo e Romolo. Dai rioni dei Quiriti alla città dei Romani (775/750-700/675 a. C.)* cit., p. 260. El punto de partida de una bibliografía inabarcable suele situarse en: L. Ideler, *Handbuch der mathematischen und technischen Chronologie*, 2 vols (Ber-

sustituido en edad monárquica por un calendario lunisolar de 355 días repartidos en doce meses (atribuido a Numa[391]). No interesa ahora entrar en el desarrollo y los arduos problemas que presenta el estudio de estos calendarios desde una perspectiva general. Debemos destacar en primer lugar que algunas fiestas y ritos ligadas específicamente a días determinados del mes (o con cierta movilidad) indican con suficiente claridad su pertenencia al mundo de las curias (por ejemplo, los *Fornacalia* y *Fordicidia*, la fiesta *pro sacellis* de los Argeos o la fiesta *pro montibus* del *Septimontium*), es decir, según la terminología aquí utilizada, al mundo del proto-Estado inmediatamente anterior a la fundación de la Ciudad. Resulta muy significativa la ceremonia que tenía lugar cada mes, en las *Idus* (*feriae Jovi*)[392]: el *Flamen Dialis* sacrificaba en el *arx* un carnero blanco a Júpiter[393]. Estamos ante una de las pocas supervivencias de la actividad del *Flamen Dialis* el cual, a pesar de haber conservado un lugar de privilegio en la jerarquía sacerdotal[394], se vio apartado casi por completo del protagonismo público tras la fundación de la Ciudad, uno de los síntomas más evidentes de la discontinuidad que supuso el nacimiento de Roma como *civitas* en sentido estricto.

Este primer calendario, obra de los augures, se basaba originariamente en un esquema binario que nos resulta familiar: el que distingue entre *dies*[395] *fasti* y *dies nefasti*[396], esquema al que posteriormente

---

lin, 1825-1826) con varias reediciones y reimpresiones; también Th. Mommsen, *Die römische Chronologie bis auf Caesar*, 2ª ed. (Berlin, 1859).

391 Parece que la reforma del calendario se sitúa más bien en la época de la monarquía etrusca: R.M. Ogilvie, *A Commentary on Livy Books 1-5*, [1965] (Oxford, 2003) p. 95.

392 Macrobio, *Saturnalia* 1, 15, 15. Recuérdese el peculiar estatuto del *Flamen Dialis* según el cual este sacerdote era *cotidie feriatus*: Gelio, *Noctes Atticae* 10, 15, 5.

393 J. Rüpke, *The Roman Calendar from Numa to Constantine. Time, History, and the Fasti*,[1995], translated by D.M.B. Richardson (Chichester, 2011) p. 24, con indicación de fuentes (nt. 5).

394 Festo, s.v. *Ordo Sacerdotum* (Lindsay, p. 198).

395 Es posible que el término *dies* proceda del léxico augural (fenómeno distinto al de su derivación etimológica): Paulo Diácono, *Epitoma Festi, s.v. Dies: dictus, quod divini sit operis, sive ab Iove, eius, ut putabant, rectore, qui Graecos Dia appellatur (…).* (Linsay, p. 65); también s.v. *Flamen Dialis* (Lindsay, p. 77): *appellatur a Dio, a quo vita dari putabantur hominibus. (El nombre) procede de Dios, del que pensaban que daba la vida a los hombres.*

396 Inicialmente denominados *fas* y *nefas* (añadimos: dejando constancia explícita de su origen) según opinión de J. Marquardt-G. Wissova, *op. cit.*, p. 291. Por

se fueron añadiendo otras categorías como la de los *dies comitiales* (incorporada a mediados de la República), que opera como una subdivisión de los *dies fasti,* o las *nundinae*; y antes, si es correcta la hipótesis de A.K. Michels, la de los días marcados con NP en el calendario, es decir, aquellos días *nefasti* que son además *feriae publicae pro populo*[397]. Una categoría independiente, que no coincide[398] con la de los *dies nefasti* ni figura en los calendarios, es la de los *dies religiosi*[399] y la de los *dies atri* o *dies postridiani* (en estos últimos —los inmediatamente posteriores a las *Kalendae, Nonae* e *Idus*— los ritos públicos son evitados, a diferencia de lo que ocurre en los días religiosos, en los que sólo se procura evitar los ritos privados[400]).

Veamos la información que ofrecen las fuentes sobre los *dies fasti.* Constataremos su íntima vinculación con el ámbito procesal de las *legis actiones.* Estamos ante uno de los puntos decisivos de nuestro desarrollo argumentativo. Empecemos[401] recordando que el adjetivo *fastus* es un término técnico cuyo significado se refiere estricta y exclusivamente a un tipo de días del calendario. La primera información nos la ofrece Varrón: *De lingua Latina* 6, 29-30: *Dies fasti, per quos praetoribus omnia verba sine piaculo licet fari (...) Contrarii horum vocantur dies nefasti, per quos dies nefas fari praetorem «do», «dico», «addico»; itaque non potest agi: necesse est aliquo uti verbo cum lege qui peragitur.* Y un poco más adelante: 6, 53: *Hinc fasti dies, quibus verba certa legitima sine piaculo praetoribus licet fari; ab hoc nefasti, quibus diebus ea fari ius non est et, si fati sunt, piaculum faciunt.* Que la actividad jurisdiccional era entendida en un contexto religioso no ofrece dudas. Entre otros muchos

---

nuestra parte, cabe conjeturar que la propia naturaleza de los días, *fasti* y *nefasti,* en un primer período fuera determinada mediante la toma de augurios de una forma no permanente y que sólo posteriormente se fijaran de manera inamovible.

397 A.K. Michels, *op. cit.*, pp. 68-83.

398 Gelio, *Noctes Atticae* 4, 9, 5; 5, 17, 1: A.K. Michels, *op. cit.*, pp. 62-63.

399 Paulo Diácono, *Epitoma Festi* (Lindsay, p. 145) s.v. *Mundum*; Festo, s.v. *Religiosus* (Lindsay, p. 348).

400 A.K. Michels, *op. cit.*, p. 64. Esta distinción nos hace pensar en el hecho de que, pese a que no logremos precisar su original ubicación, los *dies religiosi,* confinados a la esfera privada, pertenecían a un período anterior a la fundación de la Ciudad.

401 Para no multiplicar las citas advertimos al lector que utilizamos en este punto la información que ofrece A.K. Michels, *op. cit.*, pp. 48-60.

indicios lleva a esta conclusión la necesidad del *piaculum* en algunos casos. Los ritos procesales entran efectivamente en el ámbito de las *caerimoniae* (más arriba mencionada), según resulta de este pasaje de Servio, *Ad Aen.* 4, 646: *Et sciendum, si quid caerimoniis non fuerit observatum, piaculum admitti.* Las palabras formalmente pronunciadas en el ejercicio de la *actio* se aproximan o se identifican en su naturaleza a un acto de culto[402]. En el mismo sentido, el conjunto de ritos en los que interviene el pretor, heredero de una tradición multisecular, es calificado como *sollemnia,* aludiendo a un concepto de naturaleza religiosa[403].

Livio 1, 19, 7: *Idem (Numa) nefastos dies fastosque fecit quia aliquando nihil cum populo agi utile futurum erat.* También Ovidio, *Fasti* 1, 47, ofrece una definición de *nefastus* en el mismo sentido anterior: *ille nefastus erit per quem tria verba silentur.* En los *Fasti Praenestini* (anotados por Verrio Flaco): *(...) llantur quod iis licit fari apud / (...) s verbis lege agi non potest*[404]. Y Suetonio (en Prisciano, *Institutiones Grammaticae,* 20): *fasti dies sunt quibus ius fatur, id est dicitur, ut nefasti quibus non dicitur*[405].

Este contexto ayuda a precisar el alcance de las palabras de Gayo 4, 29, cuando en su descripción de la *legis actio per pignoris capionem* escribe que en esta modalidad de *legis actio,* excepcionalmente[406], era posible su ejercicio en un *dies nefastus*: *praeterea quod nefasto quoque die, id est quo non licebat lege agere, pignus capi poterat.* Genera múltiples dudas la naturaleza exacta de este procedimiento, cuyo origen tal vez sea anterior incluso al nacimiento de las primeras formas estatales.

---

402 La vinculación entre las *caerimoniae* y el *piaculum* aparece en Arnobio, *Adversus nationes* 4, 31; vid. J. Marquardt-G. Wissowa, *op. cit.*, p. 177 nt. 3. Algunos autores no han dudado en describir el calendario como una manifestación teológica: A. Dosi-F. Schnell, *Spazio e tempo* (Roma, 1992) p. 80; A. Carandini, *La nascità di Roma,* Tomo secondo (Torino, 2003) pp. 575-576. Vid. también M. Kaser, *Das Altrömische ius* cit., pp. 28-32.

403 P. Noailles, *op. cit.,* pp. 289-290.

404 En A.K. Michels, *op. cit.*, pp. 28-29.

405 Vid. también Séneca, *De vita beata* 3, 4: *(...) praetor adeuntibus adsessoris verba pronuntiat (...).* Macrobio, *Saturnalia* 1, 16. 14: *Fasti sunt quibus licet fari praetori tria verba sollemnia do, dico, addico*; Festo, s.v. *Nefasti dies* (Lindsay, p. 162); Paulo Diácono, *Epitoma Festi,* s.v. *Fastis* (Lindsay, p. 83).

406 Indica Gayo que su régimen excepcional hizo dudar a algunos de su carácter como verdadera *legis actio.*

J.L. Murga vio este problema, cuando se ocupa de su «reaparición» en la *lex metalli Vipascensis.* Subrayó su carácter público y su nacimiento en una época en la encontramos «un Estado-ciudad apenas nacido»; añade las semejanzas de esta organización política con la de un «minúsculo ente político —la ciudad minera—, con sus fines colectivos, sus servicios y sus súbditos (...)»[407]. Previamente plantea la hipótesis que su origen se halle en el ámbito del Derecho latino, para luego ser incluido en el ordenamiento del *ius civile.* No coincidimos estrictamente con este planteamiento, cuyo mérito reside, sin embargo, en dirigir la mirada hacia la dirección correcta. En todo caso, el régimen excepcional de esta *legis actio,* la posibilidad de su ejercicio en día nefasto, marca por contraste la regla general de que los *dies nefasti* se relacionan específicamente con el ordenamiento de las *legis actiones.*

Las fuentes disponibles, pese a su escasez, permiten trazar un vínculo firme entre el *fari* del magistrado, el primer Derecho procesal, los días *fasti* y el carácter primitivamente augural de los *tria verba solemnia: do, dico, addico.* Estamos ante el desarrollo de un modelo esencial fundado en la tensión entre el *fas* y el *nefas,* que se extiende también al ámbito de la convocatoria y desarrollo de los *comitia,* sujeto a un minucioso y complejo procedimiento[408].

De un modo particularmente expresivo este *addicere* —el rastro podría seguirse igualmente en el *dicere*[409] y en el *dare*[410]— antes de su

---

407 J.L. Murga Gener, *Derecho Romano Clásico.* II: *El Proceso,* 3ª ed. (Zaragoza, 1989) pp. 150-157.

408 A.K. Michels, *op. cit.*, p. 54.

409 Sobre la *legum dictio* en la práctica augural, es decir, sobre la *nuncupatio* de los signos considerados como válidos: P. Catalano, *Contributi* cit., p. 85-89. *Legum dictio* es la fórmula que pronuncia el auspicante (también en los casos en que el auspicio forma parte del augurio). Se trata de una declaración oral: *nuncupatio verborum.* Establece las *leges,* en el sentido de *condiciones* de la ceremonia: J. Linderski, *Founding the City. Ennius and Romulus on the Site of Rome* cit., pp. 12-13. La respuesta positiva a la petición viene expresada por el augur con la expresión *aves addicunt* (también *aves admittunt, auspicium ratum facere*). Vid. también: R. Santoro, *op. cit.*, p. 301; Ch. Kvium, *op. cit.*, p. 76-77 nt. 83.

410 Acerca del *dicere* (relacionado con *fari*) y su vínculo con *ius dicere* y *iurisdictio* no caben dudas: vid., por ejemplo, M. Wlassak, *Der Judikationbefehl der römischen Prozesse. Mit Beiträgen zur Scheidung des privaten und öffentlichen Rechtes* (Wien, 1921) p. 58, sobre la relación entre *ius dicere* y *iudicium dare,* R. Santoro, *op. cit.*, pp.

secularización en el Derecho procesal posterior, remite claramente a una normatividad augural, un dato en el que ha reparado un sector de la doctrina[411], aunque sin extraer de él las últimas consecuencias. Según quedó planteado más arriba, pensamos que fue la aplicación de la técnica augural la que se utilizó (quizá como último recurso) para zanjar la licitud o ilicitud de los *sacramenta* procesales. Así pues, la huella de este régimen jurídico, ya trasladada al *ius civile*, se hace patente en la actividad de *addicere*, cuyo primer significado se conserva en las fuentes no jurídicas. Así en Livio 1, 36, 3: *neque mutari neque novum constitui nisi aves addixissent posse.* Livio 1, 55, 3: *cum omnium sacellorum exaugurationes admittentur aves, in Termini fano non addixere.* Festo, s.v. *Praetor* (Lindsay, pp. 276-277): *(...) Ubi aves addixissent, militem illum, qui a communi Latio missus esset, illum quem aves addixerant (...).*

163-190. El aspecto augural del *dare* se observa, por ejemplo, en Cicerón, *De legibus* 2, 12, 31: *(...) cum populo, cum plebe agendi ius dare aut non dare? (...)*, como cometido de los augures.

411 P. Noailles, *op. cit.*, pp. 294-299; J.L. Murga Gener, *op. cit.*, p. 39.

Capítulo undécimo

Contenido del primer Derecho augural. Segunda parte. La Fundación como principio rector. Pomerium

El Derecho Augural mantuvo parcialmente su vigencia en el ámbito del ordenamiento constitucional monárquico, republicano e incluso durante el Principado. Vigencia que se extendió hasta el ámbito provincial[412]. Ésta es quizá la prueba más evidente de la potencia normativa de este primer Derecho, el cual fue restringiendo su presencia en la vida privada y pública romana, pero que mostró su consistencia perviviendo en esta decisiva esfera de la organización de la *res publica.* La evidente decadencia del Derecho Augural y de la jurisprudencia que lo sustentava, de la que se hacia eco Cicerón, pudo aún vivir algo parecido a un renacimiento a partir de Sila, prolongado hasta Augusto[413] y Tiberio, en un intento de revivir la antigua religión[414]. Dio lugar a una literatura doctrinal de la que desgraciadamente poco sabemos. De estos libros *De auguriis* y *De auspiciis* quedan algunos fragmentos y referencias. Sobre la materia escribieron, según los pocos datos disponibles, L. Julio César (cónsul en el 64 a.C.), Varrón, App. Claudio Pulcher, C. Claudio Marcelo, M. Valerio Messala Rufo (cónsul en el 53 a.C.), Veranio, C. Ateio Capitón, También Cicerón. En todos estos casos parece que la atención de los autores se centraba sobre todo en el ordenamiento augural

---

412 A pesar del tiempo transcurrido desde su publicación, sigue siendo muy útil el tratamiento general de: J. Rubino, *Untersuchungen über römische Verfassung und Geschichte*, Erster Theil (Cassel, 1839) pp. 34-106.

413 Respecto al otro sector principal del *ius divinum*, recuérdese, sólo por el peso de este jurista, sin que podamos entrar en el tratamiento general de la jurisprudecia pontifical, que Marco Antistio Labeón fue autor de un extenso *commentarius iuris pontificalis* (F.P. Bremer II, pp. 74-75, con referencia a otros juristas).

414 F. Schulz, *History of Roman Legal Science*, [1946] (Oxford, 1963) p. 138; J. Linderski, *The Augural Law* cit., p. 2247 nt. 396.

que afectaba a las magistraturas, como sugiere entre otros indicios el largo fragmento de Messala citado por Aulo Gelio, *Noctes Atticae* 13, 15, y en la ordenación territorial.

El primer Derecho Augural, cuya génesis se remonta a una época previa a la fundación de la Ciudad, no sólo no decayó, sino que vivió una segunda vida de esplendor durante la República, aunque en esta «segunda vida» su ámbito de aplicación quedó notablemente reducido. Resulta casi inevitable citar a este respecto el conocido texto de Cicerón, *De legibus* 2, 12, 31: *Maximum autem et praestantissimum in re publica ius est augurum cum auctoritate coniunctum, neque vero hoc quia sum ipse augur ita sentio, sed quia sic existimare non est necesse. Quid enim maius est, si de iure quaerimus, quam posse a summis imperiis et summis potestatibus comitiatus et conciia vel instituta dimittere vel habita rescindere? Quid gravius quam rem susceptam dirimi, si unus augur «alio (die)» dixerit? Quid magnificentius quam posse decernere, ut magistratu se abdicent consules? Quid religiosius quam cum populo, cum plebe agendi ius dare aut non dare? Quid, legem si non iure rogata est tollere (...)?*

Pero el Derecho mayor y de más trascendencia en la República es el Derecho Augural, que va unido a la autoridad. Y no pienso de esta forma porque soy un augur, sino porque así debemos creerlo. ¿Qué prerrogativa mayor si hablamos de Derecho, que disolver los comicios o las asambleas convocadas por los magistrados dotados de imperio o por los más altos poderes públicos, o anularlas una vez que se han celebrado? ¿Qué poder más sorprendente que suspender una acción emprendida, si un augur dice «para otro día»? ¿Qué hay más grande que poder decidir que los cónsules renuncien a su magistratura? ¿Qué hay más delicado que conceder o rehusar el derecho de convocar al pueblo o a la plebe? ¿Y qué diremos del derecho de abolir las leyes votadas ilegalmente (...)? (trad. de J. Guillén).

Cuando se examina con detenimiento el protagonismo de los augures en la vida política republicana (también el hecho, no sólo puramente simbólico, de que Octavio eligiera, frente a otros títulos posibles[415], el de *Augustus*, vinculado patentemente al Derecho Augural[416],

[415] Dion Casio, 53, 16, 7-8; Suetonio, *Vita divi Augusti* 7, 2; S. Weinstock, *op. cit.*, p. 190.

[416] S. Montero Herrero, *Augusto y las aves* cit., p. 24, siguiendo a T. Piel (nt. 32) nos recuerda que Augusto se presentó como un rey-augur, en la tradición de los *mores maiorum*, utilizando el *lituus* (bastón augural) como insignia real, uso que

a la *auctoritas*[417] y, por consiguiente a Júpiter[418]), no parece exagerado afirmar con A. Giovannini[419] que los augures actuaban como los «guardianes de la constitución», la cual estaría *escrita* (cabría añadir parcialmente) en los libros depositados en la sede de su Colegio. P. Catalano habla del carácter nomofiláctico de la *auctoritas augurum*[420]. Nos hemos ocupado del procedimiento electoral y de la intervención en él del régimen de los auspicios controlados en última instancia por el Colegio augural en nuestra obra *Democracia en Roma. Introducción al Derecho electoral romano* y a ella debemos remitirnos[421]. El control augural se aplica igualmente en las asambleas convocadas para la aprobación de una ley y en los *iudicia populi*.

Detengámonos en algunos de estos principios y mecanismos augurales, decisivos en el ámbito constitucional clásico, pero provenientes —total o parcialmente— de un período que es muy anterior, que antecede incluso a la primera etapa monárquica. Empecemos por acercarnos al régimen jurídico de la ordenación del territorio,

---

no tendrá una prolongada continuidad en los emperadores de Roma. Vid. P. De Francisci, *Arcana Imperii* III 1 cit., p. 422.

417 *Res Gestae Divi Augusti* 34, en cuyo tenor se hace evidente en el lenguaje oficial la correlación conceptual entre la *auctoritas* y el título de *Augustus* conferido por el Senado; R. Heinze, *Von Geist des Römertums. Ausgewählte Aufsätze*, Herausgegeben von E. Burk, 3., erweiterte Auflage (Stuttgart, 1960) pp. 43 ss.

418 Ovidio, *Fasti* 1, 608-616: *hic socium summo cum Iove nomen habet. / sancta vocant augusta patres, augusta vocantur / templa sacerdotum rite dicata manu / huius et augurium dependet origine verbi, / et quodcumque sua Iuppiter auge tope / augeat imperium nostri ducis, augeat annos, / protega et vestras querna corona fores, / auspicibusque deis tanti cognominis heres / omine suscipiat, quo pater, orbis onus.* No podemos detenernos en el problema complejo del fundamento y proyección de la *auctoritas principis*, pero su cercanía más o menos determinante y su inclusión en el ámbito del *augurium* y de los augures parece evidente; vid., el planteamiento de este asunto en: A.A.T, Eherhardt, *op. cit.*, pp. 276-309; F. De Martino, *Storia della costituzione romana* IV, parte prima (Napoli, 1974) pp. 226-227; 278-285. Vid. también P. De Francisci, *Arcana Imperii* III 1 cit., p. 308.

419 A. Giovannini, *Les Livres Augureaux*, en C. Moatti (ed.), *La mémoire perdue: recherches sur l'administration romain* (Rome, 1998) p. 175; M. Pani, *Il costituzionalismo di Roma antica* (Roma, 2010) p. 96.

420 P. Catalano, *Contributi* cit., p. 2.

421 J.M. Ribas Alba, *Democracia en Roma* cit., en particular el capítulo décimo de la obra, *Vitio creatus, ambitus, abrogatio*; los augures como intérpretes del *ius comitiorum* y su función en la *abdicatio* del magistrado, son aspectos esenciales de su protagonismo constitucional.

en el que el Derecho Augural ocupa una posición de centralidad, vinculada en algunos aspectos con la *Etrusca disciplina* la cual, sin embargo, desempeña una importante función pero subordinada[422].

La categoría augural del *pomerium*, lugar (*locus*) inaugurado[423] como *templum* —contra la opinión de P. Catalano—, distingue jurídicamente a la *urbs* de otros agrupamientos materialmente semejantes (*oppida*). Las práticas jurídico-rituales dirigidas a la configuración de límites en la ordenación del territorio comunitario se remontan hasta el Neolítico[424] y poseen un carácter universal. Se hallan presentes no sólo en las culturas indoeuropeas. En el caso itálico encontramos tales prácticas vinculadas a técnicas adivinatorias y específicamente augurales. Por todo ello, cabe concluir que los antecedentes inmediatos del *pomerium* en Roma se sitúan en el mundo de las curias. Las ceremonias cuya noticia conservamos de esta época protourbana exigían la delimitación de las diversas unidades de población y de los terrenos de cada una de ellas. La *lustratio*, en sus variadas expresiones, se desarrollaba en una procesión sacrificial en torno al períme-

---

422 Posición subordinada al ámbito oficial de los sacerdotes públicos, como demuestra el hecho de que los arúspices figuren dentro de la categoría de los *apparitores* en el capítulo 62 de la *lex Ursonensis*.

423 J.M. Ribas Alba, *Constitución del Estado en la antigua Roma* cit., pp. 527-559; vid., I.M.J. Valeton, *De templis romanis*, en *Mnemosyne* 25 (1897) pp. 93-144; A. von Blumenthal, s.v. *Pomerium*, en *RE*. 21.2 (Stuttgart, 1952) cols. 1867-1876, quien subraya en exceso el indudable elemento etrusco (y oriental) de la institución; P. Catalano, s.v. *Pomerio*, en *NDI*., 3ª ed. (Torino, 1957) pp. 268-271, quien rechaza su condición de *templum*. También han de consultarse las aportaciones de A. Maccari: "*Quid sit pomerium*": *appunti su Gellio, Noctes Atticae XIII, 14. Le fonti e il confronto con Festo 294 L*, en *Studi Classici e Orientali* 61 (2015) pp. 313-333; *Habeat ius proferendi pomerii (Gell., Noctes Atticae XIII, 14. L'evoluzione dello ius prolationis dalle orgini a Sila*, en *Studi Classici e Orientale* 62 (2016) pp. 161-184; *Auctis populi Romani finibus. Lo ius proferendi pomerii in età imperiale e il pomerio romuleo di Claudio in Tac. Ann. Xii, 24.*, en *Studi Classici e Orientale* 63 (2017) pp. 220-247; *Pomerium, verbi vim solam intuentes, postmoerium interpretatur esse. La critica storica e antiquaria e la manipolazione del passato*, en *Studi Classici e Orientali* 65 (2019) pp. 139-159; G. De Sanctis, *Roma prima di Roma. Miti e fondazioni della città eterna* (Roma, 2021) pp. 175-205.

424 Vid. para el Neolítico en la península italiana y Sicilia: A. Cazzela-G. Recchia, *Alle origine delle disuguaglianze. Dall'affermazione delll'economia produttiva alle prime forme di stratificazione in Italia e nelle isole adiacenti (6000-1000 a.C.)* (Ragusa, 2021) pp. 15-22.

tro de cada superficie. Destaca entre estas ceremonias la de los *Argei*, que pueden ser considerados como el rito de purificación del centro proto-urbano denominado *Septimontium*[425], integrado por las curias primitivas.

La *civitas* heredó estos rituales añadiendo algunos nuevos. En ellos la periódica purificación de los límites suponía una especie de refundación de cada uno de ellos, especialmente del *pomerium*. Se trata en este caso del *amburbium*, que no es otra cosa que la *lustratio urbis*[426].

De la fiesta de los *Fornacalia*, anterior a la fundación, queda un testimonio llamativo. Entre las *feriae conceptivae* (movibles y por ello no recogidas en los calendarios), los *Fornacalia*, del mes de febrero, son especialmente interesantes. En ella, a diferencia de los *Fordicidia* (15 de abril), cada curia celebraba los ritos de forma autónoma, sin intervención de los pontífices[427]. Repárese en que la presencia de los pontífices indica la existencia de la forma estatal. En los *Fornacalia* tenemos noticias de los sacrificios que se hacían en los *termini agrorum* (Plinio el Viejo, *Naturalis historia* 18, 8)[428], lo cual exige una actividad ritual previa que establezca con precisión tales límites. Pero, como decimos, la presencia de estos rituales de delimitación territorial se diversifica en una pluralidad de manifestaciones y afectaban también el ámbito privado. Piénsese en el *ambitus*[429], ligado a rituales en los que se invoca la protección divina: Varrón, en Agustín de Hipona, *De civitate Dei* 6, 9, 2.

En la fundación de Roma la constitución del *pomerium* en el Palatino crea jurídicamente la *urbs* dentro de un centro habitado muy amplio. Tuvo que ser un grupo llegado de fuera, con una organización

---

425 A. Carandini, *Remo e Romolo* cit., p. 289.

426 Las fuentes disponibles en: J.M. Ribas Alba, *Constitución del Estado en la antigua Roma* cit., pp. 553-554.

427 W.W. Fowler, *The Roman Festivals of the Period of the Republic: An Introduction to the Study of the Religion of the Romans* (Oxford, 1899) p. 303.

428 De este asunto se ocupa: R.E.A. Palmer, *op. cit.*, pp. 114-121.

429 Paulo Diácono, *Epitoma Festi* (Lindsay, pp. 5 y 15) s.v. *Ambitus*; P.A. Fernández Vega, *La casa romana* (Madrid, 1999) pp. 46-47; G. De Sanctis, *op. cit.*, pp. 185-187. Sobre la conexión *amb-* (a propósito del término virgiliano *Ampsanctus*) al Derecho Augural: É. Benveniste, *op. cit.*, p. 351.

de tipo militar, el protagonista de la operación, posiblemente violenta. Sobre este particular ya comentamos algo páginas más arriba. Esta *urbs Palatina* exigía una separación jurídica del resto del territorio. También una separación respecto a la población que lo habitaba, la cual, según algunos autores se describía con el término *quirites*. En todo caso, sí parece claro que el significado originario de *populus* sugiere una connotación militar[430], la cual se mantiene en la organización de los comicios por centurias (*exercitus centuriatus*)[431] y antes en la organización por curias. Esta comunidad de guerreros utilizó un procedimiento fundacional que, aunque centrado en el *pomerium*, poseía rasgos de tipo militar, los cuales han dejado algún rastro en la tradición posterior. Entre ellos podemos citar el lanzamiento ritual del *hasta* por Rómulo, desde el Aventino al *Cermalus*[432], que sólo se explica en un contexto bélico, sea real o simbólico. Asimismo, Servio[433] escribe que el fundador utilizó el *cinctus Gabinus*, el cual, como oportunamente señala Ch. Kvium[434], indica igualmente que la ceremonia incluia un aspecto castrense.

El *pomerium*, por las razones arriba apuntadas, delimitó inicialmente una zona exclusiva de la que tomó posesión el grupo romuleo (cualquiera que fuera el nombre del líder). La arqueología muestra (según las conclusiones del grupo de A. Carandini y P. Carafa) que el centro político se desplazó muy pronto hacia el Foro. Nada sabemos de las relaciones políticas de los «fundadores» con el resto de la población ni del momento en que se produjo la fusión entre ambos elementos. En todo caso, del carácter restrictivo que poseyó incialmente el Palatino quedan algunas huellas en tiempos muy posteriores. Podemos citar dos. La prohibición de dar culto público a dioses considerados no romanos dentro del pomerio (ya muy ampliado).

---

430 Vid., por ejemplo, Th. Mommsen, *Abriss des römischen Staatsrechts*, 2ª ed., [1907] (Darmstadt, 1974) p. 8; J. Gaudemet, *Le Peuple et le Gouvernement de la Republique Romaine*, en *Labeo* 11 (1965) p. 148; L. Peppe, s.v. *Popolo (Diritto Romano)*, en *Enciclopedia del Diritto* 34 (1985) pp. 315-316.

431 Las connotaciones militares son evidentes en parte del vocabulario constitucional relativo a las magistraturas: piénsese en el término *praetor* o en la descripción del dictador como *magister populi*.

432 A. Carandini, *Remo e Romolo* cit., pp. 146; 151.

433 Servio, *Ad Aen.* 5, 755.

434 Ch. Kvium, *op. cit.*, pp. 82-83.

Con alguna excepción, como fue el templo de Cástor[435] y más tarde el de la Magna Mater. Asimismo, la prohibición, no sin excepciones, de recibir a los legados de pueblos extranjeros, *legati exterarum nationum*, dentro del pomerio[436]

Así pues, el *pomerium* no coincide[437] con la frontera o límite[438] del asentamiento «urbanístico» completo de la Ciudad. Es más bien un *centro* (quizá no geográfico) *escondido,* protegido gracias a la barrera mística santificada constituida por el rito augural. En el primer pomerio, el que se atribuye a Rómulo, este aspecto de *centro jurídico* dentro de una realidad urbanística (en sentido material) más amplia destaca con especial sentido, porque enlaza la Roma primera con su antecedente protourbano, que ya existía. El pomerio genera un territorio delimitado con un estatuto particular, un centro simbólico respecto al territorio exterior.

***

Vinculado con lo anterior, pero sin que sea posible extraer de las fuentes una solución segura, encontramos la institución del *mundus*[439]. El *mundus* reproduce de manera más radical aun el esquema universal centro-periferia, ahora dentro del mismo *pomerium.* Subsisten dudas, sin embargo, sobre si estamos ante una realidad atribuible a la primera Roma o ante un elemento introducido durante la Monarquía etrusca. Una información de Festo parece dar a enteder que

---

435 C. Santi, *Castor a Roma. Un dio peregrinus en el Foro* (Lugano, 2017).

436 P. Catalano, *Aspetti spaziali del sistema giuridico-religioso romano* cit., p. 481.

437 Ni siquiera el primer pomerio, el atribuido a Rómulo, coincidía con toda la extensión urbanizada: el Palatino constituía sólo un sector de toda la ciudad entendida en este caso como realidad material; Ch. Kvium, *op. cit.*, p. 87.

438 No podemos abordar el estudio del *pomerium* dentro de la literatura gromática, cuyo marco temporal queda fuera de nuestro estudio. Puede consultarse, dentro de una literatura como siempre muy amplia y sólo de modo indicativo: M.J. Castillo Pascual, *Espacio en orden: El modelo gromático-romano de ordenación del territorio* (Logroño, 1996) pp. 53; 115-120; 266; P. Gros-M. Torelli, *Storia dell'urbanistica. Il mondo romano* (Roma-Bari, 1988); B. Campbell, *The Writings of the Roman Land Surveyors. Introduction, Text, Translation and Commentary* (London, 2000) pp. 66-70.

439 C.O. Thulin, *op. cit.*, pp. 17-25; P. Catalano, *Aspetti spaziali del sistema giuridico-religioso romano* cit., pp. 452-466; Ch. Kvium, *op. cit.*, pp. 78-83; 87.

el régimen del *mundus* se regulaba por el Derecho Pontifical y no por el ordenamiento augural, lo que sería un indicio de su inclusión en plena época urbana[440]. El «*mundus*» romuleo, situado en el Cermalo, pudo ser más bien una fosa de fundación. Plutarco, con poco rigor histórico, haría referencia al *mundus* introducido por Servio Tulio en el área del Foro, como consecuencia de la ampliación del pomerio. Este *mundus* renovado sería el que describe Plutarco, *Rómulo* 11, 2, y no coincide con la *Roma Quadrata* de la época fundacional en el Palatino, descrita por Ovidio, *Fasti* 4, 820 ss. Respecto al *mundus* se acumulan los problemas en la investigación. Sus relaciones o identidad con la fosa de fundación del Palatino[441], la influencia etrusca en el caso de Roma y su relación con el *umbilicus terrae* son asuntos que deben quedar abiertos, sin una respuesta satisfactoria.

El concepto augural de Urbe-Roma fue diluyéndose a lo largo del tiempo. Para tiempos muy posteriores, Ulpio Marcelo[442] trae a colación una opinión de Alfeno Varo muy significativa sobre los diversos límites que fueron añadiéndose al concepto de Ciudad. D. 50, 16, 87 (Marcelo, *libro duodecimo digestorum*): *Ut Alfenus ait, urbs est Roma, quae muro cingeretur, Roma est etiam qua continentia aedificia essent: nam Romam non muro tenus existimari ex consuetudine cotidiana posse intellegi, cum diceremus Romam nos ire, etiamsi extra urbem habitaremus*; *Dice Alfeno que «urbe» es Roma dentro de sus murus, y «Roma» comprende hasta los edificios agregados a ella, pues puede entenderse, por el uso contidiano de la palabra, que no se limita a los muros, como, por ejemplo, cuando decimos que vamos a Roma aunque vivamos fuera de la urbe.*

---

440 Festo, s.v. *Mundus* (Lindsay, 144) cita la obra de Ateio Capitón sobre Derecho Pontifical.

441 A. Carandini, *Remo e Romolo* cit., pp. 431-432, excluye que la fosa de fundación del Cermalo sea un *mundus*, aunque existan puntos en común entre ambos elementos. El autor ofrece una valiosa información sobre la arqueología del *mundus* y la fosa de fundación en otras ciudades itálicas, especialmente en Etruria.

442 G. De Sanctis, *op. cit.*, pp. 202-203. I.M.J. Valeton, *De templis romanis*, en *Mnemosyne* 26 (1898) pp. 36-37 cita además de éste los pasajes siguientes, que aquí sólo enumeramos: D. 33,9,4,4-5 (Paulo, *libro quarto ad Sabinum*); D. 50,16,2 (Ulpiano, *libro primo ad edictum*); D. 50,16,139 (Ulpiano, *libro septimo ad legem Iuliam et Papiam*); D. 50,16,147 (Terentio Clemens, *libro tertio ad legem Iuliam et Papiam*); D. 50,16,173 (Ulpiano, *libro trigensimo nono ad Sabinum*).

El pasaje de Marcelo-Alfeno, pese a su falta de precisión en lo concerniente al lenguaje técnico augural, ofrece una información exacta en su sustancia: la *urbs* se corresponde con el territorio delimitado por el pomerio. El texto habla de *murus* empleado el término como sinónimo, pese a que la correspondencia no sea por completo exacta. Por lo demás, la disquisición de Alfeno no parece identificarse por completo con el territorio señalado desde las murallas a la primera piedra miliar, problema que trataremos más adelante. De todas formas, desde un punto de vista pragmático el pomerio se constituye con la intención de que en ese lugar inaugurado pueda levantarse el *murus*. A lo que debe añadirse que la correspondencia *pomerium* y *murus* no es completa[443]. En algunas zonas existe el pomerio sin el muro y en otras ocurría justo lo contrario: se construía el muro de forma independiente del pomerio por razones puramente defensivas.

Un problema distinto es el de la relación entre *pomerium* y *sulcus primigenius*. El asunto, por su complejidad, merecería un estudio independiente que ahora no es posible acometer. Entre las fuentes que tratan esta materia destaca el conocido pasaje de Varrón, *De lingua Latina* 5, 32, 143[444]: *Oppida condebant in Latio Etruco ritu multi, id est iunctis bobus, tauro et vacca interiore, aratro circumagebant sulcum (hoc faciebant religionis causa die auspicato) ut fossa et muro essent muniti. Terram unde exculpserant, fossam vocabant et introrsum iactam murum. Post ea qui fiebat orbis, urbis principium; qui quod erat post murum, postmoerium dictum, eo usque auspicia urbana finiuntur. Cippi pomerii stant et circum Ariciam et circum Romam. Quare et oppida quae prius erant circumducta aratro ab orbe, et urvo urbes; et ideo coloniae nostrae omnes in litteris antiquis scribuntur urbes, quod item conditae ut Roma; et ideo coloniae et urbes conduntur, quod intra pomerium ponuntur.*

Las ciudades (oppida) muchos las fundaban en el Lacio según el rito etrusco, esto es, con unos animales bovinos unidos, un toro y una vaca situada en la parte de adentro, trazaban alrededor con el arado un surco (esto lo

---

443 P. Catalano, *Aspetti spaziali del sistema giuridico-religioso romano* cit., pp. 479-480.

444 Este pasaje de Varrón inspira la descripción de Plutarco, *Rómulo* 11, 1-5, el cual, sin embargo, destaca con más énfasis la influencia etrusca. Vid. también Ovidio, *Fasti* 4, 820 ss.; Paulo Diácono, *Epitoma Festi* (Lindsay, p. 271): *Primigenius sulcus dicitur, qui in condenda nova urbe tauro et vacca designationis causa imprimitur*, Festo, s.v. *Quadrata Roma* Lindsay, pp. 310 y 312.

hacían, por razón religiosa, en un día bajo auspicios favorables) para estar fortificados por un foso y un muro. A de donde habían sacado la tierra lo llamaban fossa, y a aquélla, arrojada adentro, murus. El círculo que se formaba dentrás de esto era el principio de la urbe; y, dado que aquél estaba detrás del muro, recibió la denominación de postmoerium; hasta aquí ponen los límites de los auspicios de la ciudad. Cipos del pomerio se hallan colocados tanto alrededor de Aricia como alrededor de Roma. Por eso también las ciudades fortificadas que antes habían sido rodeadas con el arado, a partir de orbis y de urvum tuvieron el nombre de urbes. Y por eso todas nuestras colonias se citan como urbes en los escritos antiguos, porque fueron fundadas de la misma manera que Roma; y por eso colonias y urbes «se esconden», porque se colocan dentro del pomerio. (trad. de L.A. Hernández Miguel, con alguna modificación)[445].

En la fundación de la Ciudad y posteriormente en la fundación de las colonias concurrían dos rituales que pudieron ser independientes en su origen y, como veremos ahora, parecen mantener una cierta independencia en la historia romana. Algún sector doctrinal defiende que el *sulcus primigenius* constituye un elemento añadido[446] al régimen primitivo del *pomerium.* Un ritual sobrevenido por influencia etrusca, desconocido en los primeros tiempos de la Monarquía. En todo caso, interesa subrayar que el elemento esencial de la fundacion consiste en el *pomerium,* institución perteneciente al Derecho Augural romano sin ningún género de dudas (Aulo Gelio, *Noctes Atticae* 13, 14, 1). Institución perteneciente al mundo del *fas* (Livio 1, 44, 5: *Hoc spatium quod neque habitari neque arari fas erat*). La constitución del *pomerium* —y con él de la *urbs*— consiste en un procedimiento complejo cuya mejor descripción corresponde a I.M.J. Valeton[447]. El *sulcus primigenius,* al que las fuentes posteriores dan un protagonismo tal vez excesivo, quizá por la decadencia de la sabiduría augural desde los últimos siglos de la República y/o por la falta de formación jurídica de alguno de los autores (Ovidio, Plutarco) forma parte del

---

445 *Condere* significa tanto «esconder» como «reunir»: G. De Sanctis, *op. cit.*, p. 152.

446 Opinión que sostiene V. Basanoff, citado por P. Catalano, *Aspetti spaziali del sistema giuridico-religioso romano* cit., p. 453 nt. 17.

447 I.M.J. Valeton, *De templis romanis*, en *Mnemosyne* 20 (1892) pp. 354-390; una síntesis de la posición del autor en: J.M. Ribas Alba, *Constitución del Estado en la antigua Roma* cit., pp. 552-559.

procedimiento como un elemento más. El *sulcus primigenius*, entendido como ritual, introduce un elemento etrusco dentro de un rito augural romano. Este origen etrusco es indudable: Varrón, *De lingua Latina* 5, 32, 143; Livio 1, 44. Conecta bien con la conciencia romana que reconocía esta influencia etrusca en varios usos del Derecho constitucional: Livio 1, 8, 3. Sabemos que la urbanización en Etruria fue ligeramente anterior a la del Lacio.

La distinción entre *sulcus primigenius* y *pomerium*[448] corre pareja a la que existe entre *oppidum* y *urbs*. Tal distinción ha dejado su huella en algunos textos. En el pasaje de Varrón la referencia primera es al *oppidum:* el planteamiento es interesante porque explica que la fundación de la Ciudad, *urbs*, se produce respecto a un asentamiento humano preexistente. Esta situación ocurre también por regla general en la fundación de las colonias. El *pomerium* transforma el *oppidum* en *urbs*. Sólo cuando se trata el asunto de la ampliación del pomerio, mecanismo que presupone ya la existencia previa de la *urbs*, desaparece la mención del *oppidum*: el procedimiento afecta a una *urbs* ya fundada. Es lo que escribe Livio 1, 44, 3, al describir el nuevo pomerio ampliado por Servio Tulio: *Ad eam multitudinem urbs quoque amplificanda visa est*; *dado el tamaño de la población parece oportuno ampliar la urbe.*

En este mismo sentido resulta significativo el examen del capítulo 73 de la *Lex Ursonensis*, el que prohíbe los enterramientos dentro de la ciudad. Pero, a diferencia de la prohibición contenida en la Ley de las XII Tablas (X, 1), el texto colonial no menciona el término *urbs*, sino un *oppidum* o colonia respecto al cual se ha producido el ritual del *sulcus primigenius*, sin citar coetáneamente el *pomerium*. Es posible que del tenor del capítulo no pudieran extraerse demasiadas consecuencias técnicas, por el momento en que fue redactada la norma o incluso porque se sobreentendiera la existencia del *pomerium*, sin necesidad de citarlo expresamente. Pero cabe la posibilidad de que en determinados casos el ritual del *sulcus primigenius* se llevara a cabo de forma independiente de la constitución del *pomerium*. De lo que sí podemos estar seguro es de la separación del rito del *sulcus (primigenius)* en el caso de la «destrucción jurídica» de una ciudad: ésta

---

448 C.O. Thulin, *Die Etruskische Disciplin* III, [1909] (Darmstadt, 1968) pp. 10-17.

se llevaba a cabo por medio de un ritual en el que el uso del arado «eliminaba» la ciudad en cuestión mediante su recorrido en sentido inverso[449].

Fuera del pomerio, incluso en las zonas donde la Ciudad se expande, el suelo recibe la calificación de *ager*, con diversas clasificaciones, a las que nos referiremos más adelante.

El pomerio constituye, crea, hace nacer a la *urbs*: proporciona un límite formal entre dos tiempos y entre dos espacios. Genera una nueva realidad jurídica y política. Un nuevo tiempo y un nuevo espacio, el de la *civitas*, que se independiza, por así decir, de las instituciones anteriores. En lenguaje jurídico cabe hablar, por tanto, del efecto constitutivo del *pomerium*.

La fundación de la *Urbs* afectó necesaria y radicalmente a la posición del *Flamen Dialis*, el cual, según nuestra hipótesis, encarnaba no sólo la personificación de Júpiter, sino que actuaba también como símbolo unificador de la Roma proto-urbana, en el ejercicio de lo que modernamente se suele calificar como un «poder blando» y que en latín clásico queda perfectamente descrito con el término *auctoritas*. En todo caso, tras la aparición institucional de la Ciudad, el *Flamen Dialis* conservó una posición especial, ahora subordinada al *rex* urbano. Resulta muy significativo que Festo, en el lema *Ordo sacerdotum* (Lindsay, p. 198) sitúe al *rex* (reconvertido a su vez en sacerdote con la llegada del régimen republicano) en primer lugar, pero seguido inmediatamente por el *Flamen Dialis*, superior en dignidad al resto de los sacerdocios.

Siguiendo la interpretación que proponemos, esto quiere decir que en una época anterior a la creación de la Ciudad y la consiguiente imposición de un poder ejecutivo centralizado, es decir, el rey de la época de la Monarquía, fue el sacerdote de Júpiter quien ocupaba la máxima dignidad religiosa y política (*sacerdos universi*, en expresión de Festo). El *Flamen Dialis*, como rey de la paz interna de la comunidad —*cotidie mundi feriatus*, Aulo Gelio, *Noctes Atticae* 10, 15, 5—, tal vez en continuidad con una antigua prescripción ahora reajustada, no podía traspasar los límites del *pomerium*. Livio 5, 52, 13:

---

449 G. De Sanctis, op. cit., p. 159.

flamini Diali noctem unam manere extra urbem nefas est; es nefas para el Flamen Dialis pasar una noche fuera de la Urbe[450].

En atención a todas estas consideraciones, no debe extrañar que gran parte de la tradición literaria romana desde los analistas repensara la fundación como surgida *ex nihilo*, a pesar de que resulta evidente por razones sobre todo arqueológicas unidas a la información de parte de las fuentes literarias, que la Roma de Rómulo conoció unos antecedentes previos. Pero la explicación reside en que no se trataba de una cuestión de tipo físico ni social. Roma nace de la nada desde el punto de vista jurídico. Tal es la trascendencia de la idea de fundación, pilar fundamental de la mentalidad romana. De la fundación, un verdadero nacimiento institucional, procede la fuerza de la tradición de los mayores, su *auctoritas*. Muy significativamente tanto Cicerón, *De republica* 5, 1, como Agustín de Hipona reproducen y hacen suyas las famosas palabras de Ennio[451]: *moribus antiquis res stat Romana virisque; lo romano permanece en las costumbres y el vigor de los hombres antiguos*[452]. Incluso se ha destacado que el verso de Ennio puede considerarse como el *leitmotiv* de la obra ciceroniana sobre la *res publica*[453]. En el caso de Agustín, *De civitate Dei* 2, 21, 4, el comentario del verso del poeta y la exégesis ciceroniana sobre éste le sirve al de Hipona para destacar la decadencia política de Roma, previa a la llegada de Cristo. Y añade, siempre en la línea del pensamiento suscitado por Ennio: *Vera autem iustitia non est, nisi in ea re publica cuius conditor rectorque Christus est: si et ipsam rem publicam placet dicere, quoniam eam rem populi esse negare non possumus. Si autem hoc nomen, quod alibi aliterque vulgatum est, ab usu nostrae locutiones est forte remotius, in ea certe civitate est vera iustitia, de qua Scriptura sancta dicit: Gloriosa dicta sunt de te, civitas Dei* (Ps. 86, 3).

La verdadera justicia no existe más que en aquella república cuyo fundador y rector es Cristo, si es que a tal república parece bien llamarla así, dado

---

450 Cfr. Tácito, *Annales* 3, 71: F. Marco Simón, *Flamen Dialis* cit., p. 104.

451 Palabras que igualmente suelen ponerse en relación con las de Plinio el Viejo, *Naturalis historia* 22, 5: *auctores imperii Romani conditoresque*, en las que la *auctoritas* queda íntimamente vinculada con el concepto de fundación.

452 Ennio, ed. Vahlen, frag. 500.

453 A. d' Ors, *M. Tulio Cicerón. Sobre la república*, Introducción (Madrid, 1991) p. 25; p. 151 nt. 338.

que nadie podrá afirmar que no es una cosa del pueblo. Y si este término, divulgado en otros lugares con otra acepción, resulta inadecuado quizás a nuestra forma habitual de expresión, sí es cierto que hay una auténtica justicia en aquella ciudad de quien dice la Sagrada Escritura: ¡Qué pregón tan glorioso, para ti Ciudad de Dios!

De modo que en el pensamiento agustiniano asistimos a la recepción de la idea romana de fundación, trasladada ahora a Cristo como fundador de la Iglesia. Y desde allí a la tradición política occidental[454]. También a la propia teoría filosófica de H. Arendt[455], en la que la condición humana se resume en la posibilidad de que con cada uno de nososotros se produce un nuevo *initium*, de modo que la natalidad viene considerada como el fundamento originario no sólo de la vida material sino también de la vida del espíritu.

Sabemos que el *pomerium* y la fundación de la Ciudad son elementos íntimamente unidos. Sabemos también que el momento fundacional se entendía no sólo como una realidad del pasado, sino también como un impulso que se prolonga en el tiempo, custodiado en la *memoria* de los antepasados. La fundación, como verdadera creación, subsiste en el tiempo. Posee sus propias exigencias de conservación de la obra creada. Escribe Cicerón, *De republica* 1, 7, 12: *Neque enim est ulla res, in qua propius ad deorum numen virtus accedat humana, quam civitatis aut condere novas aut conservare iam conditas; No hay ninguna otra ocupación en la que la virtud humana se acerque más a lo divino que en la fundación de nuevas ciudades o en la conservación de las ya fundadas.*

Esta actualidad de la fundación se manifiesta de un modo especial en la posibilidad de ampliar el pomerio (*prolatio*)[456] cuando se ane-

---

454 H. Arendt, *What is Authority?* cit., pp. 126-128. También de la misma autora: *On Revolution*, Introduction by J. Schell (New York, 2006) pp. 187-206.

455 H. Arendt, *La condición humana*, Introducción de M. Cruz, [1958], trad. de R. Gil de Novales (Barcelona, Buenos Aires, México, 1993) especialmente pp. 200-211.

456 Un preciso comentario de las fuentes sobre esta materia puede leerse en: A. Maccari, *Auctis populi Romani finibus. Lo ius proferendi pomerii in età imperiale e il pomerio romuleo di Claudio in Tac. Ann. XII, 24* cit., en relación con otras aportaciones de la autora; siempre imprescindible: I.M.J. Valeton, *De templis romanis* (1898) cit., pp. 1-22.

xiona nuevo territorio sometido a la soberanía romana[457]. El modelo lo ofrece la ampliación del pomerio llevada a cabo por Servio Tulio, Livio 1, 44, 3-5. Este *ius proferendi pomerii*, según el Derecho Augural, limitado originariamente al territorio italiano —requisito que, no sin controversia, fue abandonado en época del Principado—, supone igualmente una dilatación de la propia fundación de la Ciudad. En los cipos conservados, correspondientes a la ampliación pomerial de Vespasiano[458] y Tito se repite la expresión técnica *auctis populi Romani finibus, pomerium ampliaverunt terminaveruntque* (*CIL* VI 31538 a-c, 40854)), es decir, *aumentados los confines del Pueblo Romano, ampliaron el pomerio y pusieron (nuevos) términos*. Una expresión equivalente aparece en los diez cipos conservados de la *prolatio* anterior de Claudio: *auctis populi Romani finibus, pomerium ampliavit terminavitque* (*CIL* VI 31537 a-d, 37022-24, 40857).

El tenor de la fórmula empleada en los cipos del siglo I d.C., cipos que materializan la *terminatio* de las ampliaciones del pomerio, nos traslada al momento fundacional de la Ciudad, pues toda ampliación del pomerio no es otra cosa que una suerte de refundación. César había promovido una mal conocida *lex de Urbe augenda* (Cicerón, *Ad Att.*13, 20, 1), a la que alude A. Maccari. Pero sobre todo la autora italiana[459] recuerda los antecedentes de estas inscripciones. Éstos se situarían en el comienzo del capítulo 26 de las *Res Gestae Divi Augus-*

457 Tácito, *Annales* 12, 23, 2: *Iis qui protulere imperium, etiam terminos urbis propagare datur; a quienes han logrado dilatar el imperio se les concede también extender los términos de la Ciudad*; Aulo Gelio, *Noctes Atticae* 13, 14, 3: *Habebat autem ius proferendi pomerii, qui populum Romanum agro de hostibus capto auxerat; Tenía el derecho de alargar el pomerio quien hubiera incrementado el domino del Pueblo Romano tomando territorio al enemigo.*

458 X. Pérez López, *El poder del Príncipe en Roma. La Lex de imperio Vespasiani* (Valencia, 2006) pp. 336-341, sobre la cláusula quinta de la norma: *utique ei fines pomeri promovere cum ex re publica censebit esse, liceat ita uti licuit Ti. Claudio Caesari Augusto Germanico.* También por iniciativa de Vespasiano se restituyó el pomerio de la colonia romana de Pompeya, como muestran algunos cipos conservados, todos con la misma inscripción: *CIL* X 1018: *Ex auctoritate Imperatoris Caesaris Vespasiani Augusti loca publica a privatis possessa Titus Suedius Clemens tribunus causis cognitis mensuris factis rei publicae Pompeianorum restituit.*

459 A. Maccari, *Quid sit pomerium: Appunti su Gelio, Noctes Atticae XIII, 14. Le fonti e il confronto con Fest. 294 L.* cit., pp. 323-324.

ti[460], en el que se afirma: *Omnium provinciarum populi Romani quibus finitimae fuerunt gentes quae non parerent imperio nostro finis auxi. Extendí los límites de todas las provincias del Pueblo Romano, en cuya vecindad se encontraban pueblos que no estaban sometidos a nuestro imperio.* A nosotros nos toca recordar una vez más que el empleo del verbo *augere* nos sitúa en el campo semántico del *augurium* (vinculado con el *pomerium*), de la *auctoritas* y, a partir de Augusto, en la significación de su nuevo nombre: *Augustus*, nuevo Rómulo, nuevo fundador de Roma.

El protagonismo de la idea de fundación se constata de un modo particularmente llamativo en la *praefatio* de la obra mayor de Livio, escrito en torno al 27 a.C. *Praefatio* calificada no sin justicia como espléndida por C. Giarratano[461]. Livio reconoce que la narración de los orígenes presenta un cúmulo de dificultades. Pues la documentación histórica disponible se mezcla con las fábulas y las leyendas. A lo que se añade que muchos lectores hubieran preferido que dirigiera resueltamente el contenido de la obra hacia tiempos más recientes —se ve que el escepticismo de un sector de la historiografía no es cosa sólo de nuestra época—. Sin embargo, el autor declara su intención no sólo de ocuparse de la fundación de la Ciudad sino —y esto para nosotros es lo decisivo— de los tiempos inmediatamente anteriores: *Quae ante conditam condendamve urbem poeticis magis decora fabulis quam incorruptis rerum gestarum monumento traduntur, ea nec adfirmare nec refellere in animo meo est; los hechos previos a la fundación de Roma y también los anteriores a la fundación, cuya tradición se basa en fábulas poéticas más que en documentos conservados, no tengo intención ni de afirmarlos ni de confutarlos.* Y añade: *Datur haec venia antiquitate ut miscendo humana divinis primordiam urbium augustiora*[462] *faciat; se puede conceder a los antiguos esta licencia de prestigiar (hacer más augustos) los orígenes de la Ciudad mezclando lo humano con lo divino.*

La antropología cultural y jurídica ha sabido dar su lugar a la memoria comunitaria contenida en las fuentes disponibles, ayudándose

---

460 *Res Gestae Divi Augusti.* Edición, traducción y comentario de J.M. Cortés (Madrid, 1994) pp. 46-47.

461 C. Giarratano, *Tito Livio*, 2ª ed. (Tivoli, 1943) p. 30.

462 En el contexto hsitórico de la obra el uso literario del adjetivo *augustiora* sugiere varias conexiones con el momento presente del autor: 1, 7, 9; 1, 8, 2; también: 1, 19, 3.

de la información que suministran otras sociedades primitivas y arcaicas. La memoria colectiva, trasladada a las fuentes escritas, puede ser inexacta (no forzosamente) en los detalles cronológicos y en los rasgos de los personajes, pero conserva en depósito nada más y nada menos que la identidad comunitaria desde los orígenes. Lo dice Livio en 6, 1, 1-2: *custodia fidelis memoriae rerum gestarum*. Hace mucho tiempo que la antropología cultural y jurídica se toma muy en serio este asunto. Ello es evidente en el campo de la historia institucional, que es el que cultivamos en este estudio. Corresponde a M. Bettini haber incidido, a propósito de la *Praefatio* de Livio, en el significado del término *fabula* en latín (ligado llamativamente al de *fari*, como ocurre con *fama*) y con un contenido que no se corresponde con el que es habitual en las lenguas modernas[463]. La fábula no se sitúa por completo en la esfera de lo histórico, pero tampoco se aleja por completo de ella. Lo escribe Livio: no puede *adfirmare*, pero tampoco *refellere*. La fábula es un tipo especial de narración histórica. No se corresponde exactamente con el mito griego, éste sí fuera de la historia. La fábula, vinculada al *fari*, contiene a su modo una cierta clase de revelación. Y por ello está dotada de un tipo misterioso de autoridad.

El vocabulario abiertamente religioso[464] que se utiliza en la *Praefatio* no debe ser pasado por alto. Algo que habitualmente sucede tanto en los comentarios, como incluso en las traducciones al uso[465]. No sólo los orígenes han de ser tratados destacando que estamos ante una ciudad «augusta». La grandeza de la Ciudad aconseja igualmente aludir a una *consecratio* de los orígenes y vincularlos con la acción autoritativa de los dioses: *ad deos referre auctores*, con explícita mención de la *auctoritas* divina. Este nexo entre la fundación y la *auctoritas* es, como sabemos, determinante; nexo al que supo dar la debida

---

463 M. Bettini, *op. cit.*, pp. 367-371. Ideas desarrolladas por C. Viglietti, *op. cit.*, pp. 62-76, autor que se detiene en el estudio comparativo entre la fábula (en sentido latino) y la tradición oral.

464 Vid. Livio 43, 13, 11.

465 No es un caso aislado que afecte sólo a la *praefatio* livinana. En la mayoría de las traducciones disponibles (no sólo al español) se constata un amplio desconocimiento del vocabulario técnico del Derecho Augural, muy evidente, sobre todo en las versiones de las obras de Cicerón.

importancia H. Arendt en sus análisis de la política de Roma. Ciertamente Livio termina por justificar su tratamiento de los primeros tiempos desde una perspectiva moral, como un recordatorio de las pasadas virtudes cívicas que hicieron posible la grandeza de Roma y que ahora se hallan debilitadas hasta el punto de que *no somos capaces de soportar nuestros vicios ni su remedio.*

Sin embargo, todas estas cautelas no han impedido a Livio decidirse finalmente por el tratamiento de los primeros tiempos de Roma, incluso los anteriores a la fundación de la Ciudad (en línea con la tradición analística). La justificación que incorpora, de tipo explícitamente moral, la historia como maestra de la vida, no oculta que en su fuero interno existiera también un interés auténtico por reconstruir en la medida de lo posible el nacimiento de la Urbe. Es más, pensamos que la explicación que ofrece el autor se encamina más bien a satisfacer los escrúpulos del público culto de la época, muy alejado de las creencias que informaron el carácter romano de los primeros siglos. No oculta, si acaso camufla, la genuina intención del autor. La opción demuestra un interés específicamente romano sobre el concepto y los efectos de la fundación. G. De Sanctis[466] ha incidido sobre este elemento diferencial de la obra liviana al compararla con la de Tucídides. El historiador griego, no pudiendo verificar los datos del pasado más remoto, había decidido centrar su estudio en los tiempos más próximos, la Guerra del Peloponeso (1, 21-22). Por el contrario, la mentalidad romana no podía prescindir, tratándose de una obra histórica, del tratamiento de los inicios. En Roma, al contrario de lo que ocurre en el pensamiento político griego, la experiencia de la fundación se valoraba como un elemento informador de toda la historia proyectada hasta el presente.

En un sentido semejante a lo anteriormente expuesto, también en la *Eneida* de Virgilio pudiera revelarse una particularidad romana en lo relativo a los tiempos primeros. En este caso conectada con la valoración de la Edad de Oro. Ha sido también G. De Sanctis[467] quien nos ha proporcionado esta peculiar perspectiva, sobre la cual

---

466 G. De Sanctis, *op. cit.*, p. 23.

467 *Ibidem*, pp. 98-99. En los dos tratamientos virgilianos de la Edad de Oro había reparado: C. Viglietti, *op. cit.*, p. 102.

podemos añadir una reflexión complementaria. En su *Eneida*, y a diferencia de otras obras virgilianas como *Georgica* (1, 121-152), el mito de la Edad de Oro aparece con perfiles propios. Sabemos que los romanos identifican esta edad dorada con el tiempo de Saturno[468]. En la versión predominante, recogida en poetas como Tibulo (1, 3, 35-48) u Ovidio (*Metamorphoses* (1, 89-112) la situación que se describe no conoce ni la tecnología ni el Derecho. Se trata de una felicidad que nace directamente de los dones ilimitados de la naturaleza. Por el contrario, en la *Eneida* se describe una edad dorada que es consecuencia de un modo de vida basado en un orden jurídico. Una Edad de Oro que no se reduce a una naturaleza paradisíaca, sino que es efecto de la transformación que se opera por medio de la vida «urbana», la cual, en la intención de Virgilio resulta claro que está llamada a enlazar con una nueva Edad de Oro, la que ha llegado con Augusto.

En la narración del libro VIII de la *Eneida*, prototipo del poema político, Saturno aparece descrito como el fundador de una ciudad «pre-romana», anterior a la de Romulo: fue el dios quien unificó a aquel *genus indocile*, dándoles leyes: *Is genus indocile ac dispersum montibus altis / composuit legesque dedit (...)*, (8, 322). Saturno, el dios civilizador, pone fin al dominio de una naturaleza hostil, de la que habían surgido (de la corteza de los robles)[469] los hombres que habitaban aquellos parajes, compañeros de faunos y ninfas. Así pues, inspirando la descripción de una Roma mítica anterior a la histórica, Virgilio se hace portavoz de este rasgo de la mentalidad político-jurídica ro-

---

468 Sobre la tradición evemerista aplicada a Saturno y otros reyes míticos: J. Martínez-Pinna Nieto, *Las leyendas de fundación de Roma. De Eneas a Rómulo* (Barcelona, 2011) pp. 12-145.

469 *Eneida* 8, 315: *gensque virum truncis et duro robore nata*; la mención del mito de la autoctonía se transforma en una ficción jurídica en la narración de Livio sobre la creación del asilo: Livio 1, 8, 5: *Deinde ne vana urbis magnitudo esset, adiciendae multitudinis causa vetere consilio condentium urbes, qui obscuram atque humilem conciendo ad se multitudinem natam a terra sibi prolem ementiebantur, locum qui nunc saeptus descendentibus inter duos lucus ad laevam est asylum aperit. Después, para que no quedase vacía una urbe de aquellas dimensiones, con el fin de incrementar la población mediante el viejo recurso de los fundadores de urbes, que reunían en torno suyo una multitud oscura y de baja extracción social con la ficción de que habían brotado descendientes de la tierra, abre un asilo, en el lugar en que actualmente hay un cercado según se sube entre los dos bosques sagrados.*

mana que procuramos entender. Ni siquiera Saturno puede ser considerado el primer fundador. En su huida es acogido por otro dios que le ofrece hospitalidad y lo establece en lo que será denominado más tarde Capitolio. Pero Jano ya estaba allí. Dominando la otra orilla del Tíber desde el Janículo.

De forma que ya en esta remota prehistoria de lo que será Roma encontramamos una dualidad, nota característica que hallaremos en narraciones referidas a tiempos posteriores: Jano y Saturno, Evandro y Eneas; Rómulo y Remo y enseguida Rómulo y Tito Tacio (dualidad presente en las magistraturas posteriores). Pero ahora, en la versión de Virgilio, nos hallamos en los primeros tiempos cívicos entendidos en sentido absoluto. Ambos dioses-reyes (7, 181) son fundadores de «ciudades», que el poeta denomina pudorosamente como *arces*. Pero el uso del verbo *condere* no deja lugar a dudas: *Hanc Ianus pater, hanc Saturnus condidit arcem* (8, 357). En su conversación con Evandro, Eneas utiliza igualmente un lenguaje tomado del Derecho Augural. Se refiere a Dárdano, como padre y fundador de Ilión: *Dardanus, iliacae primus pater urbis et auctor* (8, 134). Y antes, cuando Eneas lleva a cabo su presentación ante el rey Evandro, alude al impuso religioso que lo ha llevado ante él en otro de esos versos memorables del poema: *sed mea me virtus et sancta oracula divum* (8, 131). El mismo Evandro, rey de *Pallantium* sobre el Palatino, *rex Romanae conditor arcem* (8, 313), era un príncipe griego. Le explica a Eneas una peripecia similar a la del troyano. También en la llegada de Evandro al Palatino habían intervenido los oráculos: el *fatum* de Apolo (8, 334-336).

Livio y Virgilio proporcionan dos eximios ejemplos de la superficialidad con la que son tratadas en muchas ocasiones por parte de un sector de la investigación —la que integra el partido hipercrítico— las fuentes a nuestra disposición para reconstruir en la medida de lo posible la época fundacional latina y romana. Nadie discute su valor literario. En este punto reina la unanimidad. Tampoco, por regla general, su valiosa intencionalidad moral, como forma de transmisión de las virtudes cívicas por medio de *exempla*, de los que tan partidarios eran los educadores del mundo antiguo. Sin embargo, el añadir la negación de su valor histórico sin matizaciones incurre en un error de nefastas consecuencias. Dado el carácter conservador de la mentalidad antigua, rasgo que se intensifica notablemente en el caso de

Roma, las noticias de anticuarios, poetas, oradores e historiadores transmiten un tesoro de información sobre la historia de las instituciones, que son las que centran la atención de obras como ésta. En el plano de la historia jurídica, es decir, institucional, y siempre en su cotejo con los datos que proporciona la arqueología, las referencias a los tiempos más pretéritos poseen una cierta credibilidad, un núcleo de verdad, como suele decirse, la cual se incrementa cuando se cotejan con los resultados que ofrece el Derecho primitivo comparado. En pocos casos como el romano el peso de la tradición adquiere este peculiar peso epistémico.

***

Hechas estas precisiones y dejando aparte el carácter fundacional del *pomerium*, añádase que éste genera —como es bien sabido— la separación entre *imperia domi* y *militiae*, entre *auspicia urbana* y *militaria*, junto a otras divisiones que afectan de lleno a la vida política de la *civitas*, cosa que ocurre, por ejemplo, con el modo de convocatoria de la asamblea por centurias: Gelio (Lelio Félix), *Noctes Atticae* 15, 27, 4: *centuriata autem comitia intra pomerium fieri nefas esse, quia exercitum extra urbem imperari oporteat, intra urbem imperari ius non sit; es nefas celebrar los comicios centuriados dentro del pomerio, porque el ejército ha de ser convocado fuera de la ciudad; no es lícito convocarlo dentro de la ciduad.* Por la misma razón, el complejo procedimiento censal[470] tiene lugar *extra pomerium.* La ceremonia final, en la cual no podemos detenernos, posee indudables resonancias augurales: el *lustrum conditum* (Livio 1, 44, 2) es, en efecto, expresión que une en sus dos términos realidades del mundo jurídico augural: la *lustratio* y la actividad de *condere.* Con toda probabilidad exigía, al menos en su origen, la *inauguratio* de la ceremonia[471]. Al fin y al cabo, el procedimiento censal no era sino una forma de refundar la *civitas*, entendida en este caso como el

---

470 F. Marco Simón, *Ritual participation and collective identity in the Roman Republic: census and lustrum*, en F. Marco Simón, F. Pina Polo, J. Remesal Rodríguez (ed.), *Repúblicas y ciudadanos: modelos de participación cívica en el mundo antiguo* (Barcelona, 2006) pp. 153-166.

471 Sobre la *lustratio* como ceremonial purificatorio: J. Guillén, *op. cit.*, pp. 114-125

conjunto de los ciudadanos, en un sentido que ya fue explicado en su momento por Th. Mommsen[472].

Tales normas se aplicaron originariamente a los comicios por curias. Éstos se celebraban fuera del primer *pomerium* conocido por los romanos, el del Palatino. Cuando el pomerio fue ampliado se mantuvo, sin embargo, esta regla. Solución en la que fue determinante el hecho de que la organización del ejército pasó a coincidir con la organización centuriada. El *pomerium* produce la bipartición entre el *testamentum calatiis comitis* y el *testamentum in procinctu*, división en la que se manifiesta la radical separación entre la paz y la guerra.

El *pomerium* aparece vinculado a un mecanismo emblemático de la arquitectura constitucional romana. Nos referimos a la *provocatio ad populum*. También sobre esta institución se proyectan elementos del Derecho Augural, tal como cabe deducir de estas palabras de Cicerón en *De republica* 2, 31, 54: *Provocationem autem etiam a regibus fuisse declarant pontificii libri, significant nostri etiam augurales, itemque ab omni iudicio poenaque provocari licere indicant duodecim tabulae compluribus legibus; los libros de los pontífices declaran la existencia de la provocatio incluso contra (la sentencia del) rey y lo confirman también nuestros libros augurales; también las Doce Tablas, en muchas leyes dicen que se puede ejercitar la provocatio sobre todo juicio penal.* La inclusión de la *provocatio* en los libros y no en los comentarios augurales sugiere la existencia de una regulación específica augural sobre la *provocatio*. El lugar clásico de este problema se sitúa en el oscuro episodio del Horacio supérstite, en época del rey Tulo Hostilio. De este problema hemos dicho algo en referencia al *tigillum sororium* recogido en Festo, *De verborum significatu* s.v. *tigillum sororium* (Lindsay, p. 279) ya citado. Sabemos en cierta medida cómo se desarrollaron los hechos, integrado este pasaje festino con Livio 1, 26, o al menos, cómo se interpretaron en la tradición literaria posterior.

Interesa ahora centrar nuestra atención en el tenor de la *lex horrendi carminis* reproducida por Livio 1, 26, 6[473]: *lex horrendi carminis erat:*

---

472 Acerca de este aspecto de la ceremonia censal, que la aproxima al *pomerium*: G. Pieri, *L'histoire du cens jusque'a la fin de la République Romaine* (Paris, 1968) pp. 82-93, especialmente la nt. 22 de la p. 86.

473 O. Karlowa, *op. cit.*, pp. 62-69.

Duumviri perduellionem iudicent; si a duumviris provocarit, provocatione certato; si vincent, caput obnubito; infelici arbori reste suspendito; verberato vel intra pomerium vel extra pomerium. Los dumviros juzgarán la perduellio. Si ejerce la provocatio ad populum, se juzgará la provocatio. Si se confirma la sentencia de los dumviros, se le tapará la cabeza, se le colgará con una cuerda del árbol que no produce fruto, se le azotará dentro y fuera del pomerio.

Ya hemos visto anteriormente que en la última resolución del caso hubo una intervención de los augures, *auguriis adprobantibus*, relevante a los efectos de esta investigación: Festo, s.v. *Sororium tigillum* (Lindsay, p. 380)[474]. Por su parte, la mención del *arbor infelix*[475], estéril, parece situarse dentro del ámbito de la *Etrusca disciplina*; sin embargo, el Derecho Augural se ocupó igualmente de los árboles, quizá con menos intensidad[476]. Conocemos por Macrobio, *Saturnalia* 3, 20, 3, que Tarquinio Prisco escribió un *ostentarium arborarium*. De Plinio el Viejo, *Naturalis historia* 10, 6-42, procede la noticia de que este mismo rey compuso además un *ostentarium aviarium*, sobre los signos de las aves[477]. Esta concurrencia del Derecho Augural y de la aruspicina no es de extrañar, al menos a partir de la época de la dinastía de los Tarquinios. En realidad, ambas técnicas compartían desde el principio, al menos en parte, un terreno y unos objetivos comunes.

Respecto al condenado por *perduellio*, crimen gravísimo que atenta contra la supervivencia de la comunidad política, se disuelve el límite del *pomerium*, y con él la protección que la propia Urbe ofrece a sus ciudadanos. Aunque no podamos ahora profundizar en la comparación, el *pomerium* comparte con la institución del *asylum*[478] algunos rasgos que hacen de ambas instituciones realidades cercanas. El asilo de Rómulo, situado *inter Capitolium et Arx*, no supone un

---

474 E. Tassi Scandone, *op. cit.*, pp. 340-342.

475 Plinio el Viejo, *Naturalis historia* 16, 108; R.M. Ogilvie, *op. cit.*, p. 115.

476 P. Catalano, *Contributi* cit., pp. 307; 315-317.

477 G. Linderski, *The Libri Reconditi*, en *Harvard Studies in Classical Philology* 89 (1985) p. 231.

478 Livio 1, 8, 5; Virgilio, *Eneida* 8, 342-344; Ovidio, *Fasti* 2, 431; D. Filippi, *Abitato e mura del Campidoglio (culti di Giove Feretrio sul Campidoglio, di Giunone sull'Arce, di Veiove all'Asylum e Auguraculum)*, en *La Leggenda di Roma* II (Roma, 2010) pp. 334-337; D. Filippi, *Regione VIII. Forum Romanum Magnum*, en A. Carandini con P. Carafa, *Atlante di Roma antica* 1. *Testi e imagini* cit., p. 152.

caso excepcional en el mundo antiguo. Por otra parte, es cosa sabida que algunos santuarios e imágenes (llegado el momento también la del emperador u otros miembros de la familia imperial[479]) compartirán esa virtualidad con mayor o menor eficacia práctica. En el asilo capitolino encontramos también un mecanismo de protección, en este caso, respecto a individuos a los que se ofrece la integración en la ciudadanía. Cabe ver en el recinto creado por el pomerio, la *urbs*, algo parecido a un asilo que, a diferencia de éste, posee un carácter permanente. El *asylum*, por su parte, constituía una categoría jurídica pero situada dentro del ámbito de la religión. Era un lugar santo, protegido por la divinidad, quizá por *Vediovis*, uno de los nombres de Júpiter. Debió ser delimitado con algún tipo de ceremonia semejante a la que sabemos que se utilizaba en el caso del *pomerium*, es decir, con intervención de una normativa augural.

Resulta muy llamativo que el régimen jurídico del *Flamen Dialis* contenga algunos elementos que lo sitúan cerca del concepto de asilo. Exigía un *piaculum* (existen dudas sobre el sentido del término en este contexto) el hecho de azotar a un reo que se postrara suplicante a los pies del Flamen. Además, había que librar de sus cadenas a quien entrara así en la *aedes flaminia*: debían ser sacadas fuera a través del *impluvium* y del tejado. Esta última prescripción se suele poner en relación con la necesidad de preservar la santidad de las puertas. Este «derecho de asilo» vinculado al Flamen es semejante al de las Vestales: si por azar se encuentran con un condenado, éste es salvado de la muerte[480]. *Flamen Dialis* y Vestales comparten la prohibición de abandonar la Urbe (Livio 5, 52, 13).

---

479 El primer caso de asilo registrado en Roma tras el creado por Rómulo data del año 42 a.C., en el santuario de César: Dion Casio 47, 19, 2; la eficacia de la protección del *asylum* a partir de ese momento y durante un tiempo se extendía a pequeñas imágenes, monedas, medallones u otros objetos, asunto que dio lugar a controversias tratadas por los juristas: D. 47, 10, 38 (Escévola, *libro quarto regularum*); D. 48, 19, 28, 7 (Calistrato, *libro sexto de cognitionibus*): R.A. Bauman, *op. cit.*, pp. 85-92. Vid. también D. 1,12,1,1 (Ulpiano, *libro singulari praefecti urbi*).

480 La proximidad en estos aspectos entre el *Flamen Dialis* y las Vestales (junto con la mención de las fuentes disponibles) en: C. Koch, *Religio. Studien zu Kult und Glauben der Römer* (Herausgegeben von O. Seel) (Nürnberg, 1960) pp. 5-10.

Flamen Dialis y Vestales pertenecen al mundo anterior a la fundación de la Ciudad. Jano es el primero, Vesta la última[481]. Rómulo, en la ceremonia de la fundación, invoca junto a Júpiter y Marte, sólo a una diosa, la Madre Vesta (Ovidio, *Fasti* 4, 825). En su templo se guardan los *pignora nostrae salutis atque imperii*, entre ellos, el *Palladium*. El 9 de junio se celebra la fiesta de *Vestalia* y *Iuppiter Pistor*. Vesta es *Flamma, ignis sempiternus*[482], pero también se identifica con la tierra, *Tellus*. Es la diosa de los *Fornacalia*. Interviene en muchos ritos de purificación, entre ellos los de las curias y las casas de los flámines (Macrobio, *Saturnalia* 1, 12, 6). Tambien en el rito protourbano de los *Argei* del 14 de mayo. En tal ocasión las Vestales arrojan las figuras de juncos a Tíber. Pero también se hallaba presente la *flaminica Dialis*, vestida de luto[483]. Como supo ver C. Koch, existe una proximidad muy intensa entre Júpiter y Vesta, entre sus respectivos sacerdocios, ambos ligados a una época anterior a la del nacimiento de Roma como ciudad.

***

Los magistrados con *imperium* se consideraban *extra urbem* cuando se hallaban *extra pomerium*. Dado que el *pomerium* crea el espacio urbano pacificado, apartado de la violencia, no extraña que el *Flamen Dialis*, símbolo de la paz política, debe permanecer dentro de sus límites: Livio, 5, 52, 13. *Flamini Diali noctem unam manere extra urbem nefas est*. Es sabida la norma de las XII Tablas (X, 1) antes mencionada que prohibía (con alguna excepción) incinerar y enterrar cadáveres dentro del pomerio, *intra urbem*. El régimen excepcional del triunfo explica que el magistrado conserve su *imperium* a tales efectos, pero sólo el día de la ceremonia. En todos los demás casos, al menos hasta la llegada del Principado, el imperio militar decaía de forma automática tras la entrada en la Ciudad.

El hecho de que el pomerio delimite un espacio pacificado incide igualmente en la topografía del culto de los dioses romanos. Las divinidades ciudadanas vinculadas con la guerra, tales como Marte o Bellona, entre otras, se veneran fuera del pomerio[484]. La misma

---

481 J. Guillén, *op. cit.*, p. 262.

482 C. Koch, *Religio* cit., p. 160.

483 *Ibidem*, p. 28.

484 O. Karlowa, *op. cit.*, p. 52.

fundamentación explica que dentro del pomerio los lictores de los magistrados con imperio (exceptuando al dictador)[485] no aparezcan con la *securis* (segur, tipo de hacha) entre los *fasces*, supremo símbolo de la *coercitio*.

Junto al *pomerium* encontramos también una delimitación arcaica, pero posterior: la marcada por las primeras piedras miliares —contada la distancia desde las puertas de la muralla «serviana», *fosase Quiritium*—. Estamos ante un mecanismo no muy bien conocido, el cual de alguna manera supone una suerte de reforma del régimen jurídico del pomerio; tampoco sabemos el grado de incidencia que pudo tener en su configuración el Derecho Augural; I.M.J. Valeton en esta línea afirma que «non fuisse finem iuste constitutum»[486]. Este límite, que coincide aproximadamente con el de la muralla aureliana, se halla señalado por lugares de culto que han sido documentados arqueológicamente y/o mencionados en el calendario. M.C. Capanna[487] cita los siguientes: el *Tarentum* del Campo de Marte, la sede del culto de *Anna Perenna*, en la primera piedra miliar de la *via Flaminia*, el de Hércules en la *via Tiburtina*, el de *Spes vetus* en la *via Praenestina*, el de Minerva en la *via Latina*, y el *aedes Martis* en la *via Appia*. A éstos se añade el de *Fors Fortuna* en el Trastévere y un culto no identificado en el Janículo.

Hasta las primeras piedras miliares se extendía el *ius provocationis* (Livio 3, 20, 7). También los *iudicia legitima* del pretor (dándose los otros requisitos), Gayo 1, 104[488]. Las competencias de los ediles (*ILS.* 6085)[489]. El poder de veto de los tribunos de la plebe. Sin embargo, como afirma A. Magdelain, el régimen constitucional de esta zona intermedia entre el pomerio y las primeras piedras miliares posee un

---

485 Th. Mommsen, *Abriss des römischen Staatsrechts* cit., pp. 108-109.

486 O. Karlowa, *op. cit.*, pp. 96-97, niega que esta figura tuviera carácter «religioso», sino sólo jurisdiccional y de policía; I.M.J. Valeton, *De templis romanis* (1898) cit., p. 27.

487 M.C. Capanna, *I pomeria, il dazio e il miglio*, en A. Carandini con P. Carafa, *Atlante di Roma antica* 1. *Testi e imagini* cit., p. 72. De su aportación tomo casi todo el resto de los datos que aparecen en el texto.

488 Vid. *Collatio* 1, 3, 1.

489 Limitaciones vinculadas a los mil pasos en: I.M.J. Valeron, *De templis romanis* (1898) cit., pp. 23-24 nt. 1.

carácter *sui generis*: la intercesión tribunicia y la *provocatio* pueden paralizar los actos que cabe denominar civiles, *domi*. Pero no se pueden oponer al magistrado que ha tomado los auspicios de salida para una campaña militar (Livio, 24, 9, 2)[490].

Algunos de los poderes que se concedieron a Augusto tuvieron como límite la primera piedra miliar: Dion Casio 51, 19, 6. El límite de *mille passus* no fue él único: a él se añadieron sucesivamente otros, como las cien millas en las que ejercía su competencia el *praefectus urbi*: D. 1,12,1,4 (Ulpiano, *libro singulari de officio praefecti urbi*) o el representado por *Italia* como concepto jurídico; los mencionados no agotan en ningún caso las múltiples divisiones territoriales[491].

Nos interesa ahora exclusivamente, al haber sido regulada por el Derecho Augural en época muy remota, la clasificación reflejada en los *genera agrorum*[492], con implicaciones de diverso alcance que afectan, entre otros aspectos, al *ius fetiale*. La clasificación de la que disponemos no es la originaria, pero algunos de sus elementos, en especial el *ager Romanus*, sí debe ser considerado como perteneciente a la época arcaica[493]. Escribe Varrón, *De lingua Latina* 5, 5, 33: *Ut nostri augures publici disserunt, agrorum sunt genera quinque: Romanus, Gabinus, peregrinus, hosticus, incertus. Romanus dictus unde Roma ab Romo* (quizá haya que leer *Romulo*). *Gabinus ab oppido Gabis. Peregrinus ager pacatus, qui extra Romanum et Gabinum, quod uno modo in his servantur auspicia; dictus peregrinus a pergendo, id est a progrediendo: eo enim ex agro Romano primum progrediebantur: quocirca Gabinus quoque peregrinus, sed quod auspicia habet singularia, ab reliquo discretus. Hosticus dictus ab hostibus. Incertus is, qui de his quattuor quis sit ignoratur.*

---

490 A. Magdelain, *L'Inauguration de l'Urbs et l'Imperium*, en *Jus Imperium auctoritas. Études de Droit Romain* (Rome, 1990) pp. 210-211.

491 P.J. Goodman, *Defining the City: The Boundaries of Rome*, en C. Holleran-A. Claridge, *A Companion to the City of Rome* (Malden, 2018) pp. 71-91, con abundante bibliografía.

492 P. Catalano, *Aspetti spaziali del sistema giuridico-religioso romano. Mundus, templum, urbs, ager, Latium, Italia* cit., pp. 491 ss.

493 No faltan también en esta materia los defensores de una postura hipercrítica, según la cual esta clasificación al completo no es sino un invento de los romanos de generaciones posteriores: P.J. Goodman, *Defining the City* cit., p. 84.

Como nuestros augures públicos exponen, hay cinco tipos de territorio: romano, gabino, extranjero, enemigo e incierto. El romano recibió su denominación de Roma, de Rómulo. El gabino de la ciudad de Gabii. El extranjero es el territorio pacificado, que existe fuera del romano y del gabino porque en éstos últimos se toman los auspicios de la misma manera. Recibió su denominación de peregrino de pergere, es decir, avanzar. Hacia allí avanzaban primero desde el territorio romano. Por ello el gabino también es extranjero, pero como tiene auspicios singulares, se encuentra separado de los otros.El enemigo recibió su denominación de hostes. El incierto es aquel del que se ignora a cuál de los cuatro anteriores pertenece.

El *ager Romanus* se identifica con el que conocemos como *ager Romanus antiquus*. Dividido en distritos rurales, *pagi*, corresponde con un radio de unas 5 o 6 millas alrededor de la Urbe. Diversos cultos —como ocurre con otros límites territoriales— tienen que ver con él: entre los más relevantes, los *Terminalia* (Ovidio, *Fasti* 2, 680-684)[494], en el *oppidum* de Acqua Acetosa Laurentina. Existe una relación significativa entre este culto a Término en un lugar fortificado periférico y el que estaba establecido desde muy antiguo en el Capitolio (Livio 1, 55,4)[495], de modo que puede afirmarse que el *Capitolium* constituía un «centro», entendido en el orden del culto y por consiguiente con una dimensión política. Por lo demás, esta primacía temporal de la

494 W. W. Fowler, *op. cit.*, pp. 324-327.

495 La incidencia del Derecho Augural (las aves) y de la preminencia de Júpiter en el episodio de la fallida *exauguratio* del *fanum* del dios Término para la construcción del templo a Júpiter en el Capitolio por iniciativa de Tarquinio el Soberbio queda exactamente reflejada en Livio 1, 55, 3-4: *Inter principia condendi huius operis movisse numen ad indicandam tanti imperii exaugurationes admitterent aves, In Termini fano non addixere; idque omen auguriumque ita acceptum est non motam Termini sedem unumque eum deorum non evocatum sacratis sibi finibus firma stabiliaque cuncta portendere.* (*Se dice) que en los comienzos de la construcción de esta obra los dioses habían dado un signo de su voluntad para indicar la grandeza del imperio: mientras las aves fueron favorables para la exauguratio de todos los templos, en relación con el de Término no dieron su asentimiento. Este presagio y augurio fue interpretado en el sentido de que no cambiar Término de lugar y el ser el único dios que no podía ser cambiado de su sede presagiaba la firmeza y estabilidad de todo.* Seguidamente Livio califica esta manifestación divina como un *auspicium perpetuitatis* y pasa a referir el hallazgo (calificado de *prodigium*) de una cabeza humana con la cara intacta (*caput humanum integra facie*). Para la interpretación de este último suceso a los vates romanos —*vates qui in urbe erant*— (se entiende los augures) se añadieron y se hicieron venir arúspices etruscos, *ex Etruria*: Livio 1, 55, 6.

centralización «religiosa» respecto a la estrictamente política constituye un fenómeno repetido en la génesis de las formas estatales. En el Lacio ocurrió también en el caso del culto a Júpiter en Alba, como forma embrionaria de unificación, esta vez en una época preurbana.

Pero no son los únicos. Otros santuarios estaban situados en el *oppidum* de *Caenina* o en el de *Antemnae.* Se pueden citar también los *Robigalia,* celebrados quizás en la V piedra miliar de la vía Claudia. O los vinculados con la *Dea Dia.* La fiesta de los *Ambarvalia* tenía como finalidad la purificación del *ager Romanus.* Consistía en una procesión lustral con sacrificios en los que marcaban el límite territorial. Hacían falta dos días para recorrer los 59 km del perímetro.

El *ager Romanus* quedó como congelado en el tiempo; no sufrió ninguna modificación. Ello, según antes hemos indicado, no dejó de provocar algunos problemas respecto a la toma de augurios y auspicios, los cuales, al menos en principio exigían que fueran tomados dentro este territorio augural. No debe confundirse con los *fines populi Romani.* El *ager Romanus* es una categoría regulada por el *ius divinum,* concretamente por el Derecho Augural[496]. Pese a que existen opiniones diversas, puede aceptarse la opinión de A. Magdelain que identifica el *ager Romanus* con el *ager effatus* (Aulo Gelio, *Noctes Atticae* 13, 14, 1: *pomerium est locus intra agrum effatum;* Servio, *Ad Aen.* 6, 197: *ager post pomeria, ubi captabantur auguria, dicebatur effatus*)[497]. De acuerdo con la hipótesis que defendemos en este libro sostenemos —en línea con los estudios de protohistoria itálica— que el *ager Romanus antiquus* fue el territorio de la Roma protourbana[498].Este dato es muy relevante porque, en la concreción que aporta la arqueología, por ejemplo en la información que ofrece el sitio de Acqua Acetosa Laurentina (y otros), el panorama de la investigación de la «Roma antes de Roma» adquiere una consistencia empírica, más allá de las teorías y de las inclinaciones particulares de los investigadores. Así pues, entre los siglos X y IX a.C., el sitio de Roma, estudiado arqueológicamente, aparece ante nuestros

---

496 P. Catalano, *Aspetti spaziali* cit., pp. 493-494.

497 A. Magdelain, *L'Inauguration de l'Urbs et l'Imperium* cit., p. 214; M. Bettini, *op. cit.,* pp. 314, 334-335.

498 P. Carafa, M. Fiorentini e U. Fusco, en *La Leggenda di Roma* III cit., pp. 155-160, de donde tomanos los datos que se recogen en el texto.

ojos como como un asentamiento protourbano con dimensiones análogas al de la Roma romulea. Con un *ager* (*el ager Romanus antiquus*) de unos 120 kilómetros cuadrados, extenso pero menor, por ejemplo, al de Veyes: 580 kilómetros cuadrados en este caso.

El *ager Gabinus* posee una singularidad propia. En parte ha sido ya planteada en en el capítulo primero de esta obra, cuando abordamos el asunto del contexto histórico-jurídico de la fundación de la Ciudad. Existió un estrecho vínculo entre ambas ciudades, semejante, aunque por otros motivos, al que unía a Roma con Lavinio[499]. Según ha explicado P. Catalano[500], esta singularidad excluye la interpretación de Mommsen, el cual veía en la mención de este *ager Gabinus, ager* de la ciudad de Gabii, tan sólo un ejemplo, una forma de aludir a cualquiera ciudad latina. No es así. Existía para el Derecho Augural una proximidad muy estrecha entre el *ager Romanus* y el *ager Gabinus*. Sabemos que según la tradición[501] Rómulo y Remo aprendieron la ciencia augural en *Gabii*. Independientemente de la veracidad histórica de la noticia, la leyenda puede contener un fondo de verdad, en el sentido de que el antecedente inmediato del Derecho Augural romano pudo tener su fuente en este centro latino, no muy alejado del sitio de Roma, cuyo peso cultural en época arcaica se halla avalado por la arqueología.

Respecto al *ager peregrinus*, al *ager hosticus* y al *ager incertus*, de escasa trascendencia para la finalidad de nuestro trabajo, remitimos a las observaciones de P. Catalano[502].

***

Para cerrar este esbozo, ciertamente incompleto, de la ordenación augural del territorio, añadimos una nota sobre el estatuto del Capitolio. Volvemos sobre una materia ya esbozada en el capítulo segundo de esta obra, con ánimo de concluir la materia en este contexto de la in-

499 Lavinio, no incluida entre los *populi Albenses*, fue un centro «federal» latino antiquísimo: P. Catalano, *Linee del sistema sovranazionale romano* I cit., pp. 156-159, nt. 72.

500 *Ibidem*, p. 275.

501 Dionisio de Halicarnaso 1, 84, 5; Plutarco, *Rómulo* 6, 2; otras fuentes en P. Catalano, *Aspetti spaziali* cit., p. 494.

502 *Ibidem*, pp. 495-498; también del mismo autor: *Linee del sistema sovranazinale romano* I cit., pp. 276-280.

vestigación, destacando así la importancia de este asunto. El Capitolio había quedado fuera de la organización protourbana de las curias, fue incluido en el *pomerium* según una tradición de difícil interpretación, no por Rómulo, sino por Tito Tacio, el rey sabino de *Cures*, aliado temporalmente del fundador. Independientemente de los elementos legendarios que puedan haberse sumado a la memoria ciudadana, parece asumible desde el punto de vista institucional la existencia de un régimen especial para el *Capitolium-Arx*, explicable por el protagonismo que debió de ejercer el antiguo Monte Saturnio en la época inmediatamente anterior a la fundación de la Ciudad. Hubo, pues, un momento inicial, en el que el Capitolio conservó provisionalmente un estatuto que podríamos llamar extraterritorial. Escribe Tácito, *Annales* 12, 24: *quod pomerium Romulus posuerit, noscere haud absurdum reor. Igitur a foro boario, ubi aereum tauri simulacrum aspicimus, quia id genus animalium aratro subditur, sulcus designandi oppidi coeptus, ut magnam Herculis aram amplecteretur; inde certis spatiis interiecti lapides per ima montis palatini ad aram Consi, mox curias veteres, tum ad sacellum Larum, inde forum Romanum; forumque et Capitolium non a Romulo, sed a Tito Tacio additum urbi creditur, mox pro fortuna pomerium auctum.*

En lo que mira al origen de la construcción y al primer pomerio instituido por Rómulo, no me parece fuera de lugar realizar algunas consideraciones. Digo que el surco que limitaba el recinto del asentamiento se comenzó en el Foro Boario, donde todavía podemos ver la estatua de bronce de un buey, porque ese animal se unce al arado, de manera que abrazara el gran altar de Hércules. Después se pusieron los hitos de piedra a intervalos fijos por la falda del monte Palatino hasta el altar de Conso, luego hasta las Curias Antiguas y después hasta el santuario de los Lares. El Foro Romano y el Capitolio se cree que fueron añadidos a la Ciudad no por Rómulo, sino por Tito Tacio. Más tarde aumentó el pomerio según las vicisitudes de la fortuna.

***

Repárese también en la propia configuración del poder del magistrado —dejando aparte los condicionamientos territoriales arriba mencionados—, presentado en las fuentes en forma dual: *imperium auspiciorumque* (o *auspicium imperiumque*)[503], expresiones en las que a

---

503 Th. Mommsen, *Abriss des römischen Staatsrechts* cit., pp. 170-171; P. Noailles, *op. cit.*, pp. 284-285; P. Catalano, *Contributi* cit., pp. 448; 532-541; F. Vervaet, *The High*

veces el *auspicium* adquiere un sentido que abarca incluso el ámbito propio del *imperium*, esquema que se aplica igualmente respecto a la *potestas*, como resulta de Gelio (Messala), *Noctes Atticae* 13, 15, 4. Dentro de esta estructura bimembre, el estudio del *auspicium* sugiere una génesis autónoma dentro del régimen teocrático previo a la *civitas*, del que quedan huellas en la posición del *rex augur* de la monarquía latina y en el rito de su *inauguratio*[504].El auspicio y el augurio expresan una legitimidad originaria del poder político romano, fraguada en los tiempos anteriores a la fundación de la Ciudad y reajustada sucesivamente en términos relativamente independientes de esta primera legitimidad: a ese momento posterior corresponderían el *imperium*. Dentro de este contexto no extrañará la afirmación de G. Nocera al escribir que los magistrados son «en cierto sentido sacerdotes»[505]. Recuérdese que en la lucha de los plebeyos por el acceso a las magistraturas y sacerdocios el argumento basado en el monopolio de los *patres* sobre los auspicios públicos desempeñó una función relevante: Livio 6, 41,4 ss.; 10, 8, 9[506]; e incluso tras la equiparación de los órdenes los patricios mantuvieron esa exclusividad respecto a algunos sacerdotes: *flamines*, *fetiales*, *salii*, *rex sacrorum* y *curio maximum* (abierto a la plebe en el 209 a.C.)[507].

Reflexiones semejantes suscita la consideración del *interregnum*, el cual —según una hipótesis muy probable— procede del período precívico[508], en el que la estructura constitucional no estaba por completo centralizada: la expresión *auspicia ad patres redeunt* describe con exactitud esa situación inicial, en la que se hacía necesario *renovari*

Command in the Roman Republic. The Principle of summum imperium auspiciorumque from 509 to 19 BCE (Stuttgart, 2014) pp. 14-55.

504 Livio 1, 18, 6-12: J. Linderski, *The Augural Law* cit., pp. 2256-2296.

505 G. Nocera, *Il fondamento del potere dei magistrati nel diritto pubblico romano*, en *Annali Perugia* (1946) p. 169.

506 Vid, por ejemplo: W. Kunkel (H. Galterer, Ch. Meier, R. Wittmann), *Staatsordnung und Staatspraxis der römischen Republik* (München, 1995) pp. 34-35.

507 R. E. Mitchell, *Patricians and Plebeians. The Origin of the Roman State* (Ithaca and London, 1990) p. 14; J.-C. Richard, *Les origines de la plèbe romaine. Essai sur la formation du dualisme patricio-plébéin* cit., pp. 239-247. Sobre el arte augural como monopolio inicial de los patricios: *Ibidem*, p. 62.

508 G. Grosso, *Lezioni di storia di diritto* romano, 5ª ed. riveduta ed ampliata (Torino, 1965) p. 38; P. Frezza, *Corso di storia del diritto romano*, 3ª ed. riveduta (Roma, 1974) pp. 27-42; J.M. Ribas Alba, *De la donación al contrato* cit., p. 31.

auspicia, dentro de un mundo jurídico regido por el esquema *fas / nefas*, que es el mundo de las curias. El *interregnum* expresa institucionamente una situación en la que no se ha llegado a la completa centralización, rasgo este último unido al nacimiento del Estado en sentido estricto.

En este mismo sentido ha de enjuiciarse la función de la *lex curiata*. La doctrina no se pone de acuerdo sobre la naturaleza exacta de esta iniciativa legal[509]. Pero la lectura de las fuentes disponibles permite concluir que su relación con los auspicios era directa e inmediata. Cicerón, *De lege agraria* 2, 11, 27: *curiata (comitia) tantum auspiciorum causa remanserunt*; 2, 12, 31: *ollis (comitiis) ad speciem atque ad usurpationem vetustatis per XXX lictores auspiciorum causa adumbratis*. (También, Gelio, *Noctes Atticae* 13, 15, 4: *minoribus creatis magistratibus, tributis comitiis magistratibus, sed iustus curiata datur lege; maiores centuriatis comitiis fiunt*). Cicerón afirma que la práctica de aprobar la *lex curiata* para cada magistrado del *populus* se mantuvo (exclusivamente) por causa de los auspicios[510]. En su régimen originario esta función, siendo esencial[511], no era la única, pues los magistrados se sometían con ella a una segunda aprobación popular mediante el ejercicio del *suffragium*. En todo caso, su persistencia en una época en la que había decaído la relevancia de los comicios por curias demuestra que incluso entonces su relación con los auspicios del magistrado era valorada como una pieza necesaria del diseño constitucional. Completaba el procedimiento de creación: convertía al elegido en *iustus magistratus* y, en su caso, evitaba que su *imperium* fuera considerado *iniustum*[512]. En palabras de A. Magdelain, con la *lex curiata* el magistrado obtiene su investidura[513], completándose el procedimiento complejo que se inició con la elección.

---

509 G. Nocera, *op. cit.*, pp. 163-166.

510 En estas palabras de Cicerón *auspicia* parece adquirir un sentido amplio, englobando la suma de las competencias del magistrado.

511 P. Catalano, *Contributi* cit., p. 475, p. 118.

512 U. Coli, *Scritti di diritto romano* I (Milano, 1973) p. 481.

513 A. Magdelain, *Recherches sur l'«imperium». La loi curiate et les auspicies d'investidure* (Paris, 1968) p. 16.

Capítulo duodécimo
Ius, iustus, vitium

La naturaleza enigmática de la *lex curiata* nos lleva de la mano a un ámbito mucho más amplio de categorías jurídicas relacionadas con los *auguria.* Resulta muy interesante constatar la aparición del adjetivo *iustus* en el contexto del Derecho Augural[514], para hacer referencia a que un acto jurídico (incluyendo el nombramiento de los magistrados) ha sido realizado conforme a las exigencias de los auspicios y, más general, conforme a la voluntad divina, como en el supuesto del *iustum bellum* o del *iustum matrimonium* (que posee una indudable trascendencia pública)[515].

La dicotomía augural del *fas* y del *nefas,* mecanismo central de producción y formalización del ordenamiento, no excluía el uso del término *ius,* el cual, como señaló entre otros R. Orestano, poseyó en concurrencia con *fas* un significado originariamente sobrenatural y unitario[516]. De esta proximidad semántica queda un residuo en las expresiones que utilizan ambos términos como dando a entender un concepto único: *ius fasque* y similares[517]. No es posible reconstruir la historia del uso de *ius* en la época arcaica ni los límites exactos de su concurrencia con *fas.* Sin embargo, tanto la constatación de una forma arcaica de *iustus, iouestod,* en la inscripción del *lapis niger* en el Foro[518] como el parentesco entre *ius* y Júpiter, aún más evidente en las formas más antiguas conservadas[519], indican que el término *ius*

---

514 P. Catalano, *Contributi cit.,* p. 483 nt. 139.

515 R. Orestano, *Del ius al fas* cit., p. 263; J. Marquardt, *Das Privatleben der Römer* I cit., p. 28.

516 V. Ehrenberg, *op. cit.,* p. 73; H. Fugier, *op. cit.,* pp. 132-133.

517 R. Orestano, *Del fas al ius* cit., pp. 226-227; 237-240, con indicación de un conjunto de textos; por ejemplo, Cicerón, *De haruspicum responsis* 16, 34.

518 Otras lecturas posibles: *iovestod, Iovei estod;* Paulo Diácono, *Epitoma Festi* (Lindsay, p. 93): *Ioviste compositum a Iove et iuste;* E.H. Warmington, *Remains of Old Latin* IV (London, 1940) pp. 242-245.

519 R. Orestano, *Del ius al fas* cit., pp. 217-221; G. Dumézil, *Idées romaines* cit., pp. 31-45.

(o el asignado primitivamente para este significado) tuvo reservado desde muy pronto un valor técnico en el ordenamiento augural. La proximidad[520] entre *iustus, purus, pius, castus* y *fas* confirma el origen de estos conceptos en un ambiente histórico común. Detengámonos específicamente en el adjetivo *iustus*, que ya antes ha sido mencionado en relación con la función de la *lex curiata* —en Gelio, *Noctes Atticae* 13, 15, 4—.

Regla frecuente de los actos jurídicos de naturaleza constitucional es que deban realizarse en un *templum*, es decir, en un lugar que haya sido previamente objeto de una *inauguratio:* así el *tribunal* del magistrado que preside la asamblea deliberativa (*comitia*) o una *contio*[521]; o en las reuniones del Senado. Respecto a este último caso nos informa Varrón, en Gelio, *Noctes Atticae* 14, 7, 7: *Tum adscripsit de locis, in quibus senatus consultum fieri iure posset docuitque confirmavitque, nisi in loco per augurem constituto, quod templum appellaretur, senatus consultum factum esse, iustum id non fuisse. Propterea et in curia Hostilia et in Pompeia et post in Iulia, cum profana ea loca fuisset, templa esse per augures constituta, ut in iis senatus consulta more maiorum iusta fieri possent.* También: Servio, *Ad Aen.* 7, 153, entre otras referencias[522]. En el mismo sentido y de forma aún más evidente el culto público debía desarrollarse como regla general[523] en un *templum* (lugar inaugurado), sobre el que se realizaba la *dedicatio-consecratio*[524]. En todos estos supuestos el cumplimiento del requisito del lugar inaugurado (junto con otros) convertía al acto jurídico en cuestión en un acto *iustus*. En todos los casos la licitud final de los actos públicos dependía de la corrección de los auspicios: Cicerón, *De legibus* 3, 12, 27. Actos que en caso de duda debían, ser aprobados o rechazados por los augures *a posteriori*[525]: Cicerón, *De legibus* 2, 8, 21: *Quaeque augur*

520 Vid. H. Fugier, *op. cit.*, pp. 375-376; R. Santoro, *op. cit.*, p. 199.

521 P. Catalano, *Contributi* cit., pp. 264-272.

522 *Ibidem*, p. 278.

523 J. Marquardt-G. Wissowa, *op. cit.*, p. 155: las calificaciones de *templum* y de *fanum* no siempre concurrían sobre un mismo objeto.

524 *Ibidem*, p. 256.

525 Un caso particular viene representado por la *nuntiatio* de un augur, pronunciada durante el transcurso de la asamblea: J. Linderski, *The Augural Law* cit., p. 2168.

iniusta nefasta vitiosa dira[526] *defixerit, inrita infectaque sunto* (también: *De legibus* 2, 12, 31).

La misma terminología aparece en la calificación de los juramentos realizados en el curso de la *legis actio sacramento*: la sentencia determinaba *utrius sacramentum iustum, utrius iniustum sit*[527].

Si el acto no se realiza conforme a las normas del Derecho Augural se considera afectado por un *vitium*. Es decir, es juzgado como *iniustum* (vid. Cicerón, *De legibus* 2, 8, 21). El acto jurídico en el que no concurre ningún *vitium* se estima como válido. Aunque como es habitual en las fuentes existe una pluralidad de términos para expresar estas valoraciones jurídicas, es muy probable que la contraposición central se realizara acudiendo a la dualidad entre *vitio* y *recte* (*recte an vitio*)[528]. En este contexto *religione*[529] puede significar también la presencia de un *vitium*. El *vitium* puede proceder tanto de un error en el ritual[530] como de una interpretación incorrecta de los auspicios impetrativos u oblativos. La correlación del *vitium* y el reproche de lo *iniustum* (adverbio *iure*[531]) pertenecen al léxico técnico augural y se halla vinculada con el *nefas*.

En el vocabulario del Derecho Augural *silentium* indica en determinados contextos la ausencia de un *vitium* procedimental. Cicerón, *De divinatione* 2, 34, 71: *Peritum autem esse necesse est eum, qui, silentium*

---

526 Sobre los significados y uso del adjetivo *dirus, dira, dirum*; y el sustantivo plural *dirae (diratum)* (signos oblativos desfavorables): P. Catalano, *Contributi* cit., pp. 137-138 nt. 68.

527 R. Santoro, *op. cit.*, pp. 485-486; M. Kaser-K. Hackl, *op. cit.*, p. 40.

528 Cicerón, *De haruspicum responsis* 23, 48: *Augures interrogabat quae ita lata essent rectene lata essent? Illi vitio lata essent dicebant; preguntaba a los augures si la ley había sido aprobada recte; contestaron (negativamente) que había sido aprobada vitio.* Vid. E. Norden, *op. cit.*, p. 35.

529 Por ejemplo: Cicerón, *De haruspicum responsis* 6, 11; Aulo Gelio, *Noctes Atticae* 4, 9, 2, donde aparece la conexión entre *vitium* y *religiosus*, junto al concepto de *nefas*.

530 El formalismo extremo del Derecho Augural engendra sus propias contradicciones: pronunciar los verbos *do, dico, addico* en un día nefasto no impide que el esclavo manumitido obtenga la libertad; la fórmula ritual de la *renuntiatio* convierte al ciudadano en magistrado a pesar de los errores del procedimiento: Varrón, *De lingua Latina* 6, 4, 30. Añadiremos más abajo una interpretación complementaria de este último supuesto.

531 Por ejemplo en la expresión *lex non iure rogata*: Cicerón, *De legibus* 2, 12, 31.

quid sit, intellegat; id enim silentium dicimus in auspiciis, quod omni vitio caret. Pero debe ser necesariamente un perito para que entienda que es el «silencio», y es que en los auspicios llamamos «silencio» a lo que carece de cualquier vicio.

La expresión *lex vitio data* identifica a una *lex non iure data*. En las controversias entre patricios y plebeyos los primeros se atribuían el monopolio del *iustum imperium et auspicium*: Livio 10, 8, 9. Se entendía que la falta de la condición patricia del oficiante viciaba los resultados de los auspicios cívicos[532].

***

Una prueba relevante de la antigüedad del ordenamiento augural y de su origen anterior al nacimiento de la *civitas* la tenemos en la tensión que emerge entre los efectos diferentes que produce el acto ilícito en el *ius augurum* y en el *ius civile*. Esas tensiones debieron de acumularse en la época de transición entre ambos sitemas normativos. Dado que en el final de este fenómeno sólo quedó vigente una parte del Derecho Augural, el relativo a la práctica constitucional del funcionamiento de las asambleas (incluyendo obviamente la elección de los magistrados) y de ordenación del territorio, apenas quedan huellas de estos problemas de encaje. La más significativa se concentra en el principio de que el magistrado elegido irregularmente, por haberse constatado la presencia de un *vitium*, es no obstante magistrado —aunque por regla general presente su *abdicatio*— según el Derecho de la *civitas*: *magistratus vitio creatus nihilo setius magistratus*, Varrón, *De lingua Latina* 6, 4, 30[533]. El *iustus magistratus* ha sido elegido bajo unos auspicios correctamente consultados: Cicerón, *De natura deorum* 2, 4, 11.

532 Resulta muy dudoso que la calificación del *dies* como *vitiosus* proceda de la época arcaica: A.K. Michels, *op. cit.*, pp. 63 nt. 9; 67 nt. 21; J. Rüpke, *The Roman Calendar* cit., pp. 151-152.

533 En el mismo pasaje Varrón refiere que el esclavo manumitido irregularmente (*vitio*) es, sin embargo, libre: otro ejemplo de la colisión de ambos ordenamientos. Vid., sobre los efectos del vicio en la elección del magistrado: P. Catalano, *Contributi* cit., p. 430; J. Linderski, *The Augural Law* cit., p. 2163.

En relación con lo anterior parece oportuno recordar la hipótesis de E. Tassi Scandone[534] sobre la relación entre el Derecho Augural y la *abdicatio* del magistrado dentro del régimen jurídico de la *provocatio ad populum*. Valiéndonos de las reflexiones de esta autora, hemos tratado más arriba este asunto y otros relacionados desde un punto de vista más general, destacando la incidencia del ordenamiento augural en el régimen originario de la *provocatio*, en el conjunto de las instituciones romanas más antiguas. Ahora se trata de centrar la atención exclusivamente en la posible aplicación de la *abdicatio* en este supuesto particular. La tercera de las *leges Valeriae de provocatione*, del 300 a.C., declaraba *improbe factum* la conducta del magistrado que contraviniera la norma. Teniendo en cuenta los orígenes históricos de la *provocatio*, *divinitus constituta*, instituida según el *ius divinum* (Cicerón, *Tusculanae disputationes* 4, 1, 1), el régimen del *improbe factum*, mal comprendido en la época final de la República, considerado como una consecuencia jurídicamente poco rigurosa (Livio, 10, 9, 5)[535], podría explicarse de la siguiente manera. Basándose en Cicerón, *De legibus* 2, 8, 21, la autora plantea la posibilidad de que el magistrado que ha violado la ley hubiera incurrido en un *vitium* y por tanto fuera invitado a *abdicare magistratum*. La valoración habría correspondido al Colegio de los Augures, según ocurría en otros casos. La desobediencia del magistrado podría llevarle a ser acusado de *perduellio*. Si se admite esta solución, estaríamos ante un ejemplo más, el cual corrobora la decisiva presencia del Derecho Augural en la vida política de la República.

Otros problemas de operatividad surgían de la necesidad de adaptar el régimen de los auspicios a lugares fuera del *ager Romanus*, el cual conservó inmodificada su estricta condición originaria[536]. De forma que se hacía necesario acudir al expediente de la ficción y a la equiparación del *praetorium* como *auguratorium*, a efectos de la toma de los *auspicia pullaria*[537].

---

534 E. Tassi Scandone, *op. cit.*, pp. 329-333; 350-355.

535 El propio Livio da muestras de esa incompresión, porque en el mismo pasaje, contradiciendo en cierta medida sus dudas sobre los efectos previstos, afirma que el cónsul M. Valerio propuso la ley *diligentius sanctam*.

536 P. Catalano, *Linee del sistema sovrannazionale romano* I cit., p. 274.

537 I.M.J. Valeton, *De templis romanis*, en *Mnemosyne* 23 (1895) pp. 61-64; J. Linderski, *The Augural Law* cit., pp. 2173-2174. Vid. Livio 3, 20, 6; 41, 18, 7-8.

Capítulo decimotercero
Prudentia e interpretatio

Ut naturaliter evenire solet,
ut interpretatio desideraret prudentium auctoritatem.
D. 1,2,2,5
(Pomponio, *libro singulari enchiridii*)[538].

La jurisprudencia es en sentido literal *prudentia iuris.* La palabra latina *prudentia* resulta de una contracción de *providentia*, pre-visión[539]. Recoge un significado que en el latín arcaico pudo quedar expresado también por otros términos que desconocemos. Decimos esto porque la información que ofrece Cicerón, nuestro habitual punto de partida, como suele ser habitual en sus estudios sobre cuestiones que tocan la filosofía moral, se halla mediatizada por el modelo griego y la oportunidad de verter al latín las categorías griegas. El Arpinate[540] traduce *pronoia* por *providentia* y *phronesis* por *prudentia.* Varrón, por su parte, en *De lingua Latina* 6, 10, 96, propone —parece que erróneamente— un origen griego, en *proidein.* De todas formas, la *prudentia* romana debió de ser una palabra de larga historia y no resulta convincente apelar a la lengua griega como forma de explicar su presencia en el vocabulario latino[541]. Lo sabemos porque en el libro

---

538 *Como suele ocurrir naturalmente, que la interpretación requiere la autoridad de los prudentes.* M. Fuhrmann, *Interpretatio*, en D. Liebs (ed.), *Sympotica Franz Wieacker. Sexagenario Sasbachwaldeni a Suis Libata* (Göttingen, 1970) p. 109 nt. 74, quien pone en relación este texto con D. 50,16,120 (Pomponio, *libro quinto ad Quintum Mucium*).

539 Cicerón, *De divinatione* 1, 49, 111.

540 S. Ramírez, *La prudencia* (Madrid, 1978) p. 16.

541 Mejor opción es la de analizar este problema en las lenguas itálicas y en el indoeuropeo: M. de Vaan, *Etymological Dictionary of Latin and other Italic Languages* (Leiden-Boston, 2008) p. 676, s.v. *Video.* J. Hellegouarc'h, *Le Vocabulaire Latin des Relations et des Partis Politique sous la République,* Deuxième tirage revu et corrige (Paris, 1972) p. 258, señala que los términos latinos que designan la prudencia y las virtudes a ella asociadas son relativamente antiguos, anteriores a la influencia griega y corresponden en el origen a realidades específicamente romanas; en concreto, se trata de categorías utilizadas por los miembros del *ordo senatorius.*

séptimo de los *Annales* de Ennio (en Aulo Gelio, *Noctes Atticae* 12, 4, 4) aparece *prudenter* y lo hace en un contexto que podemos calificar de jurídico: *Quem facit mores veteresque novosque tenentem, / Multorum veterum leges divumque hominumque; / Prudenter qui dicta loquive tacere posset. Todas las costumbres antiguas y nuevas, las leyes de los hombres y las divinas, que prudentemente (...).*

Al objeto de esta investigación interesa subrayar sobre todo el significado que podríamos llamar primordial de la prudencia. La previsión del futuro —*providentia, prudentia*— constituye, en efecto, una cualidad particularmente atribuida a los dioses; a los seres sobrenaturales en general. En la cultura romana Jano bifronte es por antonomasia el dios que ve el pasado y el futuro[542], un dios que, por otra parte, como escribe Ovidio, *Fasti* 1, 90, no tiene en Grecia ningún numen parejo a él. También la *prudentia* se apoya en el pasado, *memoria,* para tomar decisiones futuras. Esta providencia divina será posteriormente especificada sobre todo por la filosofía estoica[543]; también por la filosofía judía y cristiana[544]. El Derecho Augural hizo suyo un uso estrictamente jurídico de esa posibilidad de previsión, porque en realidad los auspicios lo que pretenden es adelantar —aunque excluyendo el determinismo radical— la licitud o ilicitud de una actividad. El *si fas est* abre la puerta a una acción que ya ha sido *prevista y aprobada —autorizada—* por Júpiter, quien ha dado solícitamente su consentimiento, con el que concurre la libertad humana. Es el *fatum,* vinculado e incluso identificado con Júpiter, lo que el augur indaga por medio de sus técnicas de interrogación (auspicios impetrativos) o interpretando directamente los signos que de modo espontáneo comunica la divinidad (auspicios oblativos).

Esta idea nos pone en el camino correcto para valorar la particularidad de la *prudentia* romana, la que es propia de los juristas desde los augures y pontífices hasta los jurisconsultos laicos posteriores. Escribe Cicerón[545], recogiendo esta tradición, *De inventione* 2, 160:

---

542 G. De Sanctis, *op. cit.*, pp. 99-102; L. Ferro-M. Monteleone, *op. cit.*, pp. 375-376.

543 Cicerón, *De natura deorum* 2, 73, 75, 79-80; 3, 94.

544 R. Pettazzoni, *L'onniscienza di Dio* cit., p. 160.

545 Otros textos en J. Hellegouarc'h, *op. cit.*, p. 256 nt. 10, quien subraya además la proximidad entre la *prudentia* y el *consilium.*

Prudentia est rerum bonorum et malorum et neutrarumque scientia. Por tanto, la prudencia originaria no es sólo una capacidad de previsión, contiene igualmente un elemento jurídico: la determinación para el caso concreto de lo que está bien o mal (o es indiferente), principios encarnados originalmente en la dualidad *fas* / *nefas*. Ésta es exactamente la finalidad del auspicio y del augurio, con los cuales se solicita a la divinidad un permiso cuya naturaleza es jurídica; constituye el contenido del obrar *prudenter*. La posterior *iuris-prudentia* no será sino la extensión secularizada y encomendada al jurista, sin intervención divina, de lo que puede o no puede hacerse, de lo lícito y de lo ilícito. El desarrollo de este mecanismo centrado en la prudencia, se reproduce en el ámbito de la *interpretatio*.

Las prácticas divinatorias, entendidas en el sentido más lato de la expresión[546], constituyen un fenómeno común presente en un amplísimo número de sociedades arcaicas y antiguas repartidas por todo el orbe[547]. Difusión de la que eran conscientes los propios romanos[548]. Escribe S. Montero Herrero[549] en relación con los auspicios: «La *auspicatio* estuvo lejos de ser una práctica adivinatoria privativa de los latinos. Su práctica está ampliamente atestiguada en otros pueblos itálicos como los umbros, los sabinos o los marsios y hay suficientes indicios para pensar que también fue conocida y practicada por los etruscos. Desgraciadamente el silencio de las fuentes romanas sobre la ornitomancia etrusca nos impide conocer hasta cuándo fue practicada y cuáles fueron las causas de su posible desaparición que a mi juicio bien pudo haber coincidido con la conquista de las ciudades etruscas por Roma en el siglo III a.C.; ni siquiera sabemos si fueron

546 Por su parte, el Derecho Augural romano aceptaba cinco clases de signos augurales: *ex caelo, ex avibus, ex tripudiis, ex quadrupedibus, ex diris*: Festo, s.v. *Quinque genera signorum* (Lindsay, p. 316); existía una graduación entre los diversos tipos de auspicios: Servio auct., *Ad Aen.* 3, 374; J. Linderski, *Founding the City. Ennius and Romulus on the Site of Rome* cit., pp. 9-10. Sobre la interpretación del rayo, puede citarse Cicerón, *De divinatione* 2, 18, 43: *Iove tonante, fulgurante comitia populi habere nefas.*

547 P. Catalano, *Contributi* cit., pp. 130-138, notas 64-71; 200.

548 Cicerón, *De legibus* 2, 13, 33; *De divinatione* 2, 39; D. Briquel, *Art Augural et Etrusca Disciplina: le Debat sur l'origine de l'Augurat Romain*, en *La Divination dans le Monde Etrusco-Italique* cit., pp. 68-100.

549 S. Montero Herrero, *Augusto y las aves* cit., p. 23.

los arúspices o, por el contrario, un sacerdote especializado, quienes interpretaban el vuelo y el canto de las aves. Los etruscos conocieron la práctica itálica de la *auspicatio* aunque estableciendo sus propias reglas. Uno de los grandes expertos en la materia, P. Catalano, considera incluso que los *auspicia* de los etruscos debían de tener también valor jurídico, dado que el *lituus* aparece como símbolo de una magistratura»[550].

A la consulta de los auspicios en el ámbito privado —sabemos, por ejemplo, que Nigidio Fígulo (98-45 a.C.) escribió una obra titulada *De augurio privato*[551]— se añadía en muchos casos la que tenía lugar con carácter oficial por parte de jefes y sacerdotes[552]. Disponemos de un documento que confirma en detalle estas prácticas auspicales en territorio italiano fuera de Roma: las *Tabulae Iguvinae*, las cuales contienen la descripción de rituales fundados en la toma de los auspicios *ex avibus*, encomendados a los *Fratres Atiedii*, un colegio sacerdotal operativo en el ambiente cultural umbro. Allí encontramos la figura del *uhtur*, es decir, del *auctor* (el augur) y el protagonismo de Júpiter, junto con otros dioses[553]. Las tablas ofrecen minuciosa información sobre el ordenamiento augural umbro. Mencionan los requisitos de la observación de las aves y los equivalentes al *templum* y al *pomerium*[554]; sin embargo, no parece existir en umbro (como tampoco en griego) el concepto latino de *urbs*[555].

También los etruscos, aunque estuvieran especializados por así decir en la aruspicina (de origen oriental), de influencia creciente en Roma[556], practicaron desde antiguo los auspicios. Hemos recordado, además, que en los rituales ciudadanos —desde la fundación— se utilizaban ceremonias etruscas en estrecha vinculación con los aus-

---

550 Vid. Plutarco, *Rómulo* 22, 1.

551 J. Linderski, *Founding the City. Ennius and Romulus on the Site of Rome* cit., p. 4; vid. A. Swoboda, *P. Nigidi Figuli operum reliquiae* (Vindobonae, 1889).

552 Vid., por ejemplo, Cicerón, *De divinatione* 1, 40-41, 89-90; Tácito, *Germania* 10.

553 A. Bouché-Leclercq, *Histoire de la Divination dans la'Antiquité* IV cit., pp. 169-179; U. Coli, *Il diritto pubblico degli Umbri e le Tavole Eugubine,* [1958], en *Scritti di diritto romano* II (Milano, 1973) pp. 743-833; P. Catalano, *Contributi* cit., pp. 59 206-210; 526; S. Montero Herrero, *Augusto y las aves* cit., p. 25.

554 U. Coli, *op. cit.*, pp. 768-771.

555 *Ibidem*, p. 822.

556 S. Montero Herrero, *Augusto y las aves* cit., pp. 22-29.

picios[557]: Varrón, *De lingua Latina* 5, 32, 143; Livio 1, 44, 4; Servio, *Ad Aen.* 10, 145. Sin embargo, todo ello no impidió que fueran tachados de *barbari* en lo concerniente al estudio de los augurios por Tiberio Graco (cónsul del 163 a.C.)[558]. Así pues, cuando defendemos la singularidad romana respecto a la práctica augural, ¿qué queremos afirmar exactamente?

El punto de partida consiste en la difusión por Italia central al menos desde la Edad del Bronce de la consulta a la divinidad por medio de la interpretación del vuelo de las aves y otros signos celestes. Estamos ante una práctica religiosa que necesariamente tuvo que ir acompañada de una teología, al principio implícita o escasamente desarrollada. Con el transcurso del tiempo esta teología se hizo explícita y fue objeto de reflexión por parte de especialistas cuya actividad podemos calificar de carismática, pero con relevancia pública. A ese momento corresponde la difundida leyenda romana que tiene por protagonista a *Attus Navius*[559].

Sin embargo —enlazando este argumento con nuestra hipótesis sobre el alcance del Derecho Augural— ocurrió que en la época protourbana tal teología se transformó en una teología jurídica y política, una verdadera jurisprudencia, la cual en el caso romano y muy probablemente en comunidades itálicas de naturaleza y nivel semejante (de las que carecemos de información), ocupó un lugar central, dado que se adecuaba exactamente a las exigencias de una teocracia cuya figura esencial sería el *Flamen Dialis*, representante e imagen viviente de Júpiter, Dios de los auspicios y de los augurios.

Una teología jurídica que creó el Derecho Augural. El examen de éste que hemos llevado a cabo en las páginas anteriores deja claro que, a diferencia de los *iura gentium* de la fase precívica, ordenamiento que pudo desarrollarse como un verdadero *Derecho Natural*

---

557 I.M.J. Valeton, *De modis auspicandi Romanorum* II cit., p. 447.

558 Cicerón, *De natura deorum* 2, 4, 11.

559 Vid. el análisis y la mención de las fuentes sobre este personaje «profético» y luego sacerdotal —entre ellas Livio 1, 36; Lactancio, *Divinae institutiones* 2, 7, 8— en: F. Santangelo, *Priestly "Auctoritas" in the Roman Republic*, en *The Classical Quaterly* 63 (2013) pp. 759.771. Sobre la naturaleza como *res inaugurata* de la *equitum peditumque descriptio* vid. E. Tassi Scandone, *op. cit.*, pp. 344-345.

(consuetudinario, aunque siempre mediado por algún mecanismo procesal que desconocemos), el Derecho Augural puede ser calificado, si se nos permite la expresión, como modelo acabado de *Derecho Artificial*.

El Derecho resulta ser el resultado de una reflexión jurisprudencial. Se aplicó también al ámbito jurídico la distinción transmitida por Cicerón[560] respecto a los géneros de *divinatio*: una fundada (exclusivamente) en la *natura*; la otra, como producto de un *ars*. *De divinatione* 1, 6, 11: *(...) Duo sunt enim divinandi genera, quorum alterum artis est, alterum naturae. Dos son lo tipos de de adivinación; uno de ellos procede del arte; el otro, de la naturaleza.*

Y en el mismo sentido, en la misma obra 1, 18, 34: *Eis igitur assentior, qui duo genera divinationum esse dixerunt, unum, quod particeps esset artis, alterum, quod arte careret. Est enim ars in eis qui novas res coniectura persequuntur, veteres observatione didicerunt. Carent autem arte ei qui, non ratione aut coniectura observatis ac notatis signis, sed concitatione quadam animi aut soluto liberoque motu, futura praesentiunt (...).*

Por lo tanto, estoy de acuerdo con quienes afirman que hay dos tipos de adivinación, uno basado en el arte; otro que prescinde de él. Hay arte en los que, una vez que han conocido los hechos pasados por medio de la observación, estudian los nuevos por medio de la interpretación. En cambio, prescinden del arte los que no conocen el futuro por medio del razonamiento y la interpretación, observando y anotando los signos, sino a través de algún tipo de movimiento del espíritu, o de un impulso desinhibido y espontáneo (...).

Así pues, de acuerdo con nuestro planteamiento, se habían producido dos fenómenos concatenados: la *divinatio* fue transformada en un arte, en Roma como en tantos otros sitios. Pero en Roma este arte sirvió de modelo a una sabiduría trasladada al ámbito del Derecho, modelando el Derecho Augural.

---

560 También, *De divinatione* 2, 11, 26 Sobre la citada división de la *divinatio* en dos géneros, el basado en el arte y el natural, puede consultarse: A. Maggiani, *La divination oraculaire en Etrurie* cit., pp. 6-40. La distinción se encuentra ya en Platón, *Fedro* 244c, y pudo llegar a Cicerón a través de Posidonio: Á. Escobar, *Cicerón: Sobre la adivinación, Sobre el destino, Timeo, Introducciones, traducción y notas* (Madrid, 1999) p. 47 nt. 50.

Representa en el plano jurídico lo que es la irrupción de la primera forma estatal —protourbana— en el plano político. Sus categorías básicas —el *fas* y el *nefas*—, sus fuentes de producción y el extremado formalismo que preside todos sus contenidos no se explican sin una ciencia convertida en ciencia del Derecho, anterior y luego simultánea. Queremos decir que lo propiamente romano fue la transformación de las prácticas augurales en una jurisprudencia sustentadora del Derecho Augural. Plutarco se preguntaba si no sería cierto que el augur es más un jurisconsulto que un sacerdote[561]. Por todo ello, en cierto sentido cabe afirmar que en sus orígenes, en sus primeros momentos, Roma conoció primero una jurisprudencia y luego un Derecho, el de los augures. Entre los *iura gentium* y el *ius civile* (que es el Derecho modelado e interpretado por los pontífices) se alza el *ius augurum*. El formalismo del *ius augurum* se transmitió por así decir al *ius civile*, pero despojado ahora de su carácter teocrático.

Es cierto que los pontífices eran también sacerdotes, pero debiera recordarse que no tomaban sus decisiones en nombre de Júpiter, ni acudían a Él para dilucidar en cada caso la licitud o ilicitud de los comportamientos. No obstante, en el tratamiento pontifical del Derecho persistió inicialmente no sólo un formalismo radical, ahora en cierta medida «secularizado», sino también el esoterismo de su actividad jurisprudencial. En la tradición romana, recogida por Cicerón, *De republica* 2, 14, 26, correspondió a Numa la creación del Colegio de los Pontífices integrado por cinco miembros; sin embargo, respecto a los augures se dice que añadió al número antiguo dos nuevos augures. Cabe identificar incluso el eco de un momento de transición institucional entre los dos ordenamientos, el augural y el pontifical, en este difícil pasaje de Livio 1, 20, 7, en el que tras afirmar que Numa nombró como pontífice a Numa Marcio, parece que se le asignan a éste funciones que corresponden al ámbito del Derecho Augural (aunque puede también interpretarse el pasaje en el sentido de que es el propio Numa, *rex-augur*, quien protagoniza parcialmente los hechos narrados[562]): *nec caelestes modo caerimonias, sed iusta quoque*

---

561 En A. Bouché-Leclercq, *Histoire de la Divination dans l'Antiquité* IV cit., p. 277.

562 P. Catalano, *Contributi* cit., p. 551. Añádase el relato legendario recogido en Ovidio, *Fasti* 3, 320-399, en el que aparece Numa en diálogo con Júpiter Elicio.

funebria placandosque manes ut idem pontifex edoceret, quaeque prodigia fulminibus aliove quo visu missa susciperentur atque curarentur. Ad ea elicenda ex mentibus divinis Iovi Elicio aram in Aventino dicavit deumque consuluit auguriis, quae suscipienda essent.

Debía también este pontífice informar en detalle no sólo acerca del culto de los dioses, sino de los ritos funerarios y del modo de aplacar a los manes; acerca de qué prodigios manifestados con rayos o con cualquier otro fenómeno había que tomar nota y conjurarlos. Para arrancar estos secretos de las mentes divinas, consagró en el Aventino un altar a Júpiter Elicio y consultó al dios por vía de augurios sobre qué prodigios debían ser tomandos en cuenta (trad. de J.A. Villar Vidal).

En todo caso, como venimos afirmando en relación con el *ius civile* de la Roma arcaica, fue competencia del Colegio de los Pontífices su custodia e interpretación. Y para legitimar ambas actividades los pontífices alegaban una vinculación con el *ius divinum*, que a la altura de finales del siglo IV a.C. había perdido gran parte de su fuerza, como demuestra la conocida actuación de Cn. Flavio, detrás de la cual se encontraba Appio Claudio, poseedor de la máxima ciencia jurídica, como nos indica Pomponio (D. 1,2,2,36)[563]. Valerio Máximo, *Facta et dicta memorabilia* 2, 5, 2[564]: *ius civile per multam saecula inter sacra caerimoniasque deorum inmortalium abditum solisque pontificibus notum Cn. Flavius libertino patre genitus et scriba, cum ingenti nobilitatis indignatione factus aedilis curulis, vulgavit ac fastos paene toto foro exposuit.*

El Derecho civil, oculto durante muchos siglos con los ritos y ceremonias de los dioses inmortales y conocido solamente por los pontífices, lo divulgó el escriba Gneo Flavio, hijo de un liberto, elegido edil curul en medio de la indignación general de la nobleza, quien dio también a conocer a casi todo el pueblo los días fastos (trad. de S. López Moreda, M. L. Harto y J. Villalba).

Iura gentium, Ius augurum y *ius civile.* Tres ordenamientos que, entretejidos al modo romano, no fueron excluyentes, sino que se acumularon, no sin evidentes problemas de adaptación. En una tensión similar a la que sufrió más adelante el *ius civile* en su coexistencia con el *ius praetorium.*

---

563 J. Paricio, *La formación del derecho privado romano* cit., pp. 41-44.

564 También Livio 9, 46, 1-5. Vid. E. Peruzzi, *Origini di Roma* II cit., p. 172.

El primer Derecho Augural y la jurisprudencia a él asociada perdieron su hegemonía inicial, pero se mantuvieron vigentes en una parcela muy sensible y tan relevante como la del Derecho constitucional. En particular, la jurisprudencia de los augures cedió su protagonismo a la de los pontífices, pero en este caso su influencia puede considerarse incluso mayor y más duradera, puesto que transmitió su método a toda la actividad jurisprudencial posterior.

I.M.J. Valeton supo ver acertadamente la peculiaridad romana (muy probablemente itálica[565]), aunque sin distinguir suficientemente el doble plano del *ius* y de la *iurisprudentia.* Una peculiaridad que consistía en que, a diferencia de otras sociedades —como las griegas—, en Roma se produjo una *juridificación de las prácticas augurales.* Éstas son sus palabras[566]: «Romani non solum multum semper tribuerunt signis oblativis fortuito conspectis, cum aliis, tum ex avibus et de caelo, de quibus etiam praecepta nonnulla extitisse apparet in libris reconditis[567] augurum Romanorum; sed etiam utramque auspicandi rationem ab eis adhibitam esse constat. Sed apud Romanos primum invenimus quod fortasse etiam apud Etruscos et Italicos fuit, cuius apud Graecos vero nullum vestigium apparet, ius quoddam auspicandi, quo alii careant alii utantur».

La disciplina augural transformada en ciencia del Derecho nace antes de la fundación de Roma[568]. No sabemos cuándo los augures se estructuraron institucionalmente como un colegio, pero sí que su aparición es anterior al Colegio de los Pontífices, puesto que éste presupone la existencia de la *civitas.* En la tradición romana Rómulo era ya un rey augur. Los augures —no estructurados como colegio— existían antes de la fundación de la Ciudad. Cicerón aclara que el arte augural del primer rey era pastoral, *non urbanus*: *De divinatione* 1, 48, 107. El rey augur, desde Rómulo, se reservó las funciones del *Flamen Dialis* (Livio, 1, 20, 2). Ello, según nuestra hipótesis, se explica por la preexistencia

---

565 M. Weiss, *op. cit.*, p. 365, subraya el hecho de que la modalidad de la disciplina augural que encontramos en Italia no tiene puntos de comparación fuera de ese marco territorial, a diferencia de lo que ocurre con los *pontifices* y los *flamines.*

566 I.M.J. Valeton, *De modis auspicandi Romanorum* II cit., p. 437.

567 Los *libri reconditi* aludidos por las fuentes parecen contener más bien parte de la ciencia de los arúspices etruscos: J. Linderski, *The libri reconditi* cit., pp. 207-234.

568 J. Marquardt-G. Wissowa, *op. cit.*, p. 398.

de este cargo institucional. El *rex* urbano se situó en el vértice político que antes había ocupado el sacerdote de Júpiter. Según la tradición[569], Numa fue el creador del colegio pontifical. Cicerón explica con toda claridad que, mientras los augures ya existían desde el reinado de Rómulo (más antigua era aún la práctica augural), los pontífices fueron creados por Numa: *De republica* 2, 14, 26. Estos pontífices, como venimos diciendo, «heredaron» y reajustaron en el marco del *ius civile* los métodos de los augures, que ya era plenamente jurídico.

Los propios augures, para posibilitar el uso jurídico de los augurios y auspicios, debieron reelaborar la disciplina augural, apartando restos de una mentalidad primitiva. El ajuste más decisivo fue el de reconducir la finalidad de estas técnicas, que en todas partes se encaminaban ingenuamente a la adivinación del futuro. La *providentia,* la *prudentia,* conceptos claramente relacionados con el de *divinatio* (como antes se apuntó), se remodelaron[570] convenientemente para lograr su operatividad en el ámbito jurídico.

Un texto de Cicerón resulta ser muy clarificador a este respecto; *De divinatione* 2, 33, 70: *Satis multa de ostendis; auspicia restant et sortes eae, quae vaticinatione funduntur, quae oracula verius dicimus; de quibus tum dicemus, cum ad naturalem divinationem venerimus. Restat enim de Chaldaeis; sed primum auspicia videamus. 'Difficilis auguri locus ad contra dicendum'. Marso fortasse, sed Romano facillimus. Non enim sumus ei nos augures qui avium reliquorumve signorum observatione futura dicamus. Et tamen credo Romulum, qui urbem auspicato condidit, habuisse opinionem esse in providentis rebus augurandi scientiam (errabat enim multis in rebus antiquitas), quas, vel usu iam, vel doctrinam, vel vetustate immutatam videmus; retinetur autem et ad opinionem vulgi et ad magnas utilitates rei publicae mos, religio, disciplina, ius augurium, collegi auctoritas.*

---

569 Aceptar la veracidad institucional de esta tradición no implica dar credibilidad a los personajes que en estas narraciones la encarnan. Livio 4, 4, 2, debe interpretarse en el sentido de que en el momento inicial de la Ciudad no se habían constituido los *colegios* de pontífices y augures.

570 F. Santangelo, *Law and Divination in the Late Roman Republic,* en O. Tellegen-Couperus, *Law and Religion in the Roman Republic* (Leiden-Boston, 2012) pp. 37-54, donde se analiza con especial lucidez el concepto de *prudentia*; entra también en juego lo que llama las *fatorum veteres praedictiones* de los Libros Sibilinos: Cicerón, *De haruspicum responsis* 18.

Más que suficiente acerca de las apariciones. Quedan los auspicios y las tablillas (las que se extraen, no aquellas que se pronuncian mediante un vaticinio, a las que con más propiedad llamamos oráculos; de todo ello hablaremos en cuanto lleguemos a la adivinación natural). Queda también lo referente a los caldeos; pero, en primer lugar, veamos los auspicios. «Es un tema difícilmente controvertible, el del augurio». Para un augur marso quizá (vid. 1, 58, 132), *pero es el más fácil de controvertir para un augur romano. Y es que nosotros no somos de esos augures que se dedican a predecir el futuro, gracias a la observación de las aves y de los demás signos. Creo, sin embargo, que Rómulo —quien fundó nuestra ciudad contando con los auspicios— mantuvo la creencia de que existía la ciencia del augurio, la cual permitiría llegar a prever las cosas (y es que en muchas cosas erraba la antigüedad). Vemos cómo tal creencia se ha transformado ya, a causa del uso, del cambio de doctrinas y del tiempo transcurrido. Por otra parte, la costumbre, las ceremonias religiosas, la disciplina y el Derecho Augural, así como la autoridad del Colegio, se conservan para que el vulgo mantenga su creencia y sea de utilidad a la república* (trad. de Á. Escobar, con alguna modificación).

P. Catalano insistió sobre el hecho de que en el Derecho Augural romano los auspicios poseían un valor permisivo[571], *si fas est*, manifestado en su eficacia limitada al *dies*. De esta forma se evitaba el riesgo del determinismo, el cual, por su incompatibilidad con la actividad humana libre en sentido estricto, cerraba el paso a cualquier tratamiento jurídico de las relaciones sociales. La pregunta augural *si fas est* plantea un escenario de cooperación entre el hombre y la divinidad. Mira al futuro pero preservando un ámbito de iniciativa personal y política. Cabría afirmar que este uso «modernizado» de los auspicios emplea, sin embargo, la originaria concepción del *fatum*, que no es el destino inexorable (al modo griego) sino la respuesta de la divinidad a una consulta sobre la licitud de una actuación que se pretende llevar a cabo. El *fas*, de acuerdo con este ajuste jurisprudencial, genera una esfera de libertad humana limitada en su ejercicio por el *nefas*[572].

---

571 Por ejemplo: P. Catalano, *Contributi* cit., pp. 164-168.

572 A. Guarino, *op. cit.*, pp. 43-61; R. Santoro, *op. cit.*, p. 450 nt. 2.

Los augures son los *interpretes Iovis optumi maxumi*[573]. La condición del augur es la de *consiliarius atque administer Iovis*[574]. Respecto a la *interpretatio* augural se reproduce el fenómeno que antes hemos señalado desde un punto de vista más general: a partir del momento en que la disciplina augural fue objeto de una juridificación, dejando de ser una modalidad de *divinatio* religiosa para convertirse en una técnica del Derecho, su actividad interpretativa pasó a transformarse en una *interpretatio* jurídica, modelo de la interpretación jurisprudencial pontifical y laica de tiempos posteriores. El caso particular (la consulta sobre su licitud u oportunidad) mantuvo su función y posición central a lo largo de toda la historia jurisprudencial romana. En el comienzo fue la respuesta positiva o negativa a una pregunta planteada y contestada por medio de las técnicas augurales: *si fas est.*

El carácter oracular inicial (la revelación del *fatum*, el *fari* de la divinidad) dio forma a toda la posterior metodología del estudio del Derecho. Ésta no se perdió ni siquiera cuando la oralidad inicial se fue vertiendo (parcialmente) en obras escritas. Permaneció como esquema básico de estudio y de exposición la pregunta y la respuesta: el *responsum* de los colegios sacerdotales[575] y de los juristas que vinieron después. Ahora bien, la interpretación augural ofrecía un amplio margen a la creatividad intelectual (y específicamente jurídica): la *interpretatio* era igualmente una *coniectura,* una inferencia argumentada, cuya decisión se impone por la vía de la *auctoritas* de la cual se halla investido el intérprete. En este sentido las fuentes equiparan *interpres* y *auctor*[576]. También *interpres* y *coniector*[577]. La *coniectura,* la inferencia, funciona sobre el trasfondo de la *observatio* y ésta, para ser significativa, se apoya en la *memoria.* Pues la observación no es sólo la que tiene lugar de modo esporádico en el momento de estudiar el caso en cuestión, sino que ésta debe contrastarse con los casos regis-

---

573 Cicerón, *De legibus* 2, 8, 20; *Philippicae* 5, 4, 9; 13, 5, 12.

574 Cicerón, *De legibus* 3, 19, 43.

575 Cicerón, *De haruspicum responsis* 5, 10; 6, 11; 9, 18; 13, 30; 27, 60; *De domo sua ad pontifices oratio* 53, 136. El *responsum* sacerdotal oficial tomaba la forma de un *decretum.* Sobre los *decreta augurum*: J. Linderski, *The Augural Law* cit., p. 2155; F. Sini, *Documenti sacerdotali di Roma antica* I. *Libri e commentarii* (Sassari, 1983), ya citado.

576 Por ejemplo: Servio auct., *Ad Aen.* 4, 608: en J. Linderski, *The Augural Law* cit., p. 2228.

577 Cicerón, *De divinatione* 1, 18, 34.

trados en el pasado y conservados en la *memoria* de la tradición y en los escritos de los augures[578]. Los libros augurales contienen, como afirma J. Linderski, el depósito de la observación «petrificada»[579].

En suma, la interpretación —inicialmente sacerdotal y dirigida a ponderar la voluntad divina— se sitúa en el centro del pensamiento jurídico romano. Sus primeros pasos fueron de la mano de los augures. Éstos son *interpretes*. Mediadores de la comunicación entre Júpiter y la comunidad. Resultado de esta actividad es la calificación de una iniciativa como *fas* o *nefas*. Se trata de una mediación compleja, porque Júpiter no se revela de manera general y directa, sino por medio de signos, en especial aunque no exclusivamente, a través del comportamiento de ciertas aves. Pasados los siglos, el *ius civile* mantendrá esta centralidad de la interpretación, hasta el punto de que Pomponio pueda afirmar, rindiendo un homenaje quizá desmesurado a la tradición, que este Derecho, entendido más bien como jurisprudencia, *sine scripto in sola prudentium interpretatione consistit*, D. 2, 2, 12. La *interpretatio* contenida en los *Tripertita* de Sexto Elio Peto, tomada desde un cierto punto de vista, como el momento inicial, no lo era si atendemos a los antecedentes: antes fue la *interpretatio* pontifical[580]; y antes de ésta, la *interpretatio* de los augures.

En todos estos casos sobre la interpretación descansó un aspecto clave de la mentalidad romana en el campo jurídico. Puede hablarse por ello de un segundo mecanismo de intermediación, añadido a la labor interpretativa del *fatum* o de la norma jurídica individualizada. El ordenamiento romano encontraba su fuente de legitimidad en el pasado, en la autoridad de los mayores, *auctoritas maiorum*[581], recogida sobre todo en los *mores*. La *interpretatio* hizo posible aunar dos exigencias ineludibles: preservar la dignidad del pasado y, al mismo tiempo, facilitar el desarrollo normativo, buscando no sólo la solución adecuada al caso, sino ampliando «prudentemente» el propio sentido de las normas, cuando las circunstancias lo aconsejen. La *interpretatio*, como la *prudentia*, unifica el pasado y el futuro.

---

578 J. Linderski, *Founding the City. Ennius and Romulus on the Site of Rome* cit., p. 8.

579 J. Linderski, *The Augural Law* cit., p. 2233.

580 M. Bretone, *Tecniche e ideologie dei Giuristi Romani cit.*, pp. 262-263.

581 J. Hellegouarc'h, *op. cit.*, p. 303, quien remite a dos obras de J. Plumpe y H. Rech, que no hemos podido consultar.

Capítulo decimocuarto
Auctoritas

Auctor, ab augendo dictus.
Servio, *In Vergilii Georgica* 1, 27.

El concepto de *auctoritas* parece tener un origen exclusivamente itálico, según demuestra, entre otras cosas, el hecho de que Dion Casio (55, 3, 4-5) no encontrara un término griego adecuado que diera cuenta exacta de su contenido[582]. Subrayemos que nos referimos al concepto, no a los antecedentes lingüísticos del término y los relacionados con él. Fondo itálico que se muestra por el hecho de que en umbro encontramos *uhtur*, palabra que según los especialistas corresponde al *auctor* latino[583]. En todo caso, su aparición en el texto conservado de la Ley de las XII Tablas muestra un uso romano muy antiguo. En el sentido estricto del término, la *auctoritas* es la acción de *qui auget*[584]. Ya hemos mencionado su relación con otros conceptos, en especial con el de *augur.* Su primer ámbito jurídico de aplicación se sitúa sin género de dudas en el Derecho Augural. El *auctor* por excelencia no es otro que Júpiter. De Él procede en última instancia toda autoridad y la máxima majestad[585]. *Maiestas*, en palabras de Ovidio, *Fasti* 5, 46, es la que *proporciona a Júpiter el cetro que*

---

582 R. Heinze, *op. cit.*, p. 56; M. Bretone, *Autorità. La nozione di Kojève*, en *Belfagor. Rassegna di varia umanità* 67 (2012) p, 205.

583 P. Catalano, *Contributi* cit., pp. 28 nt. 7; 129.

584 Vid., dentro de una amplísima bibliografía, junto con R. Heinze: H. Wagenvoort, *Roman Dynamism* cit., pp. 12-17; G. Dumézil, *Idées romaines* cit., pp. 79-102, donde se indaga en los orígenes indoeuropeos del término, al tiempo que traza un paralelismo en la evolución semántica de *flamen* y *augur.* Sobre la autoridad desde un punto de vista independizado del término latino: U. Wesel, *Frühformen des Rechts in vorstaatlichen Gesellschaften* (Frankfurt am Main, 1985) pp. 60-68; por el contrario, insiste en la importancia del origen romano del concepto: G. Preterossi, *Autorità* (Bologna, 2002) *passim.* Un lugar especial corresponde a: G. Ferrero, *Poder. Los genios invisibles de la ciudad*, trad. y estudio preliminar de E. García, [1942] (Madrid, 2022), quien, entre otras obras, había publicado en cinco volúmenes *Grandezza e decadenza di Roma*, el primero en 1902.

585 R. Fiori, *Homo sacer* cit., pp. 107-139.

mantiene sin violencia. Es la misma *maiestas* del *Flamen Dialis*: Festo, s.v. *Maximae Dignationis* (Lindsay, p. 144).

Como es de sobra conocido el uso de «*auctoritas*» se extendió a varios campos del orden jurídico romano posterior, desde la *auctoritas venditoris* a la *auctoritas patruum.* También en la esfera moral y política. Un fenómeno bien estudiado sobre el que ahora no merece la pena insistir. Valga sólo como ejemplo de esta continuidad secularizada, que, sin embargo, conserva el núcleo conceptual de la *auctoritas*, este texto de Paulo (*libro octavo ad Sabinum*), en D. 26, 8, 3, sobre la *auctoritas tutoris*: *Etiam si non interrogatus tutor auctor fiat, valet auctoritas eius, cum se probare dicit id quod agitur: hoc est enim auctorem fieri.*

Aunque el tutor interponga su autoridad sin que nadie le pregunte, vale su autoridad si dice que aprueba el acto, ya que en esto consiste convertirse en autor.

También en la noción general de *auctoritas* encontramos un margen de iniciativa personal (como en la aplicación del *fas* y en la práctica de la *prudentia*), porque como lúcidamente escribió H. Arendt, la autoridad reclama una obediencia «en la que los hombres conservan su libertad». Esta autora, profunda conocedora de la mentalidad romana, supo ver —con rara lucidez— la conexión de la *auctoritas* con el ordenamiento augural al afirmar: «los dioses tienen autoridad entre los hombres, más que poder sobre ellos; las divinidades "aumentan" [*augere*] y confirman las acciones humanas, pero no las dirigen»[586]. Esta reflexión, llevada a cabo desde una posición teórica muy distinta a la anteriormente mencionada de P. Catalano, centrada ahora en la categoría de la autoridad, conduce en su sustancia a la misma conclusión sobre la peculiaridad religiosa del mecanismo del *fas* y de su valor permisivo. Pero se añade de manera explícita un dato esencial para nuestro estudio: la relación inicial entre *augurium* y *auctoritas*, no sólo desde un punto de vista etimológico sino también como conceptos estrechamente vinculados en el origen. Obtenido el auspicio favorable puede realizarse confiadamente la actividad, dado que ha obtenido la *autorización* de la divinidad.

La *auctoritas* procede en último término de los dioses mismos: Livio 10, 40, 5, en la descripción de la toma de los auspicios antes de entrar

---

586 H. Arendt, *What is Authority?* cit., p. 123.

en batalla: *Consul laetus auspicium egregium esse et deis auctoribus rem gesturos pronuntiat signumque pugnae proponit. El cónsul, contento, refiere que el auspicio había sido óptimo y que combatirían bajo la autoridad de los dioses. De modo que alza el signo de combate.* Es la *auctoritas* de Júpiter obtenida o confirmada por medio del *augurium* la que hace «aumentar», en en el sentido de fortalecer, la actividad o la decisión que haya que acometer. Ovidio, *Fasti* 1, 611-612: *huius et augurium dependet origine verbi et quodcumque sua Jupiter augeut ope. También «augurio» tiene su origen en esta palabra (augusto), así como todo lo que Júpiter engrandece con su poder.*

El *responsum* de los augures funda su juridicidad en la *auctoritas* del *augurium* y del *auspicium*, legitimidad que remite al ámbito sobrenatural. El desarrollo histórico-jurídico de Roma verá la progresiva separación de la *auctoritas* respecto a este ámbito augural y su extensión secularizada en varios campos del Derecho público y privado. Una *auctoritas*, todo hay que decirlo, nunca separada por completo de la *religio*. Sin embargo, en el seno de las competencias del Colegio de los Augures fue siempre y en todas las épocas esta *auctoritas* primordial la que prestó su legitimidad a estos sacerdotes-juristas: Cicerón, *De legibus* 2, 12, 31: *Maximum autem et praestantissimum in re publica ius est augurum cum auctoritate coniunctum. (...).Nihil domi, nihil militiae per magistratus gestum sine eorum auctoritate (...)*. También en *De haruspicum responsis* 9, 18, se singulariza la función de los augures respecto a otros colegios mencionando de nuevo su *auctoritas*: *rerum bene gerundarum auctoritates augurio.*

Como sabemos, la *auctoritas* de los augures guarda estrechísima relación con el *fas*. En la realización de su cometido sacerdotal la finalidad decisiva consiste en mostrar en cada caso concreto cuál es la voluntad de Júpiter. Podría aplicarse en este punto sin necesidad de realizar ningún cambio sustancial la frase que se atribuye al vate Marcio (*carmina Marciana*) en la versión de Livio 25, 12, 6: *nam mihi ita Iuppiter fatus est.* Júpiter declara solemnemente su voluntad por medio del procedimiento augural. Revela si admite o no un determinado comportamiento. En la manifestación del *fas*, que es una actividad comunicativa de tipo sobrenatural (*ius divinum*), un *fari* de Júpiter reglado por el *ius augurum*, se da un doble grado[587] de revelación. La

---

587 M. Bettini, *op. cit.*, pp. 361-362.

primordial es la de Júpiter, *auctor* de la decisión correcta, refrendada por su declaración permisiva. Y en segundo lugar, la del sacerdote, el cual, con el respaldo de la *auctoritas* divina, comunica aquella decisión a la comunidad o a sus representantes. Cuando los romanos se referían a la autoridad de los augures, sabían que esta autoridad era delegada. Provenía de Júpiter, *auctor* supremo. Estamos ante un supuesto de representanción en sentido jurídico. Cuando el augur, por ejemplo, crea un espacio santo con sus palabras, la expresión técnica es *effari*: con *certa verba* se expresa, se revela, la autorización divina. Con este impulso divino queda modificada la naturaleza jurídica del lugar. Un *templum* es un *locus effatus*[588] y este *effari* lo convierte en un lugar *sanctus*. También, en su caso, de la persona o de la actividad.

De manera similar, cuando un magistrado o un particular toma los auspicios y éstos son favorables, la actividad que ha motivado la consulta queda legitimada y reforzada por la *auctoritas* divina. También en este último caso puede ocurrir que el augur o los augures sean consultados, si persiste una duda razonable en la interpretación de los signos manifestados.

La *auctoritas* y el *augurium* se vinculan igualmente a los momentos fundacionales de la Ciudad[589]: Cicerón, *De divinatione* 1, 40, 89: *(...). Omnino apud veteres qui rerum potiebantur, iidem auguria tenebant; ut enim sapere, sic divinare regale ducebant. Ut testis est nostra civitas, in qua et reges augures et postea privati eodem sacerdotio praediti rem publicam religionum auctoritate rexerunt.*

Generalmente los mismos que ostentaban el poder entre los antiguos ejercían los augurios, pues, del mismo modo que consideraban la sabiduría como algo propio de reyes, así también el poder de adivinar. Da testimonio de ello nuestra ciudad, en la que los reyes fueron augures, y en la que, después, particulares revestidos de esa misma función sacerdotal, dirigieron el Estado, gracias a la autoridad que les confería la religión (trad. de Á. Escobar).

Ya hemos tratado suficientemente este asunto de la relación entre la idea de fundación y la *auctoritas*. Un esquema genuinamente romano. El carácter santo de la fundación crea un cierto parentesco

588 Festo, s.v. *Minora templa* (Lindsay, p. 146).
589 H. Arendt, *What is Authority?* cit., pp. 132-133.

entre quienes la llevan a cabo y los dioses. El momento fundacional, el *initium*, es el punto decisivo de toda la historia posterior. En la fundación concurren la *religio* y la *auctoritas*. El *augere* de la *auctoritas*, el aumento, es en realidad el desarrollo en la historia de un nacimiento-creación[590]. Cicerón, *De republica* 1, 7, 12: *Neque enim est ulla res, in qua propius ad deorum numen virtus accedat humana, quam civitatis aut condere novas aut conservare iam conditas.*

Pues no hay nada en lo que la virtud humana se acerque más a la voluntad de los dioses que en la fundación de nuevas ciudades o en la conservación de las ya fundadas.

La autoridad de los mayores funda el orden político[591] y concurrentemente el Derecho. Fue ésta la misma *auctoritas* que encontramos depositada en la *prudentia* y en la *scientia* de los juristas, cuya actividad mantiene aunque secularizada su carácter oracular. Cicerón, *De oratore* 1, 45, 200: *Est enim sine dubio domus iurisconsulti totius oraculum civitatis.* La *auctoritas* que da fuerza al *responsum*[592]. D. 1,1,1,7 (Papiniano, *libro secundo definitionum*): *Ius autem civile est, quod ex legibus, plebis scitis, senatus consultis, decretis principium, auctoritate prudentium venit.* D. 1,2,2,5 (Pomponio, *libro singulari enchiridii*): *(...) ut naturaliter evenire solet, ut interpretatio desideraret prudentium auctoritatem (auctoritate) necessarium esse disputationem fori (...).* También D. 50,16,120 (Pomponio, *libro secundo ad Quintum Mucium*)[593].

***

La *auctoritas* de Augusto se proyectó, como es de sobra conocido, sobre aquella *auctoritas* genérica de los juristas, señalando[594] a algunos de ellos con el sello de una particular dignidad. Esto suponía

---

590 Vid. S. Giorcelli Bersani, *L'auctoritas degli antichi. Hannah Arendt tra Grecia e Roma* (Milano, 2010) pp. 96-107, en la que se realiza una exégesis de Cicerón, *De republica* 1, 7, 12, en el contexto de los postulados de Arendt.

591 Plinio el Viejo, *Naturalis historia* 22, 5: *Auctores imperii Romani conditoresque.*

592 Cicerón, *De oratore* 1, 45, 198: *(...) multi praeterea, qui cum ingenio sibi auctore dignitatem reperissent, perfecerunt, ut in respondendo iure, auctoritate plus etiam quam ipso ingenio valerent.*

593 M. Fuhrmann, *Interpretatio* cit., p. 109.

594 J. Paricio, *La formación del derecho privado romano* cit., p. 117.

—incluso antes de la institucionalización del *ius publice respondendi* por Tiberio[595]— una jerarquización respecto al resto de los jurisconsultos. Los juristas privilegiados respondían *ex auctoritate principis*[596]. Sin ánimo de entrar en el estudio de esta materia, magistralmente examinada por J. Paricio en numerosos estudios, añadiremos sólo una breve reflexión, para procurar enlazar este *ius publice respondendi ex auctoritate principis* con cuanto hemos planteado en estas páginas.

Octavio revitalizó por medio de varias medidas e iniciativas, incluso también con la adopción de su nuevo nombre, *Augustus*, una dimensión sagrada del poder político, la de los orígenes. En particular, la correlación entre *Augustus, augurium* y *auctoritas*, sobre la que ya hemos reparado anteriormente, aconseja prestar su debida importancia a este trasfondo conceptual presente en la construcción del régimen del Principado[597]. No en vano Octavio, pese a que no adoptara este nombre, se miraba como nuevo fundador en Rómulo, *conditor, rex augur*. Era efectivamente un nuevo Rómulo[598], siguiendo la estela de su padre adoptivo, César[599]. Todo ello en un ambiente, el de la época final de la República, que propiciaba esta esperanza en la llegada de un nuevo fundador[600].

Augustus es término que procedía *ab auctu vel ab avium gestu gustuve, sicut etiam Ennius docet scribens: Augusto augurio postquam incluta condita Roma*, Suetonio, *Vita divi Augusti* 7, 2:

Mientras algunos opinaban, en efecto, que debía llamársele Rómulo, como fundador también él de la ciudad, prevaleció la propuesta de que se le llamara mejor Augusto, con un sobrenombre nuevo y además más ilustre, porque también se denominan augustos los lugares religiosos y en los que se hace alguna consagración después de haber tomado los augurios, a partir del término «auctus» (engrandecimiento) o de la expresión «avium gestus» o «gustus» (movimiento o degustación de las aves) como muestra incluso Ennio cuando

595 *Ibidem*, p. 121.

596 D. 1,2,2,48-50 (Pomponio, *libro singulari enchiridii*).

597 P. De Francisci, *Arcana Imperii* III 1, cit., pp. 398; 422.

598 J. Martínez-Pinna Nieto, *Las leyendas de fundación de Roma. De Eneas a Rómulo* cit., pp. 10; 107.

599 S. Weinstock, *op. cit.*, pp. 175-199.

600 A. Alföldi, *Der Vater des Vaterlandes im römischen Denken* (Darmstadt, 1971) pp. 15-39.

escribe: «Después de que la ínclita Roma fuera fundada con augusto augurio».

El *lituus* de los augures se utilizaba como símbolo de su poder imperial. Sólo Augusto, escribe Ovidio, *Fasti* 1, 608, tiene un nombre asociado al supremo Júpiter. El poeta pide que su *auctoritas* se transmita a su heredero, en un uso repetitivo del verbo *augere* en los versos siguientes. Para Livio 4, 20, 7, Augusto era *templorum omnium conditor ac restitutor.* Por su parte, Veleyo Patérculo 2, 60, lo invoca como *conditor conservatorque Romani nominis.* Es esta dimensión religiosa la que se esconde detrás de la *auctoritas* del Príncipe y la que presta su fuerza a los juristas dotados del *ius publice respondendi*: Gayo 1, 7: *Responsa prudentium sunt sententiae et opiniones eorum quibus permissum est iura condere. (…).*

Las respuestas de los prudentes son las sentencias y opiniones de aquellos a los que se permite fundar los derechos.

Capítulo decimoquinto

Ius ex auspiciis publice respondendi. El comienzo del método de los juristas romanos. Una conclusión

Ex qua nata primum concisa oraculorum responsa, quae carminibus omnia dabantur, et legum primarum brevitas, quae latinis «carmina» dicta sunt, quia certis verbis concepta erant: ex qua certa formularum conceptione, plenissima gravitatis, et oraculum instar, iurisconsultorum responsa provenere.

De aquí en primer lugar las respuestas concisas de los oráculos, que venían dados todos en forma de carmina y la brevedad de las primeras leyes, llamadas por los latinos carmina porque eran redactadas con palabras ciertas. De aquí la redacción cierta de las fórmulas, llenas de gravedad; y a semejanza de los oráculos provienen las respuestas de los jurisconsultos[601].

La expresión incluida en el título de este último capítulo, cuya fuerza expresiva resulta indudable, se adapta en buena medida a la materia que hemos estamos tratando. E igualmente compendia la tesis sostenida en esta obra, en la que el Colegio de los Augures y su actividad jurisprudencial es la pieza clave que hemos procurado analizar. No proviene en su tenor literal de las fuentes disponibles, sino que —como se sabe— fue empleada repetidamente por I.M.J. Valeton en sus magníficos estudios sobre el Derecho Augural[602], en los que distinguía entre auspicios tomados *agendi causa* y los auspicios llevados a cabo *respondendi causa*. En este último caso, en los supuestos en los que la consulta afectaba al interés público de la *civitas*, la competencia se asignaba al Colegio de los Augures (o a alguno de sus miembros). Escribe el sabio holandés: «Privatim autem ex auspiciis

601 G. Vico, *De constantia iurisprudentis*. Pars Posterior. *De constantia philologiae* 12, 15.

602 Isaac Marinus Josué Valeton (1850-1911), vinculado a la Universidad de Ámsterdam, publicó un conjunto de once artículos en *Mnemosyne* entre los años 1889 y 1898, los cuales constituyen un punto de referencia obligado en esta materia.

consuli et respondere poterant omnes cives Romani qui ius auspiciorum habebant; sed publice, i. e. a potestatibus publicis, senatu, magistratibus, sacerdotibus, soli augures consulebantur de voluntate deorum ex auspiciis exquirenda, et his solis fuit ius ex auspiciis publice respondendi, partim perpetuum et legitimum, cum leges praescriberent magistratibus et sacerdotibus de certis quibusdam actionibus eos consulere, partim vero repentinum, cum aliqua publica actio vel res aut Sen. Cto. aut voluntate magistratibus alicuius ad eos referretur ut de ea ex auspiciis responderent»[603]. Un poco más adelante: «(...) auguribus etiam licet de omnibus rebus publicis sive sacris sive profanis auspicari respondendi causa si a senatu vel magistratu vel sacerdote consuluntur»[604]. La actividad augural de *respondere* (que no agota en ningún caso las competencias del colegio o de sus miembros) queda muy claramente expresada en Livio: los augures son *consulti* (4, 31, 4; 8, 23, 14), *vocati* (23, 31, 13); *ad augures relatum est* (45, 12, 10) y en otras fuentes disponibles. No se puede soslayar en este sentido el alcance técnico del adverbio *publice*: Paulo Diácono, *Epitoma Festi* (Lindsay, p. 17): *Auguraculum appellabant antiqui, quam nos arcem dicimus, quod ibi augures publice auspicarentur*[605].

La actividad de *respondere*, por otra parte, no excluye que en algunos casos la intervención del augur se realizara sin necesidad de la consulta: así ocurre en el caso de la *nuntiatio* pronunciada durante el trascurso del procedimiento de una asamblea deliberativa[606]. Ha de tenerse en cuenta que la consulta a los augures concurre en ocasiones con la que se realizaba a los arúspices, dado que los magistrados antes de iniciar un acto público —por ejemplo el de *habere senatum*— debían no sólo tomar los auspicios sino también inmolar una víctima sacrificial[607]. La interpretación de los *exta* (vísceras) podía dar lugar a

---

603 I.M.J. Valeton, *De modis auspicandi Romanorum* II cit., p. 439.

604 *Ibidem*, p. 441.

605 También Cicerón, *De divinatione* 1, 2, 4.

606 J. Linderski, *The Augural Law* cit., pp. 2159-2160; 2168 y 2195 (sobre la *nuntiatio*).

607 A los propios augures no les era ajena la práctica del sacrificio, como demuestra un pasaje de Paulo Diácono, *Epitoma Festi* (Lindsay, 14) s.v. *Arcani*, que da noticia de un sacrifico «secreto» realizado por los augures en el *Arx* del Capitolio, donde estaba situado el *Auguraculum*.

la intervención interpretativa del arúspice[608]. Asimismo, en supuestos extraordinarios el Senado ordenaba la consulta de los *libri Sibyllini;* cabe suponer que la ocasión de esta consulta[609] en algunos casos podía venir motivada por una anomalía detectada en la toma de los auspicios, aunque debemos reconocer que carecemos de fuentes que testimonien explícitamente esta última posibilidad de concurrencia.

En todo caso, el *responsum* del augur o del Colegio de los Augures se halla en el principio del método de los juristas romanos. Desde el punto de vista metodológico los juristas posteriores, fueran los pontífices o los juristas laicos, se mantuvieron fieles a esta tradición. En los comienzos de la vida jurídica romana, en la época que denominamos protourbana, descubierta por prehistoriadores y arqueólogos, los dioses, como señala gráficamente J. Linderski, no sólo eran «conciudadanos» (si se puede utilizar este término) sino también verdaderos «jurisconsultos»[610], que expresaban su voluntad vinculante —*religione constringere*— por medio de los sacerdotes: tal era la vocación y el destino del Derecho Augural.

---

608 P. Catalano, *Contributi* cit., pp. 203-206; J. Linderski, *The Augural Law* cit., p. 2200: desde el punto de vista del Derecho Augural el *prodigium* se interpreta dentro de la categoría de los *auspicia oblativa*; vid. Livio 25, 16, 1-4. Un supuesto de actuación conjunta de los colegios sacerdotales lo ofrece Liv. 2, 42, 10: *Accessere ad aegras iam omnium mentes prodigia caelestia, prope cottidianas in urbe agrisque ostentantia minas; motique ita numinis causam nullam aliam vates canebant publice privatimque nunc extis, nunc per aves consulti, quam haud rite sacra fieri. Al malestar generalizado vinieron a sumarse prodigios celestes ostensiblemente amenazadores en la ciudad y en los campos, casi a diario; el motivo de que la divinidad se hubiese airado de aquella forma no era otro —proclamaban los adivinos, que de manera ya oficial ya privada consultaban a la divinidad, unas veces, mediante las entrañas de las víctimas, otras, mediante el vuelo de las aves— que las irregularidades en la celebración del culto* (trad. de J.A. Villar Vidal); a la indagación primera de arúspices y augures siguió la investigación de los pontífices, la cual desveló que una de las Vestales había cometido *stuprum*: C. Santi, *Sacra facere* cit., pp. 92-93.

609 Mediante el *prodigium* uno o varios seres divinos se comunican con la comunidad advirtiendo de un peligro futuro: el *prodigium* necesita de una labor de interpretación, tarea que corresponde a los *viri sacris faciundis* que la llevan a término proponiendo el *piaculum* adecuado en cada ocasión. Livio, por su parte, nos informa de que en la época anterior a la creación del colegio de los *viri sacris faciundis* se encomendaba a los arúspices la tarea de interpretar los prodigios: Liv. 1, 56, 7: C. Santi, *Sacra facere* cit., p. 101 nt. 112.

610 J. Linderski, *Founding the City. Ennius and Romulus on the Site of Rome* cit., p. 14.

A lo largo de estas páginas nos hemos ido encontrando con Giambattista Vico. Nuestros planteamientos divergen en gran medida de los del pensador napolitano. No por nuestros «méritos» (es una forma de hablar), sino por el progreso de las ciencias de la prehistoria itálica, fundados a su vez en el perfeccionamiento de los resultados de la arqueología. Sin embargo, la genialidad de Vico le hizo llegar a unas conclusiones que, en líneas generales, y dejando a un lado algunas expresiones quizá juzgadas ahora como exageradas, coinciden con las que consideramos que se acercan más a la verdad. Séanos permitido, por tanto, terminar nuestro estudio con la cita de estas páginas de la *Ciencia Nueva*[611] 4, 7: *Tres especies de jurisprudencias*:

(937) *Tres especies de jurisprudencias o sabidurías.*

(938) *La primera fue una sabiduría divina, llamada, como vimos arriba, «teología mística», que quiere decir «ciencia de lenguas divinas» o de entender los divinos misterios de la adivinación, y así fue ciencia en la adivinación de los auspicios y sabiduría vulgar, de la cual fueron sabios los poetas teólogos, que fueron los primeros sabios del mundo gentil: y debido a esta teología mística se llamaron «mystae», los cuales Horacio, con conocimiento, traduce como «intérpretes de los dioses». De modo que a esta primera jurisprudencia perteneció el primer y propio «interpretari», dicho casi como «interpatrari», o sea, «entrar en los padres», como desde el principio fueron llamados los dioses, como se ha observado más arriba: lo que Dante diría «indiarsi», o sea, entrar en la mente de Dios. Y tal jurisprudencia estimaba lo justo por la única solemnidad de las ceremonias divinas: por lo que hubo entre los romanos tanta superstición por los actos legítimos, y en sus leyes quedaron las frases «iustae nuptiae» y «iustum testamentum», por bodas y testamentos solemnes.*

(939) *La segunda fue la jurisprudencia heroica, la de tener cautela con las palabras apropiadas, como es la sabiduría de Ulises, el cual, según Homero, habla tan acertado, que siempre consigue la utilidad propuesta, conservando siempre la propiedad de sus palabras. Por la que toda la reputación de los antiguos jurisconsultos romanos consistía en su «cavere»; y en su «de iure respondere» no era sino cautelar a los que habían de demostrar en el juicio su razón, al exponer al pretor los hechos con tales circunstancias, que se ajustaran a las fórmulas de las acciones, de modo que el pretor no pudiese negárse-*

611 G. Vico, *Ciencia Nueva* cit., pp. 444-445.

las. Del mismo modo, en los tiempos bárbaros retornados, toda la reputación de los doctores consistía en hallar garantías acerca de los contratos o las últimas voluntades y en saber formular demandas de derecho y artículos: que era justamente el «cavere» y «de iure respondere» de los jurisconsultos romanos.

(940) *La tercera es la jurisprudencia humana, que examina la verdad de los hechos y doblega benignamente la razón de las leyes a todo lo que requiere la igualdad de las causas; esta jurisprudencia se practica en las repúblicas populares libres, y más aún bajo las monarquías, pues ambas son gobiernos humanos.*

(941) *De manera que las jurisprudencias divina y heroica se atuvieron a lo cierto en los tiempos de las rudas naciones; la humana observa lo verdadero en los tiempos de estas mismas ya ilustradas. Y todo ello como consecuencia de las definiciones de lo cierto y lo verdadero, y de las Dignidades que se han propuesto en los Elementos.*

Índice de términos

Se incluye este Índice de términos con la finalidad principal de ofrecer al lector un instrumento complementario, que ayude a identificar los conceptos y categorías jurídicas que no se hallan explícitamente presentes en los títulos de los capítulos de esta obra. Posee un carácter selectivo, dado que no parece adecuado ni útil recoger por completo las menciones de cada palabra relacionada con el Derecho Augural. En algunos casos el criterio de selección es más bien temático y no puramente terminológico. No se registran las entradas de los términos «fas» y «nefas», categorías centrales del Derecho Augural, puesto que aparecen recurrentemente a lo largo de las páginas de esta obra. Lo mismo cabe decir de «auspicium» y *«augurium» y las expresiones derivadas de estos vocablos.*

Índice de autores

Índice de fuentes